ème scolaire français

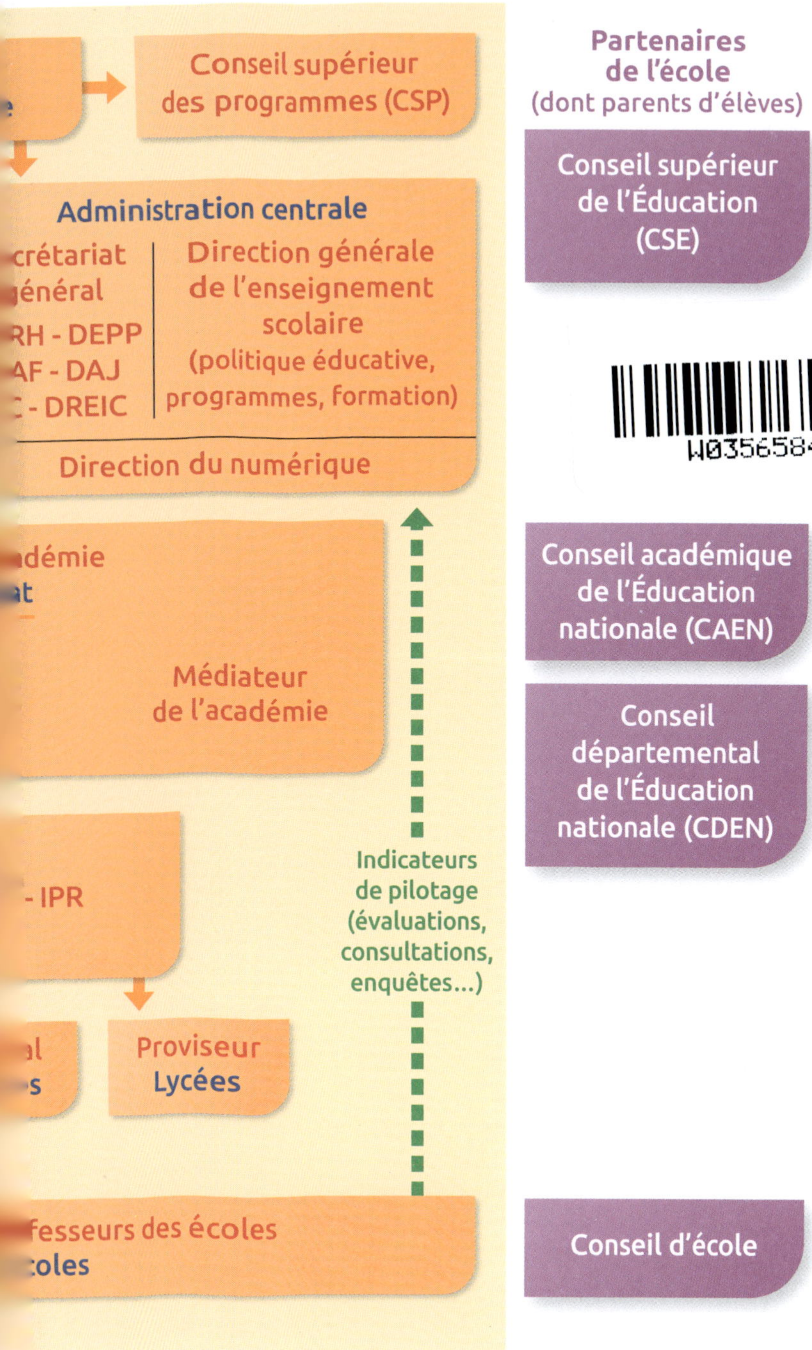

100 MOTS pour l'école

DICTIONNAIRE de la Maternelle

Ève Leleu-Galland • Chantal Costantini

l'école aujourd'hui .fr

Langage oral

Définition

Domaine d'apprentissage prioritaire à l'école maternelle depuis les programmes de 2002, le langage oral, utilisé dans les interactions en production et en réception, permet aux enfants de communiquer, de comprendre, d'apprendre et de réfléchir.

Contexte historique, institutionnel ou réglementaire

Contexte

Le langage oral est à la fois un instrument de communication, un instrument pour penser le monde, et un objet d'apprentissage. Si la langue est un produit social et culturel appartenant à une communauté linguistique, le langage est une construction individuelle, portée par une personne dans sa singularité, et facteur de son développement affectif, cognitif, social et culturel. La maîtrise du langage est un fort indicateur de réussite scolaire. L'école maternelle occupe une place essentielle dans le domaine du repérage et de la prévention des difficultés langagières. L'enseignant installe des situations planifiées et régulières, à partir desquelles, par ses étayages à portée des enfants, il accompagne leur développement langagier.

Mot renvoyant vers une définition dans le dictionnaire

L'évolution de la place du langage oral à l'école

Le langage oral a vraiment occupé une place importante à l'école après les années 1970, à la suite du Plan Marcel Rouchette, qui, s'appuyant sur les dernières théories psycholinguistiques, préconisait la libération de la parole à l'école, en intégrant des exercices structuraux. Les premiers programmes de l'école maternelle de 1995 considèrent que le langage oral est prédictif de la réussite scolaire et son enseignement rigoureux dès les petites classes est envisagé de manière à compenser les inégalités scolaires et sociales. Situé après le domaine "Vivre ensemble", le langage oral n'a pas encore le statut qu'on lui reconnaît aujourd'hui. "Les langages, priorité de l'école maternelle" mettent l'accent, dans l'instruction du 8 octobre 1999, sur "la maîtrise des langages comme enjeu prioritaire". Ce n'est plus un domaine parmi d'autres, *"mais ce qui, entre tous, fait le lien et le fondement sur lequel s'édifient tous les apprentissages"*.

Une priorité réaffirmée

C'est à partir des programmes de 2002 que le langage oral devient le premier domaine de l'école maternelle. Dans le programme de 2015, le langage oral appartient au domaine d'apprentissage "Mobiliser le langage dans toutes ses dimensions". La structuration du langage oral et l'entrée progressive dans l'écrit sont une priorité, qui se travaillent et s'enseignent de manière transversale dans tous les domaines. L'enfant est reconnu dans ses habiletés en tant qu'acteur de son apprentissage : *"c'est lui qui apprend à parler"*. Le langage oral est utilisé aussi bien en réception qu'en production. Une attention particulière est portée au langage "intérieur", qui n'aboutit pas à une énonciation mais qui témoigne du fonctionnement actif de la pensée.

Chiffre-clé

72

C'est le pourcentage d'enfants de 2 à 5 ans n'ayant aucune difficulté de langage. 15 % ont des difficultés légères apparentées à des immaturités, 13 % en moyenne ont des difficultés plus importantes nécessitant un repérage plus précoce.

(Source : Fédération nationale des orthophonistes)

98

Biographies des grands noms de la pédagogie

4 objectifs et 7 attendus de fin de cycle pour enseigner et travailler le langage oral		
Objectifs	**Attendus**	**Rôle de l'enseignant**
Oser entrer en communication	Communiquer avec les adultes et avec les autres enfants par le langage, en se faisant comprendre.	Organise des situations en petit groupe pour solliciter, stimuler, en particulier les enfants les plus fragiles. Il fait reformuler. Établit une progression d'apprentissage lexicale et syntaxique pour faire progresser tous les élèves.
Comprendre et apprendre	S'exprimer dans un langage syntaxiquement correct et précis. Reformuler pour se faire mieux comprendre. Dire de mémoire et de manière expressive plusieurs comptines et poésies.	Est attentif à la compréhension, des consignes. Fait travailler la mémoire dans tous les domaines. A des objectifs langagiers dans tous les domaines, mais organise des activités spécifiques et régulières.
Échanger et réfléchir avec les autres	Pratiquer divers usages du langage oral : raconter, décrire, évoquer, expliquer, questionner, proposer des solutions, discuter un point de vue.	Propose de nombreux supports pour étayer le langage : albums, photos, imagiers, affiches, œuvres picturales, marionnettes. Fait pratiquer des débats pour résoudre des problèmes.
Commencer à réfléchir sur la langue et acquérir une conscience phonologique	Repérer des régularités dans la langue à l'oral en français. Manipuler des syllabes. Discriminer des sons (syllabes, sons-voyelles ; quelques sons-consonnes hors des consonnes occlusives).	Fait travailler la langue comme objet, en établissant une progression en phonologie.

Document de référence

Éclairage

Témoignage ou exemple de pratique professionnelle

Une activité pour enseigner le vocabulaire
Dans l'objectif de "comprendre et apprendre", l'enseignant de Petite Section met en place une situation de jeu avec un petit groupe d'enfants peu parleurs, pour développer l'expression d'un langage syntaxiquement correct et précis. Le jeu du panier, qui est un jeu d'énumération, est un inducteur efficace de langage en production, car il permet d'étayer le langage à partir d'objets connus des enfants. *"Dans mon panier, j'ai…"* L'enseignant sort de son panier des objets les uns après les autres. L'enfant les nomme en mémorisant au fur et à mesure ceux qui sont sortis et amplifie la phrase avec des connecteurs : *"Dans mon panier, j'ai une balle et une poupée. J'ai une balle, une poupée et un camion"*, etc. L'enseignant fait varier la situation en proposant des objets commençant par le même phonème d'attaque, ou de même rime, ou de même champ sémantique. La situation peut se complexifier pour faire évoluer les extensions sémantiques (une petite et une grande poupée) ou les expansions syntaxiques (une poupée qui pleure, etc.). ■

> **« Les mots ne désignent pas les choses, mais une certaine réalité du monde tel qu'il a été découpé en mots. »**
> Jacques Lacan, *Écrits*, 1966

Citation de professionnels de l'éducation

→ **Développer son langage / Lexique / Prévention / Programmes**

Liens renvoyant vers des articles associés

Pour aller plus loin

- Alain Bentolila, *De l'écoute au langage*, Nathan, 1997.
- Agnès Florin, *Pratiques du langage à l'école maternelle et prédiction de la réussite scolaire*, PUF, 1991.
- Laurence Lentin, *Apprendre à penser, parler, lire, écrire : acquisition du langage oral et écrit*, ESF Éditeur, 2009.
- http://eduscol.education.fr/cid91996/mobiliser-langage-dans-toutes-ses-dimensions.html

Prolongements bibliographiques ou sitographiques

En début d'ouvrage

En fin d'ouvrage

Sommaire

Le système éducatif

L'enseignant

Sommaire

L'enfant/l'élève

Les grands noms de la pédagogie

Annexes

Introduction

"Vous dites : « C'est épuisant de s'occuper des enfants. » Vous avez raison. Vous ajoutez : « Parce que nous devons nous mettre à leur niveau. Nous baisser, nous pencher, nous courber, nous rapetisser. » Là, vous vous trompez. Ce n'est pas tant cela qui fatigue le plus, que le fait d'être obligé de nous élever jusqu'à la hauteur de leurs sentiments. De nous élever, nous étirer, nous mettre sur la pointe des pieds, nous tendre. Pour ne pas les blesser."

Janusz Korczak, *Comment aimer un enfant. Le droit de l'enfant au respect*, (trad. Zofia Bobowicz), Robert Laffont, 1998

L'école maternelle est le premier maillon du système éducatif. Elle construit les bases des apprentissages pour des enfants jeunes, dont elle soutient et accompagne le développement. Son action s'inscrit dans la logique d'un système qui n'est pas toujours facile à comprendre pour les parents qui lui confient leurs enfants, pour les enseignants et les personnels associés qui y travaillent. Dans le cadre de la refondation de l'école, son rôle et ses missions ont été redéfinis par le programme de 2015. Elle s'est dotée d'une nouvelle carte d'identité ; cycle à part entière, elle est aussi l'école de la "petite enfance" en France. Ce *Dictionnaire de l'école maternelle* accompagne l'arrivée de ce nouveau programme, dont il structure et précise les axes forts. À travers le choix de 100 mots décisifs, il propose en quelque sorte un modèle pédagogique mis au service du bien-être et de la réussite de l'enfant. Il précise la "feuille de route" des enseignants.

Des notions fondamentales

Ce *Dictionnaire de l'école maternelle* complète et précise le *Dictionnaire de l'école primaire* publié en 2015 (*cf.* Index p. 218-219). Il s'inscrit dans la même logique, à la fois d'apports de connaissances et de compréhension à partir de déclinaisons pratiques et d'exemples de démarches. Ces deux ouvrages constituent le socle de connaissances essentielles, indispensables aux étudiants qui préparent leur entrée dans le métier d'enseignant, et à tout enseignant qui souhaite actualiser ses démarches. Il est aussi un outil de référence pour tous les acteurs de la communauté éducative, les partenaires et les parents des élèves. Conçu comme un outil d'information et de formation, il ne prétend pas traiter de façon exhaustive de l'école, mais plutôt d'en éclairer les enjeux actuels. Le choix des termes développés est fait selon les inflexions apportées par le nouveau programme : la place importante accordée à l'enfant comme sujet en développement, le rôle déterminant de son action pour l'entrée dans les apprentissages. Synthétique, il a pour objectif d'apporter une vision globale de cette première école, école spécifique et modèle assez unique au monde. Puisqu'elle est le début d'un parcours d'apprentissages, qui préparent sans anticiper les étapes des cycles 2 et 3 de l'école, les liens sont faits avec les références générales de l'école primaire, à laquelle elle appartient.

Présentées par ordre alphabétique, les notions sont développées chacune sur deux pages. Une définition concise présente le sujet ; le contexte historique ou réglementaire permet d'en rappeler l'origine pour la mettre en perspective ; un témoignage ou un exemple de pratique professionnelle contexte le sens, le plus souvent complété par un texte ou un tableau de référence. Un chiffre-clé et la citation d'un spécialiste ou d'un penseur de l'éducation donnent fixent des repères. Les notions renvoient toutes au caractère original de cette école, qui tisse le lien du développement harmonieux du jeune enfant avec celui d'une action éducative, pédagogique et didactique, qui permet aux enfants de grandir en apprenant.

Des clés pour comprendre

Outil pratique à consulter, le dictionnaire a pour ambition de rendre accessibles les termes du langage pédagogique et les concepts qui les sous-tendent. Ils constituent en quelque sorte les “mots du métier” qui renvoient à des manières de concevoir l’action, à des gestes professionnels.

En détaillant les pratiques pédagogiques, il éclaire les modalités d’apprentissage et explique les réalités qui se cachent derrière le langage propre au monde de l’école. Il en livre des clés de compréhension pour ce qu’elle est comme institution d’État, du métier d’enseignant en maternelle, du parcours d’un enfant qui, au fil de trois années, va vivre un moment déterminant de sa vie. En disposant des éclairages les plus récents sur le jeune enfant, les connaissances scientifiques, les conditions d’apprentissages, le lecteur comprend comment un enfant jeune, dont les besoins évoluent très vite, peut s’épanouit, découvrir et apprendre. À partir du référentiel spécifique de compétences du professeur des écoles, en référence aux indicateurs de développement de l’enfant, les articles mettent en lien les attendus officiels et les déclinaisons de leur mise en œuvre.

Une organisation en quatre parties

Le classement thématique des articles en quatre parties, présentées dans le sommaire, offre la possibilité au lecteur de se forger une vue d’ensemble de chacune d’elles. La première partie regroupe les notions qui permettent de comprendre le fonctionnement de l’école maternelle, à travers les cadres et les textes réglementaires, les prescriptions pour se repérer comme usager ou acteur au sein de l’école. Cette partie met aussi en lumière les éléments majeurs de l’identité de la première école construite dans le temps, ce qui constitue sa “culture” actuelle.

La deuxième partie rassemble les notions liées aux méthodes, aux démarches et aux outils pour gérer la classe, le groupe et enseigner. Elle détaille les pratiques, en rappelant les théories de l’apprentissage et les orientations pédagogiques sur lesquelles elles s’appuient. Les notions proposées permettent d’objectiver les démarches, afin de pouvoir les analyser et de les préciser. Ce sont des outils pour faire apprendre. La troisième partie est consacrée à l’enfant qui apprend, en mettant en évidence les modalités spécifiques et les conditions à réunir. Les verbes ont été choisis comme entrée pour insister sur la part première dévolue à l’action. À partir de repères de la recherche scientifique sur l’enfant et ses manières d’apprendre, elle éclaire ce qui se passe de la mise en action de l’enfant à ce qu’il apprend et comprend.

La quatrième partie présente quelques-unes des grandes figures de la pensée éducative et de la recherche qui s’appliquent particulièrement au jeune enfant. Elle précise leurs apports et leurs influences sur les conceptions actuelles. Leur biographie, leurs connaissances des processus d’apprentissages, leurs recherches éclairent les pratiques d’aujourd’hui et fournissent des étayages solides à l’action éducative et pédagogique des enseignants.

Les liens entre les notions, les renvois au dictionnaire de l’école primaire, permettent de tisser un réseau de connaissances sur l’ensemble des questions d’éducation et constituent un ensemble de ressources. Les pistes bibliographiques permettront à ceux qui le souhaitent d’aller plus loin.

Ève Leleu-Galland
Inspectrice, Mission Académique École Maternelle,
Conseillère du recteur pour l’enseignement
Pré-élémentaire, Experte internationale
Scolarisation de la Petite Enfance

Chantal Costantini
Conseillère pédagogique Mission maternelle,
Docteure en sciences de l’éducation,
Chercheure au CREF

Accueil

Considéré dans les programmes comme un véritable moment d'éducation, l'accueil est une modalité de prise en charge et d'accompagnement des enfants et de leurs parents, qui arrivent pour la première fois à l'école, ou quotidiennement chaque jour de classe.

Contexte

Une notion récente

La notion d'accueil, dans un sens plus large que celui de l'inscription scolaire à l'École publique française, est récente. L'accompagnement des enfants par leurs parents dans les classes n'a pas toujours existé. C'est sous l'influence de chercheurs sur la Petite enfance (Myriam David, Geneviève Apell) autour des questions de la parentalité, que la nécessité d'atténuer les ruptures et d'assurer la continuité éducative entre la maison et l'école s'est imposée. Les adaptations progressives, les rentrées échelonnées ont fait leur apparition dans les années 1980, inspirées des modalités d'accueil des structures de la Petite enfance. Les recherches sur les notions d'attachement, de séparation dans les relations précoces entre la mère et le bébé ont orienté les pratiques d'accueil de l'école maternelle. Ainsi, le temps de l'accueil aide l'enfant à supporter la transition entre la famille et l'école.

Le premier accueil

Le programme de 2015 envisage l'accueil des enfants à l'école maternelle tout autant que celui de leurs parents. Il appelle toute l'équipe éducative à se mobiliser "pour aménager l'expérience de la séparation", en particulier lors de la première rentrée. Il préconise d'instaurer des relations de confiance par un dialogue régulier et constructif. Dans la perspective d'une scolarisation réussie, les enseignants doivent accorder une attention particulière à la diversité des familles et les accueillir en tant que telle. L'importance d'une rentrée réussie est considérable au sens où elle structure durablement leur rapport à l'école. Le premier regard, les premières paroles échangées autour de l'enfant constituent le socle sur lequel va s'organiser symboliquement la compréhension de "la chose scolaire".

La rentrée échelonnée

La rentrée échelonnée est une modalité qui tient compte des besoins de sécurité des jeunes enfants. Afin de permettre une adaptation progressive à l'école, et après une familiarisation avec les lieux et les personnes dès l'inscription, elle permet un accueil personnalisé et individualisé pour chaque enfant et sa famille. L'équipe éducative, après accord de l'inspecteur, peut adopter le principe d'un accueil réparti sur la journée ou sur la semaine avec des arrivées au fur et à mesure. Plusieurs organisations sont possibles :

- Les petits sont accueillis dès le premier jour, à la première heure. Les plus grands seront accueillis vers 10 heures. Ainsi, tous les adultes de l'école, enseignants et ATSEM des autres classes, sont disponibles pour encadrer la première rentrée.
- Les petits sont accueillis par groupes de 8 sur la journée, par tranche horaire, afin d'accorder un temps individualisé à chacun d'entre eux.

98 000

C'est le nombre de classes accueillant les enfants de moins de 7 ans.

La spécificité de l'école maternelle

Les structures d'accueil de la Petite Enfance ont vu leur offre se développer en fonction des besoins socio-économiques liés à l'activité professionnelle des mères. Malgré cela, l'école maternelle scolarise 98 % des enfants de 3 ans, et 100 % des enfants à partir de 4 ans (chiffres clés sur l'éducation et l'accueil des jeunes enfants en France, OCDE, janvier 2015). La gratuité de l'école maternelle ne suffit pas, à elle seule, à justifier cet engouement. Le souci de réussite scolaire, la socialisation et l'éveil que l'école maternelle procure à tous les niveaux, remportent l'adhésion. Par ailleurs, les programmes dispensés par des personnels qualifiés à bac +5 restent un gage de professionnalité.

- Les petits sont accueillis vers 10 heures, et ne restent que le matin le premier jour, etc.

L'accueil quotidien

D'après les travaux de J. Bolwby, pour connaître un développement social et émotionnel normal, le jeune enfant a besoin de développer une relation d'attachement avec au moins une personne qui prend soin de lui, de façon cohérente et continue : *caregiver*. Le très jeune enfant reste fondamentalement dépendant de l'adulte. Les psychologues évoquent la nécessité d'installer un environnement sécure, sur lequel l'enfant pourra s'appuyer pour se détacher. Le processus de séparation étant la condition préalable à toute socialisation, l'école doit assurer le rôle de continuité psychique à travers une continuité d'attention envers les enfants, dans toutes les dimensions : physique, affective, sociale et cognitive. Il s'agit de créer des conditions d'accueil sécurisantes au quotidien pour l'enfant : accorder aux parents la possibilité de s'installer à une activité avec leur enfant, autoriser, le temps nécessaire, la présence d'un objet familier (le doudou, la peluche) permettent d'atténuer les ruptures. Il est important de garder à l'esprit que chaque entrée à l'école, pour un petit, réactive l'épreuve de la séparation, qu'il faut donc aménager.

Éclairage

Max ne veut pas aller à l'école

C'est la première rentrée pour Max qui pleure dès que sa maman le quitte. Au bout du troisième jour, la maman, inquiète, demande à la maîtresse, Stéphanie, ce qu'elle doit faire : Max ne veut pas aller à l'école. La maîtresse la rassure : les pleurs cessent au bout de 5 minutes, car Stéphanie ne le laisse pas seul avec son chagrin. Elle lui parle, le console et le conduit vers des espaces de jeux : il joue au coin-poupées car il retrouve son amie de la crèche Zoé, et chante avec les autres. D'ailleurs, la maman pourra le constater lors du prochain "petit-déjeuner" partagé avec les familles, qui est un moyen parmi d'autres pour rapprocher les parents du nouveau lieu de vie de leur enfant, l'école : installer la confiance, favoriser les liens et rassurer les parents sont une priorité pour Stéphanie, soucieuse du bien-être de ses élèves. ■

> **“Il y a dans l'accueil, cette attente qui pacifie l'angoisse, la mobilise, et dresse le temps comme le maître des relations.”**
> Jacques Pain (préface), "Une école accueillante", *Manifeste pour un accueil d'hospitalité à l'école*, Académie de Versailles, 2015

→ Bienveillance / Parents / Transitions

Pour aller plus loin

- John Bowlby, *Attachement et perte : Séparation, colère et angoisse*, vol. 2., PUF, 1978.
- La rentrée de Léonie, première rentrée à l'école maternelle, 2015 : http://video.ac-paris.fr/mp4/2014-09/rentree-leonie_hd.mp4

Activités artistiques

Les activités artistiques permettent aux enfants de développer leurs possibilités expressives, créatives et d'imagination. Par des pratiques régulières, elles donnent accès à des univers sensibles. Elles constituent la première étape d'un parcours fondé sur l'acquisition de références artistiques et de repères culturels.

Contexte

Les arts dans les programmes

Les activités artistiques développent le potentiel créatif des enfants et leur intelligence sensible. La musique, les arts plastiques sont introduits dans le programme de 1995. En 2002, les pratiques se combinent avec l'acquisition d'une culture ; une liste d'œuvres de référence est publiée. En 2008, les verbes d'action "imaginer, sentir, créer" mettent l'accent sur l'expérimentation, le verbe "percevoir" introduit la culture de la sensibilité. Les activités visuelles et plastiques éduquent le regard et le geste. Les activités d'écoute, les pratiques vocales et instrumentales, éduquent l'oreille et la voix. La danse développe la dimension expressive du corps. En 2015, le domaine "Agir, s'exprimer, comprendre à travers les activités artistiques" comprend les arts du visuel (peinture, sculpture, dessin, photographie, cinéma, bande dessinée, arts graphiques, arts numériques), les arts du son (chansons, musiques instrumentales et vocales) et les arts du spectacle vivant (danse, théâtre, arts du cirque, etc.). En développant l'imaginaire des enfants par une pratique d'expression, l'école maternelle joue un rôle décisif dans l'acquisition d'une première culture.

Les créations plastiques

Pour les plus petits, il s'agit de privilégier les jeux d'exploration et les tâtonnements propices à l'émerveillement et à l'étonnement. Les activités de manipulation et de modelage avec des matières de consistances différentes (terre glaise, sable, boue, barbotine…) et de couleurs variées (grise, ocre, rouge, blanche) développent leurs sensations. Ils peuvent ressentir le plaisir de donner forme, de déformer, de marquer et de représenter. L'introduction de contraintes, d'outils, de supports, de matières, de consignes aide l'enfant à affiner sa démarche. Les activités peuvent prendre appui sur des œuvres de référence qui prolongent et enrichissent l'expression.

Les graphismes, le dessin

À travers les activités de graphisme, les enfants découvrent des effets décoratifs à dominante graphique. Elles entretiennent des liens étroits avec le dessin et les arts plastiques parce qu'elles mobilisent les mêmes capacités perceptivo-motrices. Quand il dessine, l'enfant réinvestit les acquis réalisés en graphisme, du point de vue de l'enrichissement des formes graphiques et des habiletés motrices. La fonction expressive de son dessin s'en trouve renforcée. Les tracés spontanés, les formes ou jeux graphiques produits dans les dessins libres peuvent être la source d'observations et d'explorations graphiques. L'enfant peut faire aboutir des compositions personnelles en reproduisant des graphismes et en créer de nouveaux.

Chants et musique

À travers le chant et la musique, les enfants découvrent la richesse des univers sonores, ils apprennent à en produire eux-mêmes avec grand plaisir. Leurs possibilités d'imagination sont confrontées aux univers mu-

Quelques pistes pour les fabrications plastiques

- Découvrir des éléments de l'environnement immédiat: collecte et sélection de matériaux comme des feuilles, des empreintes de tronc d'arbre par frottage... Les enfants découvrent leurs qualités artistiques en les utilisant comme matériau pour leur création.
- Explorer des formes, des couleurs, des matières (textures, reliefs...), des objets, mettre en œuvre diverses actions sur ces éléments pour obtenir des effets: par exemple, peindre avec une brosse dure et de la peinture empâtée sur un support rugueux.
- Réaliser une production en volume selon un désir d'expression, en tirant parti des contraintes techniques, combiner des gestes, déformer une matière, détourner un objet.
- Explorer et exploiter les qualités de matières à modeler pour représenter en volume: terre, plâtre, pâte à papier, pâte à sel, plastiroc, bandes plâtrées...
- Expérimenter les qualités expressives d'un matériau (gouaches, encres, tissus, papiers, carton, bois, terre, pierre, métal...) et pouvoir réutiliser de manière autonome un procédé, des traces découvertes de manière fortuite.

sicaux que l'enseignant leur fait découvrir. La dimension de l'imitation est majeure, que ce soit à travers les chansons apprises et reprises en chœur, ou par la création sonore dans le cadre d'un orchestre enfantin qui leur permet de jouer avec des instruments. Jouer avec la voix permet d'explorer des variantes de timbre, d'intensité, de hauteur, de nuance, de reproduire, avec son corps ou avec des instruments, des formules rythmiques simples. La mémorisation d'un répertoire varié de comptines et de chansons, l'interprétation expressive contribuent à construire la confiance en soi.

Éclairage

La couleur

L'enseignante propose une chasse à la couleur dans la classe, dans l'école et à l'extérieur. Les élèves collectent des matériaux et des objets qui deviendront les objets de la couleur, "jaune" ou "bleu", ou "rouge"... Ils font des tris, des collections, ils nomment les couleurs. Le rouge est une couleur-matière, que l'enfant appréhende à partir d'images fortes comme le sang, le danger. L'approche des matières se fait autour des représentations premières que cette couleur évoque.

Puis l'enseignante propose de vivre une journée couleur: "Tout le monde est habillé en « rouge », on écrit au stylo rouge sur du papier rouge, on dessine avec des feutres rouges..." Le goûter est de la couleur choisie. En peinture, ils découvrent le "monochrome" avec des références comme le bleu de Matisse, le bleu de Klein, le noir de Soulages. Des panneaux sont affichés dans le couloir avec les démarches des élèves, en dessin, en peinture, en assemblage d'objets et sculpture. ■

> **« Incomparablement plus que l'adulte, l'enfant s'imagine volant, planant, grimpant ou nageant comme un poisson. Voilà qui est loin du dessein primordial de l'adulte qui est de "fixer" et en peinture d'établir des constats visuels. »**
> Henri Michaux, *Les commencements*, 2011

→ Comptines / Dessiner / Graphisme / Musée de classe

Pour aller plus loin

- Sophie Laclotte, *Les arts visuels à l'école*, Nathan, 2004.
- www.cndp.fr/crdp-paris/L-histoire-des-arts-a-l-ecole.27163

Activités physiques

Les activités physiques regroupent une diversité de pratiques qui permettent aux enfants de développer leurs possibilités physiques en contribuant à leur développement moteur, sensoriel, affectif, intellectuel et relationnel. À l'école maternelle, ces expériences corporelles les aident à construire leur latéralité et à mieux se situer dans l'espace et dans le temps.

Contexte

À l'école maternelle, l'Éducation physique et sportive (EPS) n'est pas enseignée d'un point de vue disciplinaire comme à l'école élémentaire. Il s'agit avant tout de répondre aux besoins de mouvements chez l'enfant. À travers des activités à leur portée, les enfants se constituent un répertoire d'actions motrices fondamentales telles que les déplacements, la locomotion, les équilibres, la projection et la réception d'objets, aboutissant à une image orientée de leur corps dans l'espace. Dès les premiers programmes de l'école maternelle, les activités physiques ont occupé une place essentielle dans la journée de l'enfant. "Exercices physiques", "le mouvement et l'action", "agir avec son corps", ces différentes appellations témoignent, au fil des programmes, d'objectifs précis en lien avec des conceptions pédagogiques, psychologiques et sociales inscrites dans une époque donnée.

Évolution de la terminologie

Les instructions officielles de 1921 inspirées par Pauline Kergomard préconisent *"des exercices physiques : exercices respiratoires, jeux, mouvements gradués accompagnés de chants"*. Dans une époque hygiéniste préoccupée par les enjeux de prophylaxie et de promotion de la santé, les pratiques physiques sont indispensables à la vitalité des enfants et prioritaires face aux autres apprentissages. L'objectif "le corps, le mouvement et l'action" occupe, dans la circulaire du 2 août 1977, une place majeure. Les pratiques proposées visent l'intériorisation du "schéma corporel", notion développée par Paul Schilder. Le corps en mouvement est l'instrument par lequel s'installent les premières relations aux autres : le corps n'est pas un corps-objet mais un corps-sujet. "Les activités physiques", premier domaine d'activité dans le texte d'orientation de 1986, confirment l'importance des pratiques corporelles à l'école. Les programmes de 2002 et de 2008 incluent la dimension expressive de l'activité corporelle à travers le domaine "Agir et s'exprimer avec son corps".

Agir, s'exprimer, comprendre à travers les activités physiques

En 2015, l'enjeu de la pratique quotidienne des activités physiques est qu'elles participent d'une éducation à la santé en procurant aux enfants le plaisir du mouvement et de l'effort, ainsi qu'à une meilleure connaissance de leur corps. En plus d'agir et de s'exprimer, "comprendre" est venu s'ajouter aux termes précédents dans l'intitulé de ce domaine : l'action n'est pas seulement motrice ou perceptive, elle engage des processus cognitifs même s'il n'y a pas de prise de conscience. L'enseignant pense, organise et régule les aménagements

30 minutes

C'est le temps moyen consacré quotidiennement aux activités physiques guidées à l'école.

Le Programme National Nutrition Santé
Depuis 2001, l'école maternelle, par l'intermédiaire des actions territoriales, intègre les principes du Programme National Nutrition Santé (PNNS) dans ses pratiques (l'éducation au goût). Le PNNS a pour objectif général l'amélioration de l'état de santé de l'ensemble de la population en agissant sur l'un de ses déterminants majeurs : la nutrition. Le mot "nutrition" est compris comme englobant les questions relatives à l'alimentation (nutriments, aliments, déterminants sociaux, culturels, économiques, sensoriels et cognitifs des comportements alimentaires) et à l'activité physique. Dans une société de plus en plus sédentarisée, "Bouger" est devenu un enjeu de santé publique.

d'espaces afin de permettre à l'enfant une expérimentation personnelle et autonome. Il donne du temps à chacun pour explorer, ressentir, imiter les autres, trouver de nouvelles façons de faire. Il observe les réponses motrices pour les valoriser et proposer d'autres pistes d'exploration. Son rôle est de soutenir, encourager pour que l'enfant conquière son autonomie tout en prenant des risques à sa mesure.
4 objectifs comportant 6 attendus sont définis pour répondre au besoin de mouvement de l'enfant :
- **Agir dans l'espace, dans la durée et sur les objets :** utilisation de matériel et d'enchaînement d'actions motrices (lancer un anneau, le rattraper, courir avec pour franchir un obstacle, puis rouler sur un tapis).
- **Adapter ses équilibres et ses déplacements à des environnements ou des contraintes variés :** escalader, ramper, se déplacer avec des patinettes, des rollers, des échasses.
- **Communiquer avec les autres au travers d'actions à visée expressive ou artistique :** improviser sur une musique avec un objet qui induit un mouvement, rondes, jeux dansés.
- **Collaborer, coopérer, s'opposer :** jeu du chat et de la souris pour alterner le statut des rôles, jeux collectifs à règles dans des zones délimitées.

Éclairage

Des ateliers de lancer en Grande Section
Attendus : lancer de différentes façons, dans des espaces et avec des matériels variés, dans un but précis.
Compétences à construire : Prévoir, anticiper des trajectoires pour se placer, se déplacer et agir en fonction du but visé
L'enseignant installe 4 ateliers de lancer en proposant les consignes suivantes :
- Lancer des anneaux au-dessus d'un plan incliné, dont on augmente la hauteur.
- Lancer un sac de graines sur une cible fixée au mur. 3 essais possibles.
- Lancer des palets dans des boîtes en carton, disposées de plus en plus loin d'une marque au sol. 3 essais possibles.
- Jouer à 2 avec des raquettes et une balle de tennis au-dessus d'un filet. ■

“Je ne pense pas qu'il y ait une progression pédagogique qui corresponde au développement de l'enfant. Par contre, ce que l'on découvre avec l'histoire de la perception du corps, c'est qu'il y a des expériences [...] qui amènent à s'interroger sur l'existence d'un sentiment de soi.”
Georges Vigarello, Revue EP&S, 2015

→ Aménagement des espaces / Autonomie / Danser / Programmes

Pour aller plus loin
- www.revue-eps.com/fr/l-education-physique-a-l-ecole-maternelle_o-6878.html
- http://cache.media.eduscol.education.fr/file/Agir/44/3/Ress_c1_agir_obj1_456443.pdf

Affichages

Média de communication, les affichages permettent de rendre visible, d'informer, de garder une trace. À l'école maternelle, ils occupent différentes fonctions et sont de 3 types : institutionnel, didactique et informatif. Ils ne sont pas définitifs, ils sont évolutifs et construits avec les enfants.

Contexte

Les affichages institutionnels

Dans la classe. Seul l'affichage de deux documents revêt un caractère obligatoire : l'emploi du temps et les consignes de sécurité. L'arrêté du 18 janvier 1887 relatif à l'enseignement public (art. 18) précise : *"Au commencement de chaque année scolaire, le tableau de l'emploi du temps par jour et par heure est dressé par le directeur de l'école, et, après approbation de l'inspecteur primaire, il est affiché dans les salles de classe."*

La circulaire n° 84-319 du 3 septembre 1984 mentionne que les consignes de sécurité *"doivent être précises, mises à jour, affichées sur supports fixes et inaltérables. Elles doivent être connues de l'ensemble des personnes qui fréquentent l'établissement et, par conséquent, être affichées dans tous les locaux et les circulations."*

D'autres affichages de type institutionnel sont recommandés : ils permettent d'apprécier la professionnalité de l'enseignant et témoignent de son souci d'assurer la continuité des apprentissages. La pyramide des âges des élèves, le tableau des services de surveillance de cour, d'entrées et de sorties, le tableau d'occupation des salles communes rendent compte de l'organisation d'une école et d'une classe. Les programmations et progressions par périodes et par domaines d'activité renseignent sur la conformité des pratiques pédagogiques avec les programmes en vigueur.

Dans l'école. Ces affichages sont de la responsabilité du directeur, ils sont obligatoires et doivent être répartis dans les lieux appropriés : horaires, répartition des classes et noms des enseignants, Déclaration des droits de l'homme et du citoyen, Charte de la laïcité, publications syndicales, tableaux de services, plan d'évacuation, règlement intérieur voté en conseil d'école, planning d'utilisation des locaux, adresses et téléphones de l'école, de la mairie, de l'IEN, du DASEN-I.A., consignes précises sur la conduite à tenir en cas d'urgence (médicale).

Les affichages didactiques

Ils sont généralement recommandés, mais ne revêtent pas un caractère obligatoire.

Pour se repérer dans le temps. L'enseignant construit avec les enfants des référentiels à partager : les étiquettes des jours de la semaine, la ronde des mois de l'année, des calendriers mensuels et annuels, le déroulement d'une journée en photos. La trace des projets tels que les sorties, les spectacles, les livres lus, peut être conservée sous forme d'affiches, de photos, d'imagiers. Les enfants apprennent à construire la notion de temps qui passe. Les espaces dédiés sont investis pour orienter le regard et la réflexion, pour apprendre à voir.

Pour se repérer dans l'espace. L'enseignant élabore avec ses élèves une signalétique qui permet de savoir où se trouve le matériel, à quoi il sert, comment on s'en sert. Les espaces sont ainsi identifiés par des étiquettes-mots (l'épicerie, la cuisine) agrémentées de photos, ou de symboles. Des tableaux, des badges, des colliers, permettent d'organiser la gestion des flux des enfants occupant les différents espaces de la classe. Les photos de chaque enfant au-dessus des porte-manteaux permettent de connaître sa place au sein d'un groupe. La lisibilité de la classe autant que la compréhension de son organisation est un enjeu pour rendre le cadre rassurant et développer l'autonomie des enfants.

Pour valoriser les productions et rendre compte des progrès. L'enseignant de maternelle porte un soin particulier à la mise en valeur des travaux des élèves afin de rendre visible ce qui est fini et ce qui est en train de se faire. L'enfant doit se retrouver à travers ses travaux, collectifs ou individuels. La mise en valeur des productions des élèves répond à cet équilibre entre ce que l'enseignant construit pour que les enfants apprennent et la manière dont ils vont s'en saisir pour que cela fasse sens pour eux.

Pour apprendre et se remémorer. Le tableau de présences des enfants, le tableau des responsabilités, les règles de vie de la classe, les lettres de l'alphabet, les étiquettes des mots du lexique, la file numérique ou un tableau des nombres, les recettes de cuisine, les photocopies des comptines, peuvent investir d'autres espaces que celui du coin-regroupement : on les retrouvera dans le coin-bibliothèque, près de la porte d'entrée, dans le coin-mathématiques. L'intérêt de ces outils réside dans le fait de savoir s'y référer lorsqu'on en a besoin.

Les affichages informatifs

Leur rôle est d'informer, de renseigner, d'alerter. Ils s'adressent aux parents, à tous les visiteurs. Les enfants sont associés à leur réalisation plastique et graphique : une affiche pour informer d'un spectacle, d'une sortie, la venue du photographe, le retour des poux. L'emplacement de ces informations se décide avec les enfants pour l'efficacité de la lecture : sur la porte de la classe, à l'entrée de l'école.

Cas particuliers : les Projets d'accueil individualisé (PAI) mis en place lorsque la scolarité d'un élève, notamment en raison d'un trouble de santé invalidant nécessitant un aménagement particulier, doivent impérativement être signalés.

Éclairage

Utiliser l'espace

Les murs de la classe ne sont pas les seuls supports aux affichages : chaque espace, coin-jeu, ou espace dédié aux activités peut être investi. Le plafond permet de rendre visibles des productions artistiques en volume. Des portants à vêtements avec des cintres sur lesquels sont suspendues des reproductions d'œuvre sont une autre manière de présenter. Des présentoirs à livres, à cartes postales ou à bijoux peuvent être détournés pour mettre en valeur un document, un objet, afin d'attirer le regard et susciter la curiosité pour inciter au questionnement. Stimulant, valorisant, le rôle des affichages permet de prendre conscience de ce qu'on a fait, de ce qu'il reste à faire. ■

> **« La dimension scolaire de l'école maternelle renverrait ainsi à la nécessité de rendre visible l'apprentissage […], car c'est autour des apprentissages que se construit l'identité professionnelle de l'enseignante de l'école maternelle »**
> Gilles Brougère, Informations sociales, 2010

→ Aménagement des espaces / Autonomie / Emploi du temps / Programmations

Pour aller plus loin

■ Gilles Brougère, "Le bien-être des enfants à l'école maternelle. Comparaison des pratiques pédagogiques en France et en Allemagne", in *Informations sociales* n° 160, 2010.

Aménagement des espaces

Aménager la classe et les autres lieux de l'école, c'est organiser l'espace de manière à répondre aux besoins physiques, affectifs et cognitifs de l'enfant afin qu'il se développe dans un cadre accueillant et stimulant, propice aux apprentissages. L'aménagement est évolutif et progressif selon le niveau d'âge des enfants.

Contexte

Jusque dans les années 1980, les recherches en psychologie influencent les contenus et les pratiques de l'école maternelle, centrée sur une pédagogie du développement de l'enfant. L'accent est mis sur les interactions entre l'enfant et son environnement pour développer et stimuler l'apprentissage. La classe est alors pensée comme l'espace d'une pédagogie active, mobilisée autour de projets. Respectant les étapes du développement de l'enfant, le mobilier est adapté à la taille des enfants, les coins-jeux occupent une place importante pour développer la fonction symbolique.

Pourtant, le Rapport de l'Inspection générale sur l'école maternelle (2011) déplore l'appauvrissement des espaces de la classe. On constate une disparition des coins de jeux au profit de tables réservées aux activités, dont les supports sont inspirés de l'école élémentaire. On observe un moindre intérêt pour l'agencement des espaces et pour les pratiques spécifiques de l'école maternelle.

Les enjeux dans le nouveau programme

Le nouveau programme de 2015 replace le jeu comme modalité spécifique d'apprentissage chez les jeunes enfants. L'aménagement de l'école doit offrir aux enfants un univers culturel stimulant leur curiosité. Ces lieux leur permettent de multiplier les expériences sensorielles, motrices, relationnelles et cognitives. L'espace est pensé aussi pour diversifier les regroupements au service des apprentissages (collectif, petits groupes, individuel, en binôme).

La classe

Assurer la sécurité et respecter les conditions d'hygiène sont les contraintes incontournables de l'aménagement des espaces. Une fois ces contraintes respectées, l'espace-classe est organisé en réponse à 3 exigences : répondre à l'organisation d'une vie en groupe ; respecter le rythme des enfants ; développer les apprentissages en partant des besoins des enfants, qui ne sont pas les mêmes de la Petite à la Grande Section.

Les petits ont besoin de savoir où se trouve l'adulte à tout moment, de le voir, de l'entendre pour se sentir en sécurité. L'espace central sera dégagé pour agrandir les espaces de jeux et d'activités d'exploration en périphérie. Un espace est réservé pour se reposer et s'isoler, car la vie en collectivité est parfois pesante. Les plus grands éprouvent le besoin d'échanger et de partager. Les tables rondes ou regroupées pour favoriser les interactions sont privilégiées, le coin-regroupement fédère la vie du groupe. Il peut se trouver au milieu de la classe, ce qui permet d'installer les autres espaces dédiés en périphérie.

Dans l'école et dans la cour

L'aménagement des espaces collectifs fait l'objet des mêmes réflexions en équipe, incluant les autres partenaires de l'école, car ce sont des espaces partagés. Certaines

Un aménagement équilibré		
Quels types d'espaces	**Les objectifs**	**Le rôle de l'enseignant**
Coins de jeux	Pour imiter, jouer à faire semblant, développer les interactions langagières entre pairs, construire des savoirs sociaux (règles de la politesse, apprendre à mettre la table, apprendre à ranger). Pour apprendre à trier, classer.	Conçoit l'aménagement, associe les enfants à l'enrichissement des espaces, construit des outils de gestion des flux, observe les enfants, guide les activités, joue avec les enfants.
Espace activités artistiques: plan incliné, chevalet, table rectangulaire Coin-univers sonores	Pour peindre sur de grandes surfaces, s'exprimer avec des gestes amples. Pour explorer, fabriquer des instruments	Installe le matériel à portée des enfants pour développer l'autonomie, guide les activités par des consignes.
Espace explorer la matière, les objets (jeux d'eau, de sable, objets à démonter), le vivant	Pour comprendre comment les objets fonctionnent, pour se poser des questions (pourquoi les aimants s'attirent ou se repoussent)	Installe et enrichit le matériel. Suscite le questionnement, affichages des observations avec des dessins ou photos.
Espace graphisme, écriture	Pour s'entraîner, s'exercer aux gestes graphiques.	Installe le matériel graphique, prévoit les supports, guide les activités.
Espace mathématiques, numérique, ordinateurs	Pour construire le nombre, découvrir les formes, les grandeurs.	Prépare les jeux, les trie par niveau de complexité, guide les activités.
Coin-lecture/bibliothèque	Pour lire, jouer avec les marottes des histoires entendues.	Organise le rangement avec les enfants.
Coin-regroupement	Pour se rassembler, partager, écouter des histoires, apprendre ensemble.	Organise, fédère et régule la vie du groupe.

salles peuvent être polyvalentes, comme les dortoirs attenants aux classes se transformant en salle de danse ou de musique. La salle de jeux comporte le matériel pour les activités physiques (structures à grimper, tapis). La cour de récréation doit être sécurisée autant que sécurisante : les sols sont adaptés, les structures ludiques sont aux normes et vérifiées régulièrement. Les jeux de marelles et autres jeux traditionnels se transmettent dans cet espace. Les espaces végétalisés ou jardins pédagogiques sont investis par les enfants.

Éclairage

Apprendre à fréquenter les espaces

Sophie, enseignante en Grande Section, a mis en place un système d'inscription par étiquettes à scratch sur un tableau où figurent, en photos, les activités proposées le matin. Lorsque les enfants arrivent, ils affichent leur étiquette-prénom dans la colonne réservée à l'activité qu'ils ont choisie. Le nombre de places est limité, les cases prévues structurent la gestion des flux. Lors du bilan au coin-regroupement, Sophie visualise sur le tableau les activités réalisées : les enfants partagent leurs expériences. ■

> **“ La première finalité d'un aménagement bien conçu est de favoriser en permanence la réponse aux besoins des enfants, et ces besoins sont variés et évolutifs, justifiant que la classe soit différente selon les sections et modifiée au fil de l'année. ”**
> Rapport de l'IGAEN n° 2011-106, octobre 2011

→ Ateliers / Coins-jeux / Projet / Regroupement / Sécurité

Pour aller plus loin

■ Rebecca S. New, trad. Robert Elbaz, “Les écoles, espaces intentionnels pour l'enfance”, *Revue internationale d'éducation de Sèvres*, n° 64, 2013.

Apprendre et vivre ensemble

Apprendre ensemble et vivre ensemble est un objectif fort de l'école maternelle du programme 2015. Par une manière particulière de faire classe, l'enseignant accompagne le développement de l'enfant, l'aide à se construire. Il lui permet de construire des attitudes et des représentations adaptées de ce qu'est "être élève".

Contexte

Le programme de 2015 fait de l'objectif apprendre et vivre ensemble un domaine transversal, pris en charge par l'enseignant, par une manière particulière de faire classe. Il contribue à développer les compétences relationnelles et le sens de l'école pour chacun des enfants.

Les programmes de 2008 avaient remplacé le domaine "Vivre ensemble" (2002) par "Devenir élève". Les travaux du groupe ESCOL (*Apprendre l'école, apprendre à l'école*) pointent alors la responsabilité de l'école dans les malentendus ressentis par les élèves. Une pédagogie du faire, des manipulations pour la manipulation, une absence d'explicitation des objectifs, installent trop d'implicite. Cet implicite est discriminant. Tel enfant qui va trier et coller des étiquettes va savoir qu'il est en train d'apprendre à écrire, parce que l'écrit est présent chez lui et que l'importance en est affirmée à la maison. En revanche pour une partie des élèves, il s'agit juste de coller des étiquettes, tâche que l'on peut même réussir sans la comprendre.

De soi vers les autres

Pour grandir, l'enfant doit se dégager de la dépendance, entrer dans un processus d'individuation pour se construire comme sujet singulier. Ce mouvement d'autonomisation rend possible l'accès aux savoirs. L'intégration de normes conditionne les relations sociales, ainsi que l'intégration des aspects conventionnels de certains apprentissages comme la lecture et l'écriture. Accepter la normativité libère d'un enfermement possible dans la relation de dépendance à l'autre. L'école maternelle pose les jalons de la construction du lien aux autres, en installant un cadre et des repères stables. Son rôle est de mettre en acte les principes de la vie collective pour que chacun en fasse l'expérience. Tout part de l'expérience de l'enfant qui réussit l'affirmation de sa personnalité au sein du groupe. En trouvant sa place d'élève, l'enfant prend conscience de ses capacités à grandir et apprendre avec les autres. Son parcours d'intégration personnalisé est le processus par lequel il va donner sens et valeur aux activités de l'école, "être" soi pour mieux "connaître" les autres, le monde.

Être bien ensemble

La classe est la communauté d'apprentissage qui pose les bases d'une citoyenneté respectueuse de règles de vie, ouverte sur la pluralité des cultures du monde. Les conflits quotidiens trouvent leur résolution à l'occasion de moments d'échanges collectifs, mais aussi à travers les activités proposées qui détournent l'enfant de ses préoccupations personnelles et le tournent vers des objectifs externes dont il perçoit l'intérêt. Par une attitude éducative adaptée, en s'appuyant sur des activités ritualisées, l'enseignant construit le sentiment d'appartenance au groupe. Son rôle comme médiateur des conflits permet la socialisation du groupe-classe en installant des repères communs. C'est le rôle des

Les compétences civiques et sociales à l'école

- La construction de l'enfant se réalise dans des interactions avec les autres. Dans une nouvelle étape de socialisation, il s'éloigne de ses repères familiers et met en place de nouvelles relations interpersonnelles, sur de nouveaux objets.
- Il engage la construction de savoirs différents, voire étrangers à ce qu'il connaît. Ceux-ci inscrivent chaque enfant dans un rapport anthropologique à son univers.
- Il aborde la compréhension de ce qu'est l'école comme milieu, le sens des activités qui y sont menées et la spécificité des modes d'apprendre qu'elle propose.
- L'appropriation de modes de faire, de pratiques langagières axées sur l'action, de nouvelles attitudes conditionne l'entrée dans les apprentissages. Ainsi les enfants apprennent que travailler c'est faire et refaire, pas forcément réussir tout de suite.

rituels liés à l'accueil du matin, à l'appel où l'on observe qui est présent, qui est absent, à repérer le jour où l'on est ensemble, à faire le point sur les activités dans des moments qui fédèrent le groupe. Les chansons reprises ensemble, les projets collectifs comme la création d'un mur végétal en façade de l'école, une sortie au parc pour faire des collectes de feuilles sont des occasions de partager des moments en favorisant l'implication authentique des enfants, et d'associer les parents à la vie de la classe.

Éclairage

Prendre des responsabilités au sein de la classe

Tous les lundis matin, les élèves de Grande Section complètent avec leur étiquette le tableau des responsabilités. Chaque responsabilité est accompagnée d'une illustration (icône, pictogramme ou photographie). Elles sont définies sur le temps de la semaine. En fin de semaine, l'enseignant échange avec les élèves, vérifie qu'elles ont bien été prises en charge. Chaque élève sait ce qu'il a à faire : mettre à jour la date sur les calendriers, mettre à jour le tableau avec la météo, relever et dénombrer les présences et les absences pour les présenter au groupe. Le soin aux plantes et aux animaux est attribué au même enfant. Deux élèves préparent le matériel des ateliers à partir de la fiche mise à disposition par l'enseignant. Ils participent aux rangements et vérifient le matériel. Certains sont responsables de la communication, circulation des tours de parole lors des regroupements, distribution des messages au sein de l'école, à la directrice. Ils sont aussi chargés d'accueillir les visiteurs. Sur un panneau d'affichage la photographie de chaque nouveau visiteur est accompagnée de son nom et de la date de la visite. ■

« La vie en groupe permet la complémentarité des expériences et des talents, le partage des découvertes dans l'interaction, la stimulation provoquée par l'intérêt et les questions des autres, l'initiation authentique à la vie en société et à la naissance d'amitiés durables et enrichissantes. »
Pierre Anger et Colette Bouchard, Montréal, cité in *À la maternelle voir grand*

→ **Éducation citoyenne / Règles de vie / Socialisation / Vivre ensemble**

Pour aller plus loin

- Élisabeth Bautier, *Apprendre à l'école, apprendre l'école. Des risques de construction d'inégalités dès l'école maternelle*, Chronique sociale, 2006.
- Marie-Christine Poisson et Louise Sarrazin, *À la maternelle voir grand*, Chenelière, 1998.
- www.pedagogie-tortel.org/tortel.php

Apprentissages informels

On appelle apprentissages informels ceux qui se réalisent naturellement en dehors du cadre structuré de l'enseignement et des intentions pédagogiques de l'enseignant. L'enfant apprend en observant, seul ou au sein d'un groupe, selon une logique qui est souvent liée à son désir de découvrir ou de savoir.

Contexte

Les apprentissages de la vie, par l'action

Les apprentissages informels – ou incidents – sont par nature difficiles à appréhender. Des chercheurs en sciences de l'éducation les décrivent comme "insaisissables, évanescents, implicites". Ils sont aussi appelés apprentissages autogérés, autonomes, apprentissages libres. L'enfant n'a pas nécessairement besoin qu'on lui enseigne pour apprendre. Célestin Freinet écrivait : "*Au lieu de considérer, comme le fait la scolastique, que l'enfant ne sait rien – ce qui est évidemment faux – et qu'il appartient à l'éducateur de tout lui apprendre – ce qui est prétentieux et irréalisable – nous partons, pour notre enseignement des tendances naturelles, chez tout individu sain, à l'action*". Les apprentissages informels se déroulent dans tous lieux de la vie de l'enfant, y compris à l'école dans le contact avec les pairs. Ils ne sont pas décrits par les *curricula*, ni précisés par les domaines des programmes. Quand il arrive à l'école, l'enfant s'adapte au cadre nouveau de socialisation en puisant dans ses capacités à décoder les caractéristiques du nouvel environnement. Il apprend de manière incidente dans un climat de confiance, dans des situations où il a le sentiment de pouvoir agir, découvrir selon ses envies et ses curiosités. Les compétences sociales et civiques font ainsi partie de ces apprentissages informels. L'éducation formelle se construit, au moins en partie, sur un fond de formalisation de l'informel.

Les apprentissages informels dans le jeu

Dans le programme de maternelle 2015, le jeu libre a une importance particulière dans la construction d'apprentissages informels. L'enfant s'implique dans les scénarios, prend des initiatives, réagit aux actions et paroles de ses pairs. Il peut planifier son action en fonction d'un ordre temporel et des priorités, selon les différentes étapes nécessaires aux stratégies qu'il développe. Il n'y a pas de guidage direct de l'activité, ni de tâches, donc pas de dispositif précis d'enseignement, toutefois l'enseignant peut intervenir, se mettre à la disposition des enfants. Il peut aussi par exemple susciter des imitations en s'associant au jeu du groupe.

Les fonctions exécutives dans le jeu

Le jeu libre, en particulier les jeux de faire semblant et les jeux de rôles, développent ce qu'on appelle les fonctions exécutives. C'est un ensemble d'opérations mentales qui facilitent l'adaptation à des situations nouvelles. Elles amènent l'enfant à apprendre par l'expérience, à anticiper, planifier, sélectionner des informations, à fonder sa prise de décision sur des choix stratégiques. Ces gestes mentaux déve-

20 %

C'est la part que représentent, selon les travaux du canadien Allen Tough (1970), les apprentissages institués et accrédités. Les 80 % restants, la partie immergée de l'iceberg, sont de l'informel.

loppent la flexibilité cognitive, essentielle pour appréhender tout apprentissage plus formel. L'enfant met au point des stratégies comme composantes de son action, il effectue le choix autogéré des moyens les plus appropriés pour atteindre ses buts. Ces modes de faire ne s'enseignent pas.

La théorie de l'informel

À travers des situations d'échanges et de jeu dans la classe, les enfants font appel à la théorie de l'esprit. C'est la capacité à attribuer à autrui des intentions, des croyances, des désirs ou des représentations mentales. La plupart des chercheurs pensaient que cette faculté n'apparaissait pas avant l'âge de 4 ans. Maintenant on sait qu'avant l'apparition du langage, les enfants disposent bien d'une théorie de l'esprit, c'est-à-dire d'une représentation du monde à un moment donné. Pour réussir à s'engager dans les activités de l'école, il faut que l'enfant se demande à quoi se réfère l'enseignant, sur quel objet et sur quelles propriétés de cet objet son attention doit se porter.

Les implicites de l'école, de l'informel à décoder

Selon leur culture familiale, les enfants sont diversement préparés aux formes de pensée nécessaires pour appréhender les objets et les situations d'enseignement. Pour certains enfants, les compétences qui permettent de comprendre ce qu'ils apprennent à travers l'activité qu'ils réalisent font défaut. Pour pouvoir entrer dans la "forme" scolaire et jouer son rôle d'élève, l'enfant doit mobiliser des comportements inhabituels comme comprendre que lorsque l'enseignant s'adresse au groupe, il est aussi concerné individuellement par la demande. En étant attentive aux compétences informelles que nulle grille d'évaluation ne vient valider, l'école maternelle reconnaît autre chose que les performances scolaires. Elle valorise les comportements construits en interaction avec le milieu de vie et d'apprentissage, la communauté apprenante qu'est l'école.

Éclairage

Lecteur à son insu

Marcel Pagnol, dans *La Gloire de mon Père* raconte que, tout petit garçon, il s'asseyait chaque samedi matin dans la classe de son père instituteur qui apprenait à lire à ses élèves. Il jouait au fond de cette classe, pendant que sa maman était au marché. Un samedi matin, Marcel s'aperçoit qu'il peut lire ce que son père a écrit sur le tableau pour les enfants de la classe. Il n'était pourtant pas destinataire explicite et visé de cet apprentissage de la lecture, il en était seulement l'auditeur fortuit et le spectateur passif. ■

> « Apparaît nettement que l'informel éducatif n'est pas informe [...], on peut mettre en évidence la présence de formes traditionnelles d'apprentissage, construites sur le modèle du compagnonnage, et qui, ici, épousent la forme même du jeu et renvoient à des situations didactiques transformées et modélisées. »
>
> Gilles Brougère, cité dans la *Revue française de pédagogie*, juillet-août-septembre 2007 (n° 160) "Les jeux du formel et de l'informel"

→ Apprendre et vivre ensemble / Jouer pour apprendre / Raisonner

Pour aller plus loin

- Gilles Brougère, Hélène Bézille, "De l'usage de la notion d'informel dans le champ de l'éducation". *Revue française de pédagogie*, n° 158, 2007.
- Janet Wilde Astington, *Comment les enfants découvrent la pensée. La théorie de l'esprit chez l'enfant*, Retz, 1999.

Ateliers

Les ateliers sont un dispositif permettant une répartition des enfants dans des groupes où chacun a une place, une tâche à réaliser et un matériel adapté. Dirigés, autonomes ou régulés, leur fréquence et leur durée varient selon l'objectif visé afin de permettre à chaque groupe de participer à toutes les activités.

Contexte

Un dispositif inspiré de la pédagogie Freinet

Illustration de la pédagogie spécifique de l'école maternelle, le fonctionnement de la classe en ateliers se démarque de la pédagogie de l'école élémentaire. Datant des années 1960, cette pratique s'est développée à une époque où l'on insistait sur l'esprit de coopération, le travail en équipe et où l'expression de l'enfant était fortement encouragée. Inspirés de la pédagogie Freinet, les ateliers permettent aux enfants de réaliser des tâches communes, au service d'un projet nécessitant l'autonomie et la collaboration de tous. Cette modalité pédagogique vise la finalisation d'un projet à travers la socialisation et les interactions entre pairs : l'aboutissement est le résultat de l'action de chacun. Respectueux des besoins des enfants et de leurs motivations, les ateliers permettent d'installer une pédagogie différenciée, diversifiée, stimulant la recherche et la créativité. La principale difficulté réside dans la gestion des ateliers, qui nécessitent de la part de l'enseignant, une organisation rigoureuse pour accompagner le travail de tous.

Les ateliers dans les textes officiels

Le terme d'atelier n'est pas défini clairement dans les programmes officiels et ce flou a pu conduire aux dérives auxquelles on assiste aujourd'hui : “lieux”, “espaces dédiés à une activité précise”, “chantiers”, les ateliers sont parfois confondus avec le contenu des activités proposées.

Les ateliers, sont, dans les instructions officielles de 1977, assimilés à des aires fixes, aménagées pour des activités de construction ou de fabrication, de modelage. Dans la circulaire de 1986, les ateliers correspondent à un enjeu soutenu par un objectif précis. Leur installation doit être au service des apprentissages, en particulier s'ils permettent les interactions et les échanges entre enfants. On retrouve les deux acceptions de ce terme dans les programmes de 2002 : *“Des ateliers permanents et fonctionnels comme le coin-lecture ou l'atelier peinture sont clairement identifiables.”* L'atelier correspond à un “coin” ou au lieu dans lequel se déroule une activité. Ils sont aussi un moyen pour faire alterner les activités en grand groupe et les travaux individuels. Lorsqu'une activité nécessite la coopération et les échanges entre enfants, l'atelier est au service d'une réalisation commune.

Dans le nouveau programme de 2015, on ne trouve mentionné à aucun endroit le terme “atelier”. En revanche, il est précisé que l'enseignant doit mettre en place des situations d'apprentissage variées pour lesquelles il choisit le dispositif le plus adapté aux objectifs qu'il a fixés. Il adapte son organisation pédagogique en tenant compte des besoins du groupe et de chaque enfant. L'enjeu est d'apprendre ensemble et vivre ensemble, à travers la réalisation de projets communs. Les situations doivent donc viser les interactions entre enfants en créant les conditions d'une attention partagée afin de développer la prise en compte du point de vue de l'autre.

Redonner du sens

En 2011, le rapport de l'Inspection Générale procède à un état des lieux des pratiques de l'école maternelle. Il révèle une perte de sens de cette organisation qui prend souvent la forme de "routines". Les enfants ne sont plus que les exécutants de consignes dans lesquelles ils ne prennent pas part. Ils réalisent la plupart du temps des activités de manière individuelle: rares sont les projets qui suscitent la recherche pour résoudre collectivement un problème. Pourtant, quand cette mise en œuvre est dirigée intentionnellement, elle "témoigne d'une capacité des maîtres à accepter de ne plus avoir la main sur toute la classe et d'une capacité des enfants à chercher, travailler seuls".

Le rôle de l'enseignant

Les ateliers s'organisent selon un degré de guidage de l'enseignant plus ou moins accentué; ils peuvent être dirigés, autonomes, en libre projet régulé. Leur degré de guidage dépend des objectifs: en phase de recherche, de structuration des apprentissages ou d'entraînement. Les ateliers sont répartis en groupes de besoin, en groupes hétérogènes, ou selon le projet personnel de l'enfant: dans ce cas, un contrat est passé pour gravir des étapes d'apprentissage et s'auto-évaluer.

Éclairage

Un atelier pour résoudre un problème en GS: la situation des engrenages

À travers les échanges entre enfants à partir de la lecture d'une fiche technique, il s'agit de comprendre comment le mouvement entraîne la rotation des roues dentées. Les connaissances à construire sont: l'acquisition d'un vocabulaire technique (engrenage, roues dentées, mouvement), la compréhension d'un phénomène physique (contact entre les dents des roues pour qu'il y ait rotation simultanée, vitesse de rotation…). Les enfants sont répartis en petits groupes de 4 à 6, autour d'un matériel de jeu d'engrenages et d'une fiche technique. L'enseignante passe la consigne: "*Vous effectuez le montage représenté sur la fiche. Il faut que, lorsqu'on actionne la manivelle, la construction tourne. Regardez bien dans quel sens sont placés les engrenages.*" Dans un premier temps, les enfants s'organisent pour savoir qui fait quoi; ce qui donne lieu à des tensions, car plusieurs veulent diriger et imposer leur point de vue: l'atelier nécessite de distribuer les rôles et de clarifier les choix de chacun. Sans l'intervention de l'enseignante, l'activité est régulée par les enfants eux-mêmes. Puis, les enfants échangent entre eux pour placer les pièces au bon endroit. Ils "lisent" la fiche technique, essaient, se trompent, recommencent. L'atelier donne lieu à des argumentations pour justifier la position des pièces. L'enseignante se déplace auprès de chaque groupe pour aider à la verbalisation. La situation finale permet la validation par les enfants eux-mêmes qui constatent si cela tourne ou pas. (D'après *Apprendre à parler*, DGESCO-CNDP, 2010.) ■

> **"Quand l'atelier est encadré par l'enseignant, dans la plupart des situations observées, il comporte réellement des enjeux d'apprentissage. […]. Quand le maître circule d'un atelier à l'autre, distribuant son temps entre tous, il n'apporte pas de réelle plus value."**
> Rapport n° 2011-108 de l'Inspection générale sur l'école maternelle, 2011

→ Apprendre et vivre ensemble / Pédagogie / Posture éducative / Projet / Situation d'apprentissage

Pour aller plus loin

- Sophie Briquet Duhazé, Fabienne Quibel Perinelle, *Travailler en ateliers à l'école maternelle*, Nathan, 2010.

ATSEM

Les Agents territoriaux spécialisés des écoles maternelles (ATSEM) sont des fonctionnaires chargés d'assister les enseignants dans les classes maternelles ou les classes à section enfantine (les classes de niveau élémentaire avec un ou plusieurs niveaux de maternelle).

Contexte

Les Agents de la fonction publique territoriale (ATSEM), sont recrutés sur concours, ouverts aux détenteurs du Certificat d'aptitude professionnel (CAP) "Petite Enfance". Ce cadre d'emploi a été créé en 1992. Héritiers historiques des "femmes de service" affectées aux salles d'asile du XIXe siècle, les ATSEM assurent aujourd'hui un rôle éducatif reconnu auprès des enfants.

Le statut de l'ATSEM

Leur présence fut longtemps passée sous silence dans la plupart des textes officiels. Le décret n° 81-546 du 12 mai 1981 précise que *"toute classe maternelle doit bénéficier des services d'un agent communal occupant l'emploi d'agent spécialisé des écoles maternelles (ASEM) et des classes enfantines."* Les ATSEM sont nommés par arrêté de l'autorité territoriale et placés sous l'autorité hiérarchique du maire. Pendant leur service dans l'école, ils suivent les instructions de la directrice ou du directeur. Les ATSEM sont soumis à certaines obligations : ne pas se substituer au personnel enseignant, le devoir de confidentialité, un suivi et un contrôle médical les autorisant à exercer auprès des enfants, une évaluation effectuée par la hiérarchie municipale, après avis du directeur.

Le décret n° 92-850 du 28 août 1992 formalise le statut des ATSEM, modifié par le décret n° 2008-182 du 26 février 2008 - art. 3 (V) : *"Les agents spécialisés des écoles maternelles sont chargés de l'assistance au personnel enseignant pour la réception, l'animation et l'hygiène des très jeunes enfants ainsi que de la préparation et la mise en état de propreté des locaux et du matériel servant directement à ces enfants."* Le décret s'applique également aux Agents spécialisés d'école maternelle (ASEM) recrutés par la ville de Paris. Aujourd'hui reconnus comme faisant partie intégrante de la communauté éducative, les ATSEM sont invités par les directeurs aux séances du conseil d'école et ont voix consultative.

Un rôle renforcé en 2015

Le programme de 2015 précise que *"l'équipe pédagogique organise la vie de l'école en concertation avec d'autres personnels, en particulier les ATSEM. L'articulation entre le temps scolaire, la restauration et les moments où l'enfant est pris en charge dans le cadre d'accueils périscolaires est pensé de manière à favoriser le bien-être des enfants et constituer une continuité éducative"*. La nécessaire continuité éducative impose une professionnalisation de la complémentarité "professeur des écoles/ATSEM". Des chartes de collaboration existent ou sont en cours de construction dans la plupart des académies pour rendre plus efficaces la coopération entre les différents personnels (décret de 1992, consolidé en 2006 et 2010).

Dans le cadre de l'Aménagement des rythmes éducatifs (ARE), les ATSEM sont sollicités pour encadrer des activités auprès des enfants, ce qui les implique ainsi différemment dans leur statut et leurs fonctions.

Éclairage

Une collaboration réfléchie

Julie, professeure en Petite Section, confie

Les différentes fonctions de l'ATSEM	
Fonction éducative	**Soin et aide des enfants durant le temps scolaire** - Accueil des enfants et de leur famille - Habillage, déshabillage, rangement (ou recherche) de vêtements - Soin d'hygiène : propreté corporelle et vestimentaire, passage aux toilettes, confort physique - Soins infirmiers - Réconfort, écoute des enfants **Aide et assistance durant le temps du midi** - Conduite et accompagnement au restaurant scolaire avec installation des enfants à table, Vérification des présences, Accompagnement des enfants pendant le repas, Accompagnement des enfants à la sieste et sur la cour **Durant l'accueil du soir** - Aide au goûter - Aide à la mise en place d'activités - Accueil des parents
Fonction d'entretien	- Responsabilité de la propreté de la classe (ménage et entretien) - Rangement et entretien du matériel pédagogique - Rangement des locaux scolaires - Nettoyage et entretien des locaux scolaires - Nettoyage et entretien des équipements mobiliers - Nettoyage et entretien des sanitaires
Fonction d'aide pédagogique	Sous la responsabilité de l'enseignant, aide matérielle pour les activités pédagogiques : -Préparation des activités scolaires -Aide à l'encadrement d'activités (ateliers, fêtes…) -Accompagnement des sorties scolaires (promenades, visites, piscine, spectacle, voyage, classe de découverte…) -Participation au service de surveillance d'accueil, de cour, de goûter, de sieste

(D'après Thierry Vasse, *Le guide de l'ATSEM. Tout sur l'école maternelle*. Hachette, 2011)

un atelier "jeux d'eau" à Mireille, ATSEM attachée à sa classe depuis la rentrée. L'installation et la protection de l'espace consacré à cette activité sont prévues par Julie. Afin de s'assurer du bon déroulement de l'atelier et d'associer son ATSEM à sa pratique pédagogique, Julie prend le temps de lui expliquer les étapes de la réalisation avant l'arrivée des enfants : laisser les enfants mettre leur tablier tout seul, en autonomie. Ne pas précéder leurs tentatives ; laisser les enfants découvrir le matériel, et manipuler ; fournir aux enfants serviettes, éponges, chiffons pour les inciter à essuyer l'eau au sol ; ne pas intervenir à la place des enfants ; verbaliser les actions des enfants.

Pendant l'atelier, Julie donne les consignes aux enfants en présence de Mireille et l'incite à encourager et valoriser les essais. Après l'activité, Julie s'appuie sur les observations de Mireille pour réajuster sa séance d'apprentissage : quels enfants étaient impliqués dans l'action ? quels enfants étaient en retrait ? l'aménagement de l'espace était-il assez stimulant ?

En associant ainsi son ATSEM à ses objectifs pédagogiques, Julie installe une relation professionnelle de qualité au service des enfants. ■

> **« Travailler ensemble… Ce n'est pas faire la même chose ; si on tendait vers cette confusion, il y aurait très vite, n'en doutons pas, un acteur de trop. »**
> Viviane Bouysse, introduction à l'ouvrage de Thierry Vasse, *ATSEM - enseignant : travailler ensemble*, CRDP, 2008

→ Atelier / Hygiène

Pour aller plus loin

■ Thierry Vasse, *ATSEM - enseignant : travailler ensemble*, CRDP Pays de la Loire, 2008.

Autonomie

L'autonomie renvoie à la capacité chez l'élève d'organiser lui-même son rapport aux lieux et aux objets, aux autres et aux savoirs. Une des finalités de l'école maternelle est de favoriser l'autonomie des élèves tout en les engageant dans les savoirs scolaires et sociaux.

Contexte

Le plaisir de faire seul

Pour développer chez l'élève la volonté et le plaisir de faire tout seul, l'enseignant doit construire un cadre sécurisant, stimulant où le mobilier est à sa hauteur, et le matériel à sa disposition. Favoriser chez les enfants la prise de responsabilité et d'initiatives est une condition du développement de l'autonomie. Dans le cas contraire, l'enfant n'est qu'un simple exécutant des propositions de l'adulte, il subit le cadre. En l'impliquant dans les projets, en construisant avec lui les repères communs de la classe, en élaborant les règles de vie, l'enfant s'approprie sa classe, en devient l'acteur principal : il en est responsable. L'enseignant doit constamment interroger son action éducative de sorte à laisser aux enfants la place la plus importante dans les apprentissages : apprendre à se mettre en retrait est aussi une compétence du maître. Toutefois, l'autonomie est un processus, et on ne peut que tendre vers sa maîtrise.

Le nouveau programme de 2015 précise que la mission principale de l'école maternelle *"est de donner envie aux enfants d'aller à l'École pour apprendre, affirmer et épanouir leur personnalité. Elle s'appuie sur un principe fondamental : tous les enfants sont capables d'apprendre et de progresser. À travers des règles explicites et stables qui structurent la vie scolaire, l'enfant va développer sa confiance en soi et conquérir son autonomie."*

Une notion fondamentale pour Maria Montessori

La notion d'autonomie occupe une grande place dans les conceptions éducatives des pédagogues. Pour Maria Montessori, l'autonomie est la base du développement de l'enfant. La relation que l'enfant construit envers les objets et les savoirs est médiatisée par l'adulte. L'adulte se rapproche de la Zone proximale de développement de l'enfant (ZPD, Vygotski) pour l'aider à faire ce qu'il ne saurait faire sans son aide. Mais, très vite, l'enfant doit lâcher ces appuis pour prendre lui-même ses décisions et faire ses choix. Dans la classe, l'enseignant construit des outils pour permettre non seulement la vie en groupe mais aussi pour permettre à l'enfant d'éprouver le plaisir de devenir grand. C'est ainsi que l'expérience des conduites sociales à travers toutes les activités scolaires contribuera à la perception de soi en tant que sujet, acteur de ses apprentissages.

Les outils

En créant des outils accessibles par les enfants, en les associant à leur conception, le maître s'assure de leur appropriation et de leur compréhension et accompagne l'enfant vers l'autonomie.

Dans l'organisation matérielle :

- Construire avec les enfants des repères communs pour faciliter l'organisation de la vie en groupe : colliers pour gérer les flux dans les coins-jeux, inscriptions sur des tableaux pour participer à un atelier, meubles de rangement des travaux et des productions accessibles, avec le prénom de

Être autonome

L'autonomie développée à l'école se construit autour de deux axes :
- l'autonomie dans la relation maître-élève,
- l'autonomie de l'élève dans sa relation aux savoirs.

Les conditions de l'autonomie :
- la volonté chez l'élève de se passer du maître,
- la volonté chez le maître d'aider l'élève à se passer de lui,
- des compétences à acquérir.

Les différentes formes d'autonomie :
- l'autonomie matérielle et pratique,
- l'autonomie intellectuelle,
- l'autonomie affective et morale.

l'enfant dans chaque casier, prénoms affichés au-dessus des porte-manteaux pour retrouver ses affaires, boîte personnelle ou collective pour laisser ce que l'on amène de la maison ;
- Construire avec les enfants la frise du déroulement de la journée en photos pour donner des repères temporels et leur permettre d'anticiper les activités : savoir ce que l'on a fait puis ce que l'on va faire sécurise l'enfant et fait baisser les tensions liées à l'attente ou à l'inattendu ;
- Installer des espaces dédiés aux activités dans lesquels les enfants retrouveront des référentiels partagés tels que des affichages pour apprendre et se repérer ;
- Développer l'affichage d'étiquettes-mots, de photocopies de titres de livres lus, de bandes et tableaux numériques : ce sont des appuis de référence pour que les enfants interrogent, questionnent, fassent des liens.

Dans l'organisation des apprentissages :
L'enseignant s'attache à rendre compréhensible la différence entre la tâche à accomplir et l'activité cognitive requise. Encourager les essais et formaliser les procédures permettent aux élèves de s'autoriser de nouvelles tentatives, comme par exemple :
- construire un objet à partir d'une fiche technique ;
- réaliser un gâteau à partir d'une recette ;
- encoder de petites phrases à partir d'étiquettes-mots ou photocopies de titres de livres.

Éclairage

Les ateliers autonomes

Fondés sur des principes de la pédagogie Montessori, les ateliers libres de manipulation et d'expérimentation sont exploités par les enseignants d'école maternelle pour répondre à plusieurs objectifs :
- renforcer l'autonomie, l'initiative des élèves et également leur concentration ;
- leur permettre de construire des expériences diverses en fonction de leur rythme dans des situations ludiques ;
- offrir à l'enseignant des temps d'observation des élèves pour repérer des acquis, identifier des difficultés, apporter des aides individualisées adaptées ;

Dans ce type de pédagogie, l'enseignant est un guide, un médiateur qui, par ses étayages permettra aux élèves de construire ses propres savoirs. ■

> « Aide-moi à faire tout seul »
> Maria Montessori

→ Apprentissages informels / Ateliers / Montessori

Pour aller plus loin

■ Bernard Lahire, “La construction de “l'autonomie” à l'école primaire : entre savoirs et pouvoirs”, *Revue française de Pédagogie*, n° 134, janv-mars 2001.

Besoins des enfants

Les besoins de l'enfant désignent ce qui lui est indispensable pour se développer en tant qu'être. La notion, d'abord définie sur des besoins physiologiques primordiaux, s'est élargie pour englober toutes les dimensions de la personne et le développement des capacités intellectuelles.

Contexte

Le programme de maternelle 2015 insiste sur la nécessité de tenir compte du développement de l'enfant pour organiser les espaces de l'école, aménager les rythmes afin de répondre à ses besoins *"notamment de jeu, de mouvement, de repos et de découvertes"* et multiplier *"les occasions d'expériences sensorielles, motrices, relationnelles, cognitives en sécurité"*.

Les besoins physiologiques

Ils concernent le repos, l'alimentation et la propreté.

Le repos. Les rythmes veille-sommeil, variables d'un enfant à l'autre, doivent toutefois être fixés. Les enfants de 2 à 3 ans ont besoin de dormir l'après-midi; la sieste doit suivre immédiatement le repas. Les plus grands peuvent également éprouver ce besoin.

L'alimentation. Au-delà du respect de l'équilibre alimentaire nécessaire au développement de l'enfant, il est indispensable de veiller à la régularité des prises de repas. Le petit-déjeuner étant pris à la maison, la collation du matin n'est pas indispensable. L'enfant ne dit pas toujours s'il a faim, froid, soif. L'enseignant doit porter une attention particulière aux plus jeunes et les solliciter régulièrement pour vérifier leur confort.

La propreté. Si l'enfant de moins de 3 ans ne contrôle pas encore tout à fait ses sphincters, l'enfant de 3 à 6 ans entre à l'école en "étant propre". Or, "devenir propre" ne résulte pas d'un enseignement de l'adulte ni d'un "conditionnement", mais d'une maturation physiologique qui se situe vers deux ans et demi, trois ans. C'est une acquisition qui s'accompagne, du côté des familles. Les passages collectifs aux toilettes ne sont plus conseillés aujourd'hui : l'enfant apprend à exprimer les besoins de cet ordre et à s'autoréguler.

Les besoins affectifs et sociaux

Ils recouvrent trois besoins : être rassuré, s'isoler, être avec les autres.

Besoin de sécurité. À l'extérieur de la famille, le jeune enfant a besoin d'un cadre rassurant pour se développer. Il doit se sentir en confiance et bénéficier d'une relation privilégiée avec un adulte disponible qui prend en compte ses besoins. Pour que l'enfant intègre les règles de la vie en collectivité, l'adulte doit fournir les explications nécessaires aux limites imposées. La qualité du lien avec l'adulte dépend de celui qui a été construit au sein de l'environnement familial.

S'isoler. L'enfant a besoin d'un espace individuel pour se mettre à l'écart, se retrouver avec son univers, se soustraire au collectif. La capacité d'être seul correspond au processus d'individuation qui le mènera à l'autonomie affective.

Être avec les autres. L'enfant va passer d'un comportement centré sur lui-même à de véritables échanges avec ses pairs. "Apprendre

12 heures

C'est le temps de sommeil nocturne d'un enfant entre 3 et 5 ans (en moyenne). Entre 2 et 3 ans, le temps de sieste de 1 h 30-2 heures vient compléter ses besoins de sommeil.

Les enfants à besoins éducatifs particuliers

"Les élèves à besoins éducatifs spécifiques ou à besoins éducatifs particuliers regroupent une grande variété d'élèves qui ont, de manière significative, plus de mal à apprendre que la majorité des enfants du même âge quand ils sont dans une situation particulière ou qu'ils souffrent d'un handicap qui les empêche ou les gêne dans leurs apprentissages." Prendre en compte les besoins spécifiques des enfants en situation de handicap, ou nouvellement arrivés en France, ou malades, ou les enfants du voyage, est une obligation. Cela nécessite de la part de l'enseignant des connaissances pour accorder ses pratiques pédagogiques aux besoins particuliers de ces élèves.

(Source : arrêté du 18 février 2015, programme d'enseignement de l'école maternelle)

ensemble et vivre ensemble" est l'enjeu majeur de l'école maternelle.

Les besoins sensoriels et moteurs

Le développement moteur est indissociable du développement sensoriel. Le développement moteur correspond à une prise de contrôle progressif du système musculaire, avec la disparition des réflexes primaires et la maturation du système nerveux central. Si l'acquisition de la marche est une étape essentielle, d'autres conquêtes permettent à l'enfant de "se sentir devenir grand" : s'habiller seul, tenir en équilibre, faire du vélo. Les activités physiques et d'expression, les jeux permettant de coopérer, de s'opposer et d'éprouver des règles sont aussi sources de plaisir.

Les besoins cognitifs

L'enfant, pour appréhender le monde qui l'entoure, doit jouer, expérimenter, manipuler. Ces différentes modalités d'apprentissage impliquent une pédagogie adaptée aux petits : une organisation en petits groupes, des espaces stimulants et différenciés permettent une grande variété d'activités. De même, le besoin d'imaginaire est essentiel pour aider à connaître le réel.

Éclairage

La présence indispensable de l'ATSEM en Petite Section

Il est 9 h 30. Louise, en classe depuis 8 h 30, se frotte les yeux, s'affale sur le banc, est grincheuse et s'accroche à son doudou : aucune sollicitation de l'adulte ne parvient à la distraire. Elle ne veut pas écouter l'histoire racontée par la maîtresse, ne veut pas jouer au coin-poupées. Mireille, l'ATSEM, conduit Louise dans le coin-bibliothèque où elle la prend près d'elle. Louise lui confie qu'elle a sommeil, elle s'assoupit un moment. Tant que son besoin de repos n'est pas pris en compte, Louise ne peut pas être disponible pour les apprentissages. ■

> **« Lorsqu'il s'agit des enfants, mettez-vous bien dans l'esprit qu'ils veulent d'abord, par besoin irrésistible, voir, puis toucher (car ils ne voient bien qu'avec les doigts), puis goûter (ils portent tout à la bouche) [...] ; or, comme à l'âge qui nous occupe, ils sont presque exclusivement sensitifs, c'est d'abord à cultiver leurs sens qu'il faut nous appliquer ; peu à peu nous nous préoccuperons, de leur esprit et de leur cœur, appelés à devenir les maîtres de leurs sens. »**
>
> Pauline Kergomard, *L'éducation maternelle à l'école*, série I, 1886

→ Apprendre et vivre ensemble / ATSEM / Développement / Pédagogie / Rythmes scolaires / Sécurité

Pour aller plus loin

■ Agnès Florin, *Introduction à la psychologie du développement (Enfance et adolescence)*, Dunod, 2003.

Bienveillance

La bienveillance est une attitude ou une disposition d'esprit inclinant à la compréhension ou à l'indulgence envers autrui. L'école maternelle est une école bienveillante car elle s'appuie sur le développement de l'enfant pour respecter son rythme et prendre en compte ses besoins. Elle s'attache à valoriser ses progrès et à encourager ses réussites.

Contexte

Une école bienveillante et exigeante

On trouve déjà cette expression "une exigence bienveillante" dans l'instruction du 8 octobre 1999 "*L'école de tous les possibles : Les langages, priorité de l'école maternelle*". L'école maternelle est bienveillante car elle prend en compte la diversité des enfants, les plus précoces comme les plus fragiles, qui doivent être autant sollicités, chacun selon ses besoins.

La loi du 8 juillet 2013 pour la refondation de l'École souligne la place fondamentale de l'école maternelle "*comme première étape pour garantir la réussite de tous les élèves au sein d'une école juste pour tous et exigeante pour chacun*". C'est dans ce cadre que l'école maternelle est une école bienveillante car sa mission principale est de donner envie aux enfants d'aller à l'école pour apprendre et affirmer leur personnalité. Le principe fondamental sur lequel elle s'appuie est que tous les enfants sont capables d'apprendre et de progresser. Le programme de maternelle de 2015 reprend dans son introduction cette notion d'école bienveillante, qui sait s'adapter aux jeunes enfants. Elle les accueille avec leurs parents et accompagne les transitions dans toutes les étapes de leur vie scolaire. La pratique de l'évaluation positive qui met en valeur les progrès de chacun concourt à cette bienveillance.

Une priorité du référentiel pour l'éducation prioritaire

Les résultats aux évaluations internationales remettent en cause certains fonctionnements du système éducatif, en particulier l'attention portée aux élèves les plus fragiles, en insistant sur la qualité du climat scolaire. Les études ont également relevé que de nombreux élèves de l'éducation prioritaire doutent de leurs capacités scolaires. Dans ce contexte, il devient nécessaire de s'interroger sur les facteurs favorisant les apprentissages et plus précisément sur la confiance et l'estime de soi que développent les enfants. Avec la publication du Référentiel pour l'éducation prioritaire (janvier 2014) dont l'une des 6 priorités est "*Conforter une école bienveillante et exigeante*", l'école se fixe pour mission de construire un cadre permettant aux enfants de donner le meilleur d'eux-mêmes. Une école qui "veille bien" sur les élèves est sécurisante parce qu'elle est attentive à leurs progrès comme à leurs difficultés. Cette bienveillance s'accompagne en même temps d'une exigence et d'une rigueur quant au cadre à respecter et aux progrès à fournir. C'est cette double posture qui crée les conditions d'une scolarité permettant la réussite de tous. Conséquence de la logique d'accueil et d'inclusion des lois

41 %

C'est le pourcentage d'élèves qui disent avoir peur de se tromper. 49 % ont le sentiment de ne pas pouvoir arriver à faire ce que l'enseignant leur demande. Les enfants interrogés sont issus de quartiers populaires.
(Source : Baromètre Trajectoires/AFEV 2011)

de 2005, il s'agit aujourd'hui d'inverser l'idée selon laquelle tous les élèves doivent s'adapter à l'école en la remplaçant par la construction de parcours personnalisés et adaptés à chacun.

Des enseignants bienveillants envers leurs élèves et leurs parents

Le référentiel de compétences des professeurs accorde une part importante à la construction d'une relation de confiance réciproque entre les parents et l'école. Le dialogue instauré doit être constructif dans un esprit de coopération pour le bien des élèves (compétence C12). Les enseignants doivent soigner cette relation en veillant à la qualité des informations transmises, à toujours mettre en évidence les progrès des enfants plus que leurs manques, sans négliger toutefois les difficultés. De même est soulignée la nécessité de maintenir un climat scolaire serein propice aux apprentissages en installant une relation de confiance et de bienveillance avec les élèves (compétence P4). Grâce aux encouragements, à la valorisation des efforts effectués, l'enfant développe ses apprentissages dans une atmosphère sécurisante et apaisante.

Éclairage

La bienveillance au quotidien

Pour installer la bienveillance dans sa classe, Alexandre, enseignant en Moyenne Section, instaure des relations de confiance réciproque avec les parents de ses élèves. Il les tient informés régulièrement des progrès de leurs enfants par l'intermédiaire du carnet de suivi qui met en valeur leurs réussites dans tous les domaines d'apprentissage. Il organise des rencontres mensuelles autour d'un petit-déjeuner préparé par les enfants. Il renseigne les parents d'Aminata sur l'évolution de ses compétences en langage, il rassure les parents de Maxime sur les liens qu'il instaure avec ses camarades, il conseille les parents de Joanna qui ne veut pas lâcher son doudou le matin. Alexandre pratique l'évaluation positive en observant ses élèves lorsqu'ils réalisent une activité de graphisme : "Bravo Victor, je vois que tu as fait des boucles sans lever ton crayon. Et toi, Lucie, tu n'as pas dépassé la ligne." Sa classe est organisée, avec l'aide de son ATSEM, Marie, de manière à respecter le besoin d'isolement de certains enfants : dans un coin de la classe, il a installé une tente équipée d'un matelas et de petits coussins colorés qui permet à Yanis et à Hortense de lire un album au calme, à l'écart du grand groupe. ■

> **"La disqualification intellectuelle peut entraîner, pour certains élèves, une disqualification identitaire qui les amène à redouter l'épreuve scolaire, à ne pas oser répondre pour ne pas risquer d'être "pris en faute", faute de comprendre ce qui se passe sur la scène scolaire."**
>
> Christine Passerieux, "Construire le goût d'apprendre dans l'altérité", in *Café pédagogique*, 2010

→ **Besoins des enfants / Droits de l'enfant / Évaluation / Protection de l'enfance / Valeurs**

Pour aller plus loin

- Jean Bernardin, "La bienveillance en éducation", Assises de l'éducation, Saint-Étienne-du-Rouvray, 20 novembre 2013/INSA de Rouen.
- Baromètre annuel du rapport à l'école des enfants de quartiers populaires Trajectoires/AFEV 2011 : www.afev.org/communication/JRES/archives/Afev_JRES2011_Barometre.pdf

Cahier de vie

Le cahier de vie est un cahier mis en place par l'enseignant, qui voyage entre l'école et la famille. Il a la fonction de collecter et de rassembler tous les supports que les enfants ont envie de collectionner et de conserver.

Contexte

Au siècle dernier, le livre de vie était préconisé par Germaine Tortel, inspectrice des écoles maternelles. Mémoire de la vie de l'enfant, à l'école, dans sa famille, il s'apparente au livre de bord qui permet de conserver la trace des événements selon leur chronologie. Le cahier de vie s'installe comme pratique pédagogique chez les enseignants qui travaillent avec la pédagogie Freinet, en se basant sur le vécu de l'enfant. Il est repris et cité dans les programmes de 2002 comme un outil pour lui permettre d'entrer dans le monde de l'écrit. Il peut être mis en œuvre de façons très diverses selon les objectifs de l'enseignant, sous forme de cahiers de vie individuels ou de classe.

Développer un support de communication centré sur enfant au centre

Le cahier de vie mis en place à l'école appartient à l'enfant "en propre". Il facilite la communication entre l'école et la famille. Il permet d'intéresser les parents aux projets de l'école, de la classe et à ce que vit leur enfant. Il rend compte des différentes activités menées en classe et des apprentissages, et rend lisibles les objectifs de l'école. Il favorise les liens avec toutes les familles en faisant de l'enfant lui-même le porteur de la mémoire et le meneur de jeu des échanges. Dans son cahier, l'enfant va pouvoir coller, dans l'ordre chronologique des événements, ce qui parle de ses activités, de ses centres d'intérêt, de ce qu'il fait et de ce qu'il vit. Il est le témoignage d'événements collectifs liés à des projets de la classe (sortie, semaine du goût, réalisation d'une recette, défilé de carnaval...), plus individuels (naissance d'un petit frère, la photo d'une promenade en famille...), des textes de comptines, poésies et chansons illustrées par les élèves, des moments d'exploration du monde, des observations de plantes, d'animaux, des expériences avec l'air et des ballons, des problèmes mathématiques que l'on a essayé de résoudre, comme partager les œufs de Pâques... Le cahier constitue une mémoire personnelle et porte la trace des événements collectifs partagés par tous.

La forme et le fonctionnement

Le grand cahier 24 x 32 est certainement le format le mieux adapté à l'usage. Il est couvert par un dessin réalisé par l'enfant et protégé car il va voyager. Certaines écoles ont mis en place le sac du cahier. Il porte le prénom et le nom de l'enfant, la classe et le nom de l'école, l'année. Un cahier de vie individuel peut coexister avec le cahier de vie de la classe. Des éléments de ce dernier seront photocopiés pour être mis dans le cahier de vie individuel. Il est emporté régulièrement à la maison, une fois par semaine ou tous les quinze jours... L'élève connaît bien son contenu parce qu'il a participé au choix de ce qui est collé dedans. Le fonctionnement du cahier est facilité par une information aux parents en réunion de rentrée et une première page à leur intention, rappelant les fonctions, le fonctionnement et le rôle de chacun. Quand le cahier revient en classe, il peut être présenté par l'enfant en regroupement.

Le cahier de vie numérique

Des formules dématérialisées permettent de conserver d'une autre manière les textes et les images. Elles reposent sur une mise en œuvre technique assez contraignante au départ. L'objectif est que les enfants puissent apprendre des procédures de saisie pour être autonomes assez vite. Pour les élèves de Grande Section, c'est envisageable. Les cahiers sur le blog de le classe exigent un travail important de l'enseignant. Les enfants participent finalement assez peu à l'élaboration, mais les cahiers sont accessibles pour tous les parents à leur domicile. Ils apprécient cet accès direct à la vie de leur enfant dans la classe. La solution Didapage sur un ordinateur, en classe, propose une formule interactive mais demande beaucoup de manipulations à l'enseignant.

Les solutions avec Powerpoint, ou Keynote, sur ordinateur ou sur tablette donnent des résultats agréables mais exigent aussi un certain investissement de l'enseignant. Dans tous les cas, l'élève de maternelle ne peut pas gérer son cahier tout seul.

Éclairage

Présentation du cahier de vie

Voici l'exemple d'une première page collée dans un cahier de vie :

"Chers parents, Voici mon cahier de vie que je rapporterai régulièrement à la maison. Dans ce cahier, nous mettons les comptines, nos recettes de cuisine, nos textes…, tous les écrits qui concernent la vie de classe. Je vais pouvoir vous raconter tout ce que nous faisons à l'école. Il sera un bon souvenir de mon année de classe. Je pourrai aussi y coller des images et des photos que j'aime. Alors, je voudrais que vous m'aidiez à en prendre soin et à ne surtout pas le perdre. Faites-moi penser à le rapporter rapidement à l'école."

L'enseignante a également glissé un message à l'attention des parents :

"Votre participation est indispensable pour rendre le cahier de vie aussi vivant que possible, notamment par votre aide, en découpant avec votre enfant des images dans des prospectus, des catalogues, en collant une carte postale, un ticket, un autocollant, en écrivant avec lui si vous le voulez, sous sa dictée, un texte court bien lisible. Le cahier est sa propriété, il peut donc y coller ce qu'il veut conserver en souvenir (lettre, carte postale, photos…). La seule consigne à respecter est de suivre le cahier page à page, ce n'est ni un cahier de brouillon, ni un cahier de coloriage, ni le cahier des parents." ■

“Il y a peu d'événements qui ne laissent au moins une trace écrite. Presque tout, à un moment ou à un autre, passe par une feuille de papier, une page de carnet, un feuillet d'agenda ou n'importe quel autre support de fortune sur lequel vient s'inscrire […] l'un ou l'autre des divers éléments qui composent l'ordinaire de la vie.”

Georges Perec, *Espèces d'espaces*, Éditions Galilée, 1974

→ **Développer son langage / Dictée à l'adulte / Estime de soi / Parents / Traces**

Pour aller plus loin

- Yvane Chenouf, Nathalie Bois, *Cahier d'écrits, cahier de vie*, AFL, 1999.
- Ève Leleu-Galland, *Les cahiers, mémoires de vie à l'école maternelle*, CRDP de l'Aisne, 2002.
- www.cndp.fr/crdp-amiens/IMG/pdf/cahiers_vie_10_13.pdf
- www.pedagogie95.ac-versailles.fr/index.php/l-ecole-maternelle/les-cahiers-de-vie

Coins-jeux

Les coins-jeux occupent des espaces identifiés dans la classe pour explorer diverses expériences telles que jouer à faire semblant, imiter, manipuler, construire. Installés par l'enseignant et enrichis avec les enfants, ils sont évolutifs, non statiques et impliquent une progression de leur aménagement de la Petite à la Grande Section.

Contexte

Indispensables à l'adaptation de l'enfant à la réalité et à la construction de son identité, les coins-jeux font partie intégrante de l'aménagement spécifique d'une classe maternelle. Ils répondent aux besoins de tous les élèves.

Des espaces délaissés ?

Les dernières années ont vu les espaces des coins-jeux se démunir à mesure que s'amplifiaient dans les classes, y compris en Petite Section, des activités sur fiches empruntant aux pratiques de l'école élémentaire la nécessité de laisser une trace. Le Rapport de l'Inspection générale (2011) sur l'école maternelle constate que : *"Les coins-jeux ne sont plus aussi fréquents qu'autrefois. Là où ils existent, on en compte trois au maximum, parfois décrits comme « pauvres », "avec du matériel qui date"*, mais ils n'existent plus partout." Par ailleurs, le rapport relève un manque de réflexion sur leur apport didactique, comme s'ils ne pouvaient être que des espaces pour s'occuper et non pas pour apprendre : "*Le plus souvent d'ailleurs, il est noté que les élèves y ont un accès libre et une occupation sans enjeu.*" Or, le rôle de l'enseignant revêt dans ces espaces la plus grande importance pour y installer des apprentissages. Leurs aménagements riches et structurés orientent par exemple les activités de tris (dans le coin-cuisine), des activités de dénombrement et de mesure (dans le coin-épicerie), et dans tous les cas développent les interactions langagières.

Quel enjeu pour les apprentissages dans le programme de 2015 ?

Le dernier programme identifie quatre modalités d'apprentissage chez les enfants, parmi lesquelles le fait d'"apprendre en jouant" se situe au même niveau que les autres modalités : en s'exerçant, en se remémorant et en mémorisant, en résolvant des problèmes. De ce fait, pour dépasser l'opposition entre "jeu et travail", il s'agit de repenser l'aménagement de la classe de manière à mettre sur le même plan les espaces consacrés aux activités liées aux domaines d'apprentissage et les espaces de jeux. Si le jeu à l'école revêt diverses formes, les jeux symboliques que les enfants exercent dans les coins-jeux occupent une place essentielle dans leur développement psychoaffectif. Jouer "au papa et à la maman" dans le coin-poupées, "au marchand" dans le coin-magasin, ou à "faire le repas" dans le coin-cuisine, permet de mettre le réel à distance, d'agir sur lui, de le comprendre. En élaborant des fictions, l'enfant développe son imaginaire, expérimente des règles et des rôles sociaux variés, apprend à construire son identité.

Ainsi, installer dans la classe de nombreux coins-jeux permet aux enfants d'exercer toutes sortes d'activités de découvertes et de manipulation, favorisant le développement cognitif tout autant que leur développement psychoaffectif. Il ne s'agit plus, aujourd'hui, d'opposer les espaces de jeux avec les espaces d'activités identifiés comme étant plus porteurs d'apprentissage. Tous, en appui d'objectifs clarifiés, participent du développement global de l'enfant et de son équilibre en réponse à ses besoins.

Coin-jeu et jeu symbolique

Le jeu occupe une place importante dans l'accès à la fonction symbolique telle que la définit Piaget. Le développement de la fonction symbolique ou sémiotique est la capacité d'évoquer des objets ou des situations au moyen de signes ou de symboles. Elle permet à l'enfant de se représenter des objets, des événements, des situations en se constituant un répertoire d'images mentales. L'acquisition préalable de la permanence de l'objet, à savoir que l'objet continue d'exister même en dehors du champ perceptif, permet la symbolisation. Par le jeu, l'enfant exprime ses représentations, les tumultes de sa vie psychique. Lorsque les enfants jouent à "faire semblant" d'être le papa, le docteur, le réparateur, ils réalisent un renversement d'un état passif à un état actif. Ils déplacent ainsi leurs angoisses en retournant les affects de déplaisir en plaisir. L'enfant s'accorde, dans le jeu, ce qui lui a été refusé ou qu'il n'ose pas faire dans la réalité. Il peut chercher à revivre une situation désagréable ou source de conflit comme dans "le jeu de docteur" où l'enfant fait subir à l'autre ou à sa poupée, des actes vécus comme violents. L'enfant qui joue témoigne d'une "bonne santé psychique", au sens où il est en capacité d'incorporer le réel tout en le tenant à distance.

Éclairage

Un aménagement évolutif du coin-poupées

La fonction du coin-poupées est multiple : imiter, rejouer des scènes de la vie quotidienne, s'attribuer des rôles et en attribuer aux autres, jouer seul ou à plusieurs. Ses objectifs spécifiques sont : socialiser, communiquer, enrichir son vocabulaire, développer des gestes de motricité fine, trier, ranger, catégoriser. En Petite et en Moyenne Section, l'aménagement et le matériel vont occuper un espace conséquent, sur une surface d'au moins 2 m x 2 m. Délimité par des cloisons, de manière à se rapprocher d'une "grande maison", cet espace comporte des lits de poupées équipés de linge de lit, de poupées avec des habits rangés dans des armoires, d'une table à langer, d'une table à repasser, d'un fer, d'une salle de bains avec baignoire, de matériel pour laver, sécher, coiffer. En Grande Section, l'espace sera plus petit, délimité par des cloisons, ou une table rectangulaire pour poser une maison de poupées, avec tous les objets de la maison en modèle réduit.

Dans tous les cas, les enfants participent à l'enrichissement de cet espace, en apportant des objets récupérés de la maison. ■

> **« Chaque enfant qui joue se conduit comme un écrivain, dans la mesure où il crée un monde à son idée, ou plutôt arrange ce monde d'une façon qui lui plaît... Il joue sérieusement. Ce qui s'oppose au jeu n'est pas le sérieux, mais la réalité. »**
> Sigmund Freud, *La création littéraire et le rêve-éveillé*, 1908

→ **Aménagement des espaces / Apprentissages informels / Jeu / Jouer pour apprendre**

Pour aller plus loin

- Jean Piaget, *La formation du symbole chez l'enfant*, Delachaux & Niestlé, 1945.
- Donald W. Winnicott, *Jeu et réalité, l'espace potentiel*, Gallimard., 1975.
- Rapport IGEN n° 2011-108 : http://media.education.gouv.fr/file/2011/54/5/2011-108-IGEN-IGAENR_215545.pdf

Compétence

Une compétence est une aptitude à mobiliser ses ressources (connaissances, capacités, attitudes) pour accomplir une tâche ou faire face à une situation complexe ou inédite. À l'école maternelle, les compétences attendues en fin de cycle permettent d'organiser la progressivité des apprentissages dans tous les domaines.

Contexte

Longtemps réservée au domaine judiciaire, la compétence désigne en premier lieu l'espace dans lequel une personne peut exercer son autorité et le fait qu'elle dispose des moyens – en termes de formation mais aussi de pouvoir institutionnel – pour l'exercice de cette autorité. Par glissements successifs, cette notion de compétence a désigné la capacité d'une personne à agir d'une façon pertinente dans une situation donnée pour atteindre des objectifs spécifiques. Le terme de compétence est utilisé aujourd'hui en référence à trois champs : le champ de la pédagogie par objectifs (ou pédagogie de la maîtrise), le champ de l'évaluation des formations professionnelles et le champ de la gestion des ressources humaines dans l'entreprise.

L'approche par compétences

Cette approche, issue de la pédagogie par objectifs, est inspirée du béhaviorisme anglo-saxon et du cognitivisme. Elle se situe à l'opposé des conceptions constructivistes développées par Piaget et Vygotski, qui insistent sur la nécessité de *"donner du sens aux savoirs et aux apprentissages"*, afin que l'élève soit *"acteur dans la construction des savoirs"*. Or, la pédagogie par objectifs propose de s'en tenir à des objectifs observables et évaluables, en les décomposant en microcompétences à acquérir. Cette approche pédagogique se caractérise également par le fait que les objectifs d'enseignement ne sont plus de l'ordre de contenus à transférer mais plutôt de l'ordre d'une capacité d'action à atteindre par l'apprenant. Les compétences sont des ressources que l'élève doit être capable de mobiliser dans certaines situations, afin de réaliser une tâche particulière.

Une notion inscrite dans le socle dès 2006

Le premier socle commun de connaissances et de compétences (décret n° 2006-830 du 11 juillet 2006) précise les bases requises pour tout élève à l'issue de la scolarité obligatoire. La définition du socle commun prend appui sur la proposition de recommandations du Parlement européen et du Conseil de l'Union européenne en matière de "compétences-clés" pour l'éducation et l'apprentissage tout au long de la vie. Elle se réfère aux évaluations internationales, notamment au Programme international pour le suivi des acquis des élèves (PISA), qui propose une mesure comparée des connaissances et des compétences nécessaires tout au long de la vie.

Avec la loi pour la refondation de l'École de juillet 2013, l'école maternelle est dorénavant constituée en un cycle unique, de la Petite à la Grande Section. Alors que le socle commun de 2006 pouvait intéresser direc-

33

C'était le nombre d'ouvrages francophones comportant le vocable "compétences" dans leur titre, de 1971 à 1975. Entre 2001 et 2005, 615 ouvrages comportant le terme de "compétences" ont été recensés

(Source : Le catalogue du Système Universitaire de Documentation français)

Exemple de progression pour construire une compétence (domaine "Mobiliser le langage")		
Périodes 1 et 2	**Périodes 3 et 4**	**Période 5**
Consolider les acquis : écrire des mots connus ou proposés par l'enseignant.	Généraliser l'enseignement de la cursive, avec le prénom.	Réguler les tracés : forme des lettres, hauteur… travailler sur des interlignes de plus en plus réduits (sans aller en deçà de 0,5 cm).
Commencer l'apprentissage de l'écriture cursive avec les élèves qui sont prêts (mot collectif simple, court avec au moins un lever de main : loup, lapin…).	Différencier les séquences sonores (syllabes) des séquences graphiques (levés de main).	Travailler les liaisons (ou ligatures) entre les lettres.
Copier plusieurs mots ou courtes phrases (légende, locution).	S'essayer à écrire d'autres mots qui permettent un travail approfondi sur certaines lettres, notamment celles qui ont posé des difficultés.	Copier régulièrement plusieurs mots, expressions, phrases courtes…
	Élaborer des collections de lettres qui ont des traits communs.	

tement l'école maternelle par le fait que la Grande Section appartenait à la fois au cycle 1 et au cycle 2, l'évaluation des 5 domaines de formation contenus dans le nouveau socle commun de connaissances, de compétences et de culture ne devrait pas, a priori, mobiliser les pratiques enseignantes de maternelle. Toutefois, comme il est précisé dans le texte : "*Précédée pour la plupart des élèves par une scolarisation en maternelle qui a permis de poser de premières bases en matière d'apprentissage et de vivre ensemble, la scolarité obligatoire poursuit un double objectif de formation et de socialisation.*" Par conséquent, l'école maternelle est impliquée dans les finalités définies par le socle commun, du fait qu'il "*doit devenir une référence centrale pour le travail des enseignants et des acteurs du système éducatif* […]."

Des compétences… aux attendus à l'école maternelle

Le nouveau programme de 2015 pour l'école maternelle organise les enseignements en 5 domaines d'apprentissage et se démarque des programmes de 2002 et de 2008, en fixant, non plus des compétences à acquérir par les élèves, mais des "attendus" à atteindre. Ces attendus sont envisagés comme un but vers lequel on tend, vers lequel l'enfant s'achemine, pour le préparer aux apprentissages systématisés des savoirs fondamentaux.

Éclairage

Construire une compétence

Le tableau ci-dessus présente un exemple de progression en Grande Section pour construire une compétence dans le domaine "Mobiliser le langage dans toutes ses dimensions : l'écrit". Compétence attendue en fin de cycle : "Écrire seul un mot en utilisant des lettres ou groupes de lettres empruntés aux mots connus." ■

> **"Je considère la notion de "compétence" comme un salutaire antidote à la psychologie des dons. Je trouve que c'est un bon moyen de se dégager de la tyrannie de la performance observable pour se centrer sur les acquisitions à long terme […]."**
> Philippe Meirieu, www.meirieu.com

→ Programmes / Programmations / Situation d'apprentissage

Pour aller plus loin

- Philippe Perrenoud, *Construire des compétences dès l'école*, ESF, 2004.

Comptines

La comptine est une formule enfantine, parlée ou chantée, servant à compter ou à départager les enfants entre eux, à désigner celui à qui sera attribué un rôle particulier dans un jeu. On retrouve, sous cette appellation, les formulettes, chansons, berceuses, danses ou jeux rimés puisant dans le patrimoine traditionnel ou contemporain.

Contexte

Les comptines bercent les premiers échanges corporels entre le parent et l'enfant en participant à son premier éveil musical. À travers elles, l'enfant découvre son corps, tape dans ses mains, avec ses pieds, joue avec ses doigts et son visage: on les appelle aussi "jeux de nourrice". Les comptines sont construites pour être facilement mémorisées, soutenues par des gestes et des mimiques qui permettent l'accès au sens. Le tempo et l'intonation donnent la cadence, les séquences sont courtes. Les rythmes et les mélodies sont adaptés aux tout petits. La prédominance des éléments poétiques et ludiques a pour effet de capter l'attention des enfants et de provoquer des émotions. Sécurisantes et apaisantes, les comptines donnent l'occasion d'explorer le monde des mots et leur action sur soi et les autres. Elles rassurent, aident à grandir en procurant du plaisir. Elles assurent une fonction de socialisation.

Depuis toujours...

Impossible de dater l'apparition des premières comptines. En France, le terme de comptine est défini dans le dictionnaire, en 1922, comme étant une formule récitée dérivée du verbe "compter". En 1931, *Le Manuel général de l'Instruction publique* invite les enseignants à collecter les formulettes et les chansons gardées en mémoire par enfants, parents, grands-parents. 5 000 formulettes seront ainsi recueillies. Par un enchaînement de syllabes rythmées, véhiculant ou non un sens sémantique, les comptines accompagnent divers moments et activités de la vie des jeunes enfants. Elles ont un caractère universel: on retrouve dans de nombreux pays, la version d'*Am, stram, gram*.

Un outil au service des apprentissages

À l'école, les enseignants ont su tirer parti des comptines en tant qu'outils au service des apprentissages. Accompagnant les différents moments de la journée, les comptines et jeux de doigts, tout en exerçant la mémoire, permettent de créer des repères dans le temps. Proposées régulièrement et souvent ritualisées, elles organisent les transitions entre les activités, indiquent les moments où l'on se regroupe, où l'on range, où l'on se déplace: "Le petit train, s'en va dans la montagne, lorsqu'il s'arrête, il fait tchou, tchou...".

Les comptines fournissent également un support privilégié pour entrer dans la langue. Abordées de manière ludique et collective, et dans un premier temps de manière implicite, elles soutiennent les apprentissages langagiers en visant:

- l'amélioration de la prononciation et de l'articulation,
- l'appropriation des réalités sonores du langage telles que les rimes et assonances,
- l'imprégnation des règles linguistiques et des modèles syntaxiques,
- le développement de l'imaginaire par la création de mots,
- la trace écrite sous la forme de répertoires ou cahiers de chants et comptines. C'est le

Les comptines à travers le monde			
En France	En Grèce	En Angleterre	En Roumanie
Am stram gram *Pic et pic et colegram* *Bour et bour et ratatam* *Am stram gram*	*A beba blom* *tou kithe blom* *a beba blom* *tou kithe blom* *blim blom.*	*Eennie Meenie Miney Moe* *Catch a tiger by the toe* *If he hollers let him go* *Eennie Meenie Miney Moe*	*An tan te* *Dize mane pe* *Dize mane compane* *An tan te*

référentiel de la classe, la mémoire qui se transmet de classe en classe et s'invite à la maison pour être partagé en famille.

On retrouve l'intérêt des comptines dans le domaine "Agir, s'exprimer, comprendre à travers les activités artistiques" du programme de maternelle 2015. *"Jouer avec sa voix et acquérir un répertoire de comptines et de chansons"* est un objectif du chapitre consacré aux "Univers sonores". L'enseignant réunit les enfants pour leur apprendre à chanter en chœur et les fait travailler sur la précision du chant, la mélodie, le rythme.

Éclairage

À chaque activité sa comptine

Rythmes et sonorités: par le rythme qui aide à la mémorisation, les comptines s'accompagnent de mouvements, de balancements, de jeux de mains et de doigts. Elles fixent, par la répétition, des connaissances de base telles que la suite des nombres, le nom des doigts, des jours de la semaine: "Bonjour lundi, comment va mardi, très bien mercredi, je viens de la part de jeudi, dire à vendredi, qu'il se prépare samedi au voyage de dimanche".

Création ou association de mots ou de syllabes: elles créent l'univers enfantin en favorisant une approche ludique de la langue:"La pluie mouille, carabouille".

Onomatopées: "Pif-paf ma pitafe, Pif-pouf ma pantoufle".

Rimes, assonances et phonèmes répétés: ils permettent d'accéder à la conscience phonologique: "A la salade, Je suis malade, Au pissenlit, Je suis guéri, A la laitue, Je suis têtu".

Anthropomorphisme: correspondant à la personnification d'animaux, de plantes ou d'objets, ce type de comptines renvoie aux contes: "Pomme pomme, t'es-tu fait mal? J'ai le menton en marmelade, Le nez fendu et l'œil poché".

Drôlerie, illogisme, cocasserie et virelangues: ils aident à développer la sensibilité aux jeux de mots: "Un canard a dit à sa cane, ricane, ricane, un canard a dit à sa cane, ricane et la cane a ri"; "Trois tristes tortues sur trois toits gris/Trois gros rats gris dans trois trous creux". ■

> **"Le côté incongru de ces formulettes tient en partie des inventions touchant à la perception de ce qui nous est de plus personnel, l'image du corps. Celle-ci constitue pour l'enfant l'enracinement même de son sentiment identitaire. C'est bien la façon dont il perçoit son propre corps qui l'assure de la réalité de la personne qu'il est"**
> Marie-Claire Bruley, *Au bonheur des comptines*, Didier Jeunesse, 2007

→ Culture / Langage oral / Parents / Traces /

Pour aller plus loin

- Patrick Ben Soussan, Anne Bustarret, Marie-Hélène Cazalet, Michèle Gentelet, Michèle Moreau, *1, 2, 3, Comptines… !*, Erès, 2005.
- Pierre Dufayet, Yvette Jenger-Dufayet, *Comptines et petits poèmes avec les 4/5 ans*, Nathan, 2005.

Conscience phonologique

La conscience phonologique est la capacité à percevoir, découper et manipuler les unités signifiantes et non-signifiantes de la langue telles que les mots, les syllabes, les rimes, les phonèmes.

Contexte

D'un point de vue didactique, les activités de conscience phonologique visent à s'intéresser à la langue en tant qu'objet, à passer de l'activité langagière (la communication) porteuse de sens à une activité centrée sur la dimension linguistique (code ou fonctionnement de notre système d'écriture), à traiter le langage comme un objet autonome que l'on peut étudier d'un point de vue strictement phonologique, comme matériau sonore, indépendamment du sens qu'il véhicule.

La parole, une structure segmentable

La nécessité de faire prendre conscience aux enfants de la structure segmentable de la parole est présente dès les programmes de 2002 pour la maternelle. En appui des recherches anglo-américaines dans les années 1990, on fait le constat d'une forte corrélation entre les habiletés en lecture et l'activité consciente des mécanismes phonologiques chez les jeunes enfants. Dans un contexte où l'on déplore la baisse des résultats en lecture des élèves, il devient nécessaire de les préparer, dès l'école maternelle, à l'identification des unités sonores de la langue.

En 2006, le ministre de l'Éducation nationale Gilles de Robien publie une circulaire sur l'apprentissage de la lecture, dans laquelle il demande aux enseignants d'écarter les approches globales de la lecture. Afin de favoriser une entrée réussie dans la lecture au CP, on préconise en amont l'acquisition de la conscience phonologique et du principe alphabétique. Les élèves doivent identifier la relation entre les sons et les lettres ou groupes de lettres qui les codent. Les lettres codent du son et non du sens. Savoir segmenter la parole en unités, retrouver les syllabes constituant un énoncé sont des étapes indispensables vers la prise de conscience des sons élémentaires de la langue. Le programme de 2008 réaffirme ces principes.

Une acquisition progressive

Le programme de maternelle de 2015 précise que pour pouvoir lire et écrire, les enfants doivent, dès le plus jeune âge, commencer à réfléchir sur la langue et à acquérir une conscience phonologique. L'attention des enfants doit se centrer sur le vocabulaire, la syntaxe, mais aussi sur *"les unités sonores de la langue française dont la reconnaissance sera indispensable pour apprendre à maîtriser le fonctionnement de l'écriture du français"*. Lorsque les enfants apprennent à parler, ils reproduisent les mots et les sons de la langue qu'on leur parle. L'école doit enseigner, de manière systématique, à les manipuler, à les identifier, à les discriminer. Il faut que les enfants se détachent du sens des mots pour pouvoir s'intéresser aux syllabes et aux phonèmes.

Le programme préconise une progression qui débute par le découpage de la chaîne sonore en mots, puis par l'identification des syllabes avant de pouvoir repérer les plus petites unités sonores que sont les phonèmes. Parmi ces phonèmes, il faudra aider les enfants à percevoir les sons-voyelles avant les sons-consonnes en décomposant les syllabes. Les enfants doivent s'entraîner à décomposer les syllabes par le frappé avant de les manipuler, les intervertir, les isoler. Ces jeux phoniques se font sans support matériel, ni écrit, ni imagé.

Quelques définitions

La conscience phonologique se différencie de la phonologie au sens strict, qui est l'étude des correspondances phonèmes-graphèmes (objet d'étude du CP)

La conscience phonémique est le niveau d'abstraction de la conscience phonologique le plus élevé : c'est la capacité à analyser les phonèmes, à les manipuler, à les combiner.

La syllabe est un groupe de sons, de phonèmes qui découpe naturellement un mot lorsqu'on le prononce. C'est un morceau de mot que l'on dit.

L'attaque est la consonne ou le groupe de consonnes initiales de la syllabe.

La rime constitue la syllabe ou le phonème final d'un mot.

Le phonème est la plus petite unité sonore du langage oral.

Le graphème est la transcription d'un phonème, plusieurs graphèmes peuvent transcrire un phonème. Le son [o] peut se transcrire : o, eau, au, ot, oh.

Éclairage

Une progression phonologique en Grande Section

Cette méthode propose un apprentissage progressif et structuré de la conscience des unités sonores non-signifiantes de la langue. Elle commence dès la Moyenne Section par des jeux d'écoute, des jeux sur les rimes à travers les comptines, et se poursuit de manière plus systématisée en Grande Section.

- Semaines 1 à 3 : Apprendre à segmenter les mots, à frapper et à compter les syllabes puis à fusionner les syllabes (*bro-co-li* → brocoli).
- Semaines 4 à 6 : Apprendre à localiser une syllabe modèle dans différents mots qui la contiennent, au début, au milieu, à la fin d'un mot (*ma*, *ma*rdi, dé*ma*rrer, fer*ma*).
- Semaines 7 à 8 : Apprendre à segmenter un énoncé en mots (*lebacàsable* → le/bac/à/sable).
- Semaines 9 à 11 : Apprendre à transformer des mots en ajoutant, en supprimant ou en inversant des syllabes (*vé-lo* → lo-vé, *ar-ti-chaut* → ar-chaut).
- Semaines 12 à 15 : Apprendre à comparer différents mots pour trouver une "règle de tri" qui permet d'expliquer pourquoi les mots énoncés vont bien ensemble – ils finissent [ou commencent] tous par la même syllabe ou la même rime (*ro*-cher, *ro*-be, *ro*-se) – et chasser les intrus (les mots qui ne respectent pas la règle, ri-vière).
- Semaines 18 à 21 : Apprendre à fusionner des phonèmes pour former un mot, localiser un phonème dans une syllabe à l'intérieur d'un mot, segmenter des mots monosyllabiques en phonèmes (*sac* : /s/a/k/).

(D'après R. Goigoux, S. Cèbe, J.-L. Paour. Phono, Hatier, 2004.) ■

> **« La conscience phonologique est un puissant mécanisme d'auto-apprentissage lié à la conception même des écritures alphabétiques. L'élève doit commencer par apprendre le principe général du code alphabétique, puis acquérir un nombre suffisant de correspondances entre les graphèmes et les phonèmes pour commencer à décoder. »**
> Michel Zorman, Revue *Rééducation Orthophonique*, n° 197, 1999

→ Développer son langage / Écrire / Langage oral / Lexique / Lire

Pour aller plus loin

- Stanislas Dehaene, *Apprendre à lire : des sciences cognitives à la salle de classe*, Odile Jacob, 2011.
- Roland Goigoux, Sylvie Cèbe, Jean-Louis Paour, *Développer les compétences phonologiques*, Hatier, 2004.

Construction du nombre

La construction du nombre s'appuie sur la notion de quantité, sa codification orale et écrite, l'acquisition de la suite orale des nombres et l'usage du dénombrement. La construction du nombre se fait selon deux dimensions : ordinale et cardinale.

Contexte

Un constat alarmant

C'est dans un contexte alarmant concernant les résultats de la France aux évaluations internationales (PISA notamment) que la question des mathématiques se pose aujourd'hui. Les recherches sur la construction du nombre montrent que dès l'école maternelle, les stratégies d'enseignement adoptées peuvent amener les élèves à mieux appréhender le concept et ses différentes fonctions.

Michel Fayol considère que la première difficulté majeure tient au "transcodage", à savoir le passage d'un code à un autre, du verbal à l'analogique ou aux chiffres arabes. C'est la mise en correspondance des quantités avec des systèmes de symboles, qu'il s'agisse de la suite orale des noms de nombres, des configurations de doigts, des abaques ou des chiffres arabes, qui pose un problème à tous les enfants. Entre 2 et 5 ans, tous les enfants ont besoin de beaucoup de temps pour apprendre que "trois" correspond à un cardinal précis, indépendant des contenus (étoiles, voitures, fourmis…), incluant "un" et "deux", etc. Pour apprendre à compter, il faut recourir à des techniques, à des procédures, des entraînements et installer progressivement des habiletés. Les procédures de comptage passent par la quantification, la comparaison de deux quantités plus ou moins proches. La perception globale ou *subitizing* permet d'accéder à la quantité exacte de petites collections sans dénombrer grâce à la mémoire de travail.

De l'intuition à la compréhension

Le récent programme de 2015 le rappellent : "Depuis leur naissance, les enfants ont une intuition des grandeurs qui leur permet de comparer et d'évaluer de manière approximative les longueurs (les tailles), les volumes, mais aussi les collections d'objets divers ("il y en a beaucoup", "pas beaucoup"…). Si les enfants savent énoncer les débuts de la suite numérique, cela ne traduit pas forcément leur compréhension du nombre comme quantité. En effet, pour arriver à compter des collections de points, il ne faut pas oublier les mots-nombres dans la suite, ne pas se perdre dans le pointage terme à terme, savoir qu'on peut compter tous les points dans un ordre différent sans que cela modifie le résultat, enfin, savoir faire le lien entre le dernier mot-nombre énoncé et le cardinal de la collection.

La compréhension du concept de nombre

L'enfant doit comprendre que le nombre est un concept. Celui-ci s'appuie sur : le concept de collection (objets unis par une propriété commune), le concept de désignation (remplacer un objet par un sym-

22,4%

En 2013, la proportion d'élèves en difficultés en mathématiques est de 22,4 %, contre 16,6 % dix ans auparavant (étude PISA, OCDE). La France se situe à la 25e place (sur 65 pays participants) sur l'échelle de culture mathématiques.

bole), le concept d'énumération (pointer une et une seule fois tous les éléments d'une collection).
Il doit aussi comprendre qu'il occupe plusieurs fonctions :
- **La première fonction** est de mémoriser les quantités. Il faut donc proposer aux élèves une situation pour laquelle la mémorisation de la quantité impose l'utilisation du nombre.
- **La deuxième fonction** du nombre est de conserver la mémoire du rang d'un élément dans une collection organisée. Pour cela, il faut que les élèves soient capables, dans une collection organisée, de définir un sens de parcours, c'est-à-dire de donner un ordre.
- **La troisième fonction** du nombre est d'anticiper, c'est-à-dire de donner le résultat d'une action sans avoir à la réaliser. Il est possible grâce au nombre de comparer des collections sans les rapprocher pour faire de la correspondance terme à terme, ou de connaître le résultat d'une augmentation ou d'une diminution sans réellement ajouter ou supprimer des éléments de la collection.

Éclairage

Une situation de recours spontané au dénombrement : la situation de l'autobus

Un petit groupe d'enfants est réuni autour d'une table ; chacun dispose d'une boîte d'œufs vide, comprenant un nombre différent d'alvéoles (2-4-6). Ce sont des "autobus" qui ne partiront que lorsque tous les passagers auront pris place. Des bouchons représentant "les passagers" sont dans un panier, assez loin de la collection de référence. La consigne est donnée en veillant à ne pas induire le moyen à utiliser : "Va chercher, en une seule fois, juste ce qu'il faut de passagers, pas plus pas moins, pour remplir toutes les places du bus." On autorise plusieurs essais. L'enseignant note les stratégies employées : un enfant compte le nombre d'alvéoles, puis va chercher le nombre de bouchons correspondant. Un autre remplit ses poches de bouchons, les place dans les alvéoles puis remet dans le panier ceux qui sont en trop. Lorsque cette situation est proposée régulièrement, la notion de "hasard" est délaissée au profit de stratégies plus élaborées telles que le dénombrement sur les doigts, à haute voix. (D'après ERMEL) ■

Un programme d'enseignement explicite

Les objectifs sont clairement identifiés dans le domaine "Construire les premiers outils pour structurer sa pensée" :
1. Découvrir les nombres et leur utilisation.
2. Construire le nombre pour exprimer les quantités.
3. Stabiliser la connaissance des petits nombres.
4. Utiliser le nombre pour désigner un rang, une position.
5. Construire des premiers savoirs et savoir-faire avec rigueur.

> **« La rupture [nouveau programme de maternelle] se situe dans l'importance accordée aux stratégies de composition-décomposition, c'est-à-dire aux stratégies qui s'appuient sur une mise en relation des différentes quantités. [...] À l'école maternelle, mieux vaut enseigner les dix premiers nombres que les 30 premiers numéros. »**
> Rémi Brissiaud, *L'expresso*, janvier 2015

→ Dénombrer / Mémoriser

Pour aller plus loin

■ Rémi Brissiaud, *Premiers pas vers les maths. Les chemins de la réussite à l'école maternelle*, RETZ, 2007.
■ Michel Fayol, *L'acquisition du nombre*, PUF, 2012.

Culture(s)

On appelle culture l'ensemble des traits distinctifs, spirituels et matériels, intellectuels et affectifs, qui caractérisent une société. Elle comprend les arts, les modes de vie, les droits fondamentaux de l'être humain, les systèmes de valeurs, les traditions et les croyances. L'école maternelle est un univers porteur de cultures diverses.

Contexte

Un univers initiateur de cultures

L'école maternelle se définit comme un lieu de culture au sens fort du terme, par ses pratiques qui stimulent l'imaginaire et la créativité. C'est une école qui ménage l'accès aux objets de diverses cultures, littéraire, visuelle, musicale, technique… L'entrée de l'enfant dans ces différentes formes de culture l'aide à se constituer comme individu rationnel, libre et futur citoyen. La culture introduit à l'universel, échappe aux particularismes en traitant tous les enfants, quelle que soit leur origine, de la même manière. Les enseignants savent qu'ils doivent partir des cultures particulières – celle de leur famille, du groupe d'origine de la famille, des médias, de la culture enfantine – pour aider les enfants à devenir des écoliers.

La culture artistique du programme

Dans le programme de 2015, le domaine principalement concerné par la culture artistique est: "Agir, s'exprimer, comprendre à travers les activités artistiques". Il fait référence aux arts du visuel (peinture, sculpture, dessin, photographie, cinéma, bande dessinée, arts graphiques, arts numériques), aux arts du son (chansons, musiques instrumentales et vocales) et aux arts du spectacle vivant (danse, théâtre, arts du cirque, marionnettes, etc.). L'école maternelle est la première étape du parcours d'éducation artistique et culturelle que chacun va accomplir durant sa scolarité. L'acquisition d'une culture artistique personnelle est fondée sur des repères communs et partagés, qui éclairent la connaissance du monde. La sensibilité et l'imagination sont les instruments d'une relation au monde extérieur et intérieur qui jouent un rôle majeur dans le développement de la petite enfance.

Le Parcours d'éducation artistique et culturelle (PEAC)

Le PEAC est défini par la circulaire interministérielle du 9 mai 2013 et a pour objectif de favoriser un accès égal pour tous à l'art. Dès l'école maternelle, il permet l'acquisition d'une culture personnelle fondée sur des repères d'œuvres, d'artistes, de démarches. Il initie les élèves aux différents langages de l'art, diversifie et développe leurs moyens d'expression pour les aider à s'épanouir. Il nécessite de mettre en cohérence les enseignements et les actions éducatives, de les enrichir en les reliant aux expériences personnelles des élèves. La complémentarité entre les temps scolaires, périscolaire et extrascolaire doit être envisagée.

250

C'est le nombre d'œuvres de littérature classique et contemporaine pour le cycle 1 inscrites dans la liste de référence 2013 établie par Eduscol. Cette liste vise à "favoriser, grâce à la médiation des enseignants, la construction progressive de compétences de lecteur".

Construire une première culture littéraire

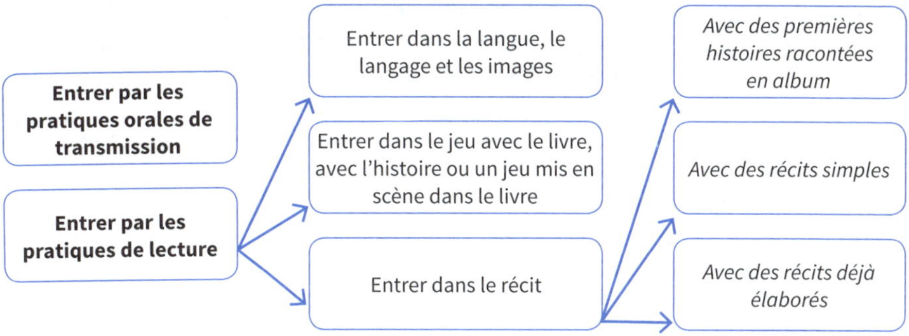

(Source :http://eduscol.education.fr/cid73204/selection-pour-une-premiere-culture-litteraire-a-l-ecole-maternelle.html)

Éclairage

Une première culture littéraire

À l'école maternelle, un accès démocratique à la culture des livres est rendu possible par l'appropriation d'un fonds partagé d'histoires, de récits, de textes, d'albums, du patrimoine mais aussi de l'édition contemporaine. La diversité des œuvres permet d'installer, en lien avec l'expérience des enfants, des pratiques et des apprentissages culturels en progression, de la Petite Section à la Grande Section. Le patrimoine littéraire est abordé par l'écoute régulière d'histoires, racontées ou lues, en invitant les élèves à les raconter à leur tour, à les interpréter dans un contexte de mise en scène ou en images, pour en apprécier les effets de langue ou les spécificités du langage. Les récits découverts permettent aux enfants de verbaliser à partir des images, mettre en lien des images entre elles, de les associer à un mot ou une expression, et de comprendre les règles de la collection de mots : antonymes, adjectifs, verbes, noms (dans les formes imagiers, albums à compter et abécédaires). Ils peuvent redire des textes mémorisés et revisités par l'interprétation qu'en donnent auteurs et illustrateurs (*Dans sa maison, un grand cerf* de Jutta Bauer, *Une poule* de Jean Maubille). Ils peuvent s'initier à des jeux de langage associés avec des jeux dans l'image (*Devinettes en petits morceaux* de Chiara Amelini, *Il faut une fleur* de Silvia Bonanni, *La maison dans la nuit* de Beth Krommes). ■

> **“ C'est également avec l'éducation que nous décidons si nous aimons assez nos enfants pour ne pas les rejeter de notre monde, ni les abandonner à eux-mêmes, ni leur enlever leur chance d'entreprendre quelque chose de neuf, quelque chose que nous n'avions pas prévu, mais les préparer d'avance à la tâche de renouveler un monde commun. ”**
>
> Hannah Arendt, *La crise de la culture*, 1961

→ **Activités artistiques / Comptines / Littérature enfantine / Musée de classe / Programmes**

Pour aller plus loin

- Jerome Bruner, *Car la culture donne forme à l'esprit*, Georg, 1997.
- Gilles Brougère, “L'école maternelle française, une entrée dans quelle culture ?”, *Revue internationale d'éducation de Sèvres*, avril 2010.
- http://eduscol.education.fr/cid47155/l-ecole-transmission-culturelle.html
- www.education.gouv.fr/cid20725/l-education-artistique-et-culturelle.html

Danser

Danser, c'est produire des formes gestuelles, corporelles selon un rythme donné, seul ou en groupe, dans le but de communiquer à autrui une émotion. La danse à l'école est multiple et comprend : les rondes, les jeux chantés et dansés, les danses traditionnelles et la danse de création.

Contexte

Enrichir le langage corporel

Danser fait partie des activités emblématiques de l'école maternelle. Les représentations scéniques des enfants lors des fêtes d'école témoignent de cet attachement à donner à voir leurs habiletés, provoquant toujours une forte émotion chez ceux qui regardent, en particulier les parents. Mais loin des représentations désuètes d'autrefois où l'enfant n'était qu'un simple exécutant reproduisant des "pas", la danse à l'école, en particulier la danse de création, est devenue aujourd'hui une activité à visée artistique à part entière. Très inspirée des conceptions de la danse contemporaine, elle propose aux enfants d'explorer de nouvelles formes d'expression, à partir de multiples entrées inductrices de mouvements : des objets (comme la plume, le ballon, le voile, le chapeau), des verbes d'action (glisser, tourner, sautiller), des déplacements (en ligne, en diagonale). La diversité des activités enseignées favorise à la fois l'expression par des gestes maîtrisés, et le développement de l'imagination dans plusieurs dimensions : corporelles, sociales et symboliques. Les jeux dansés constituent quant à eux un support privilégié pour acquérir les notions de pulsation, de rythme, de répétition, de pas simples. Les danses traditionnelles transmettent le patrimoine culturel et offrent une unité chorégraphique toujours gratifiante. L'objectif principal est d'enrichir le langage corporel de l'enfant pour lui permettre de s'exprimer et partager ses expériences.

La danse dans les programmes

La danse, dans le cadre de l'éducation artistique et culturelle, s'installe dans les projets d'école à la suite de la publication de la circulaire n° 2001-104 du 14 juin 2001, présentant les modalités de mise en œuvre des classes à PAC (projet artistique et culturel). Ces projets impliquaient la collaboration avec des artistes qualifiés. La loi pour la refondation de l'École de 2013 réaffirme la place des Parcours d'éducation artistiques et culturels (PEAC) dans la perspective d'une pédagogie de projet (arrêté du 1er juillet 2015). Des repères de progressivité et un référentiel, du cycle 1 au cycle 4, sont définis pour garantir, à tous, l'égalité d'accès à l'art et à la culture à travers trois objectifs : fréquenter des œuvres, des artistes, des lieux ; pratiquer une activité, (musique, danse, théâtre, cirque, peinture) ; s'approprier (mobiliser ses savoirs et ses expériences au service de la compréhension d'une œuvre).

Dans le programme de 2015, la danse se retrouve à la fois dans le domaine "Agir, s'exprimer, comprendre à travers l'activité physique" et dans le domaine "Agir, s'exprimer, comprendre à travers les activités artistiques". Dans le premier domaine, ces activités visent l'objectif : *"Communiquer avec les autres au travers d'actions à*

26 %

C'est le pourcentage d'enfants de 4 à 8 ans pratiquant la danse, hors temps scolaire.
(Source : Observatoire du Sport FPS/IPSOS, 2012)

Les différentes formes de danse

- **La ronde** est une danse à plusieurs, où l'on forme un cercle, en se tenant par la main et où l'on tourne. On distingue "les rondes à choix" (*Mon petit lapin a bien du chagrin*), "les rondes par élimination" ou "accumulation" (*Le fermier dans son pré*), à "énumération corporelle" (*Jean petit qui danse*), à "mimer" (*Dansons la capucine*).
- **Le jeu dansé** est basé sur le texte d'une histoire. À chaque phrase correspond une phrase musicale. Les règles à respecter sont contraignantes, mais structurantes d'un point de vue de la socialisation car il faut faire en même temps que les autres et coordonner son action à celle des autres. On retrouve des figures telles que les tresses, les files, les farandoles, les ponts.
- **Les danses à figures (ou danses traditionnelles)** appartiennent au patrimoine culturel et nécessitent l'apprentissage de "pas" ou de figures provoquant une unité dans le groupe. Elles se dansent à 2, à 3, en ligne, en cercle, en chaîne etc.
- **La danse de création** consiste à explorer, enrichir et composer les mouvements, les relations aux autres, les espaces, les énergies et à communiquer ce que l'on éprouve, lorsqu'on regarde ou lorsqu'on agit.

visée expressive ou artistique afin d'éprouver des émotions, des sensations nouvelles". L'enseignant met en œuvre des situations dans lesquelles l'enfant va s'exprimer avec des mouvements simples, répétitifs, ou enchaînés, en reproduisant des gestes ou des pas. Dans le second domaine qui se réfère aux "Arts du visuel, du son et aux arts du spectacle vivant dont la danse", il s'agit à la fois de développer le goût des pratiques artistiques tout autant que d'entrer dans une culture. L'enseignant met en œuvre, à travers une pédagogie de projet, des situations qui familiarisent les enfants avec les œuvres, avec une pratique, en les impliquant dans cette démarche.

Éclairage

Une situation de démarche de création

Cette situation proposée en Grande Section implique la mise en mouvement à partir d'un objet sollicitant l'imaginaire : "Imaginez que la plume est un oiseau qui vient se poser sur différentes parties du corps et qui voyage sur notre tête, notre bras, notre dos".

1. La mise en état de danse : Ce temps ritualisé invite à une mise en disponibilité corporelle et d'écoute. Les enfants sont debout, en cercle ou en file et "réveillent" toutes les parties du corps, puis ils se déplacent pour s'approprier l'espace.

2. La séance : La situation permet à chacun de proposer ses réponses et d'agir à son niveau. Pour conduire à la réalisation d'un objet chorégraphique, 3 phases sont nécessaires : explorer, structurer, réinvestir. On fait observer les trouvailles, on valorise les essais, on encourage. On met en commun.

3. La fin de séance : Un groupe danse devant un groupe qui est spectateur, en alternance. On se laisse porter par l'émotion.

Le bilan pour exprimer et analyser les productions, ce qui fonctionne ou pas, peut se faire en classe (photos, films). ■

> **“La danse est un lieu de langage avant les mots, d'un terrible intérêt pour les élèves en difficulté avec les mots.”**
> Marcelle Bonjour, fondatrice du projet européen "Danse à l'école"

→ Activités artistiques / Activités physiques / Culture / Projet

Pour aller plus loin

- Marie-Françoise Bourdot, *Jeux chantés, jeux dansés : 80 comptines pour s'exprimer avec son corps*, Nathan, 2011.
- Catherine Duserre, Isabelle Fernandez, Anne Popet, *Courez, sautez, dansez !*, Nathan, 2010.

Découvrir le vivant

En biologie, on appelle monde vivant tout ce qui peut se constituer en construisant sa propre matière vivante et qui est capable de se reproduire. À l'école maternelle, la découverte du monde du vivant se fait au cours d'activités d'observation, notamment des manifestations de la vie animale et végétale.

Contexte

Une notion dynamique

Les caractéristiques du monde vivant sont multiples : tous les êtres vivants sont constitués de cellules, avec ou sans noyau, unicellulaires ou pluricellulaires, provenant de la division d'une cellule existante. Tous les êtres vivants se reproduisent, de manière sexuée ou asexuée. Ils construisent de la matière vivante (matière organique carbonée).

La découverte du vivant fait partie du domaine d'apprentissages "Explorer le monde", il ne s'agit pas d'une approche "disciplinaire" mais d'un "tissage" entre différents domaines d'apprentissage. Les savoirs et méthodes scientifiques sont considérés comme des repères qui orientent le travail de l'enseignant plutôt que comme des contenus à transmettre de façon systématique. Entre 3 et 4 ans, les enfants différencient ce qui leur semble animé et ce qui est inanimé d'après le mouvement, les parties du corps, les états mentaux, les actions. Ils commencent à construire des catégories de critères rationnels. Quand ils donnent des soins aux animaux dans les petits élevages, ils se posent des questions sur certaines caractéristiques du vivant. Avec les plantations, ils élargissent la catégorie des êtres vivants puisque les végétaux nécessitent aussi des soins particuliers. Les activités physiques permettent une meilleure connaissance du corps. Les soins, l'hygiène de vie saine complètent l'éducation nutritionnelle à partir d'une approche sensorielle.

Les objectifs du programme

Les enfants s'initient au cycle de la naissance, de la croissance, de la reproduction, du vieillissement et de la mort. Ils construisent concrètement leurs connaissances en faisant des petits élevages et des plantations. À l'issue du cycle 1, les élèves doivent être capables de :

- reconnaître les principales étapes du développement d'un animal ou d'un végétal, dans une situation d'observation du réel sur une image ;
- connaître les besoins essentiels de quelques animaux et végétaux ;
- situer et nommer les différentes parties du corps humain, sur soi et sur une représentation ;
- connaître et mettre en œuvre quelques règles d'hygiène corporelle et d'une vie saine.

Le parcours d'exploration

Pour permettre aux élèves de mener une démarche de découverte dans la durée, l'enseignant met en place un parcours d'exploration. Il alterne des moments d'exploration "libre" et des moments de "focalisation". Ces moments s'insèrent au sein d'activités de la classe. Les explorations "libres" permettent à chaque enfant de se familiariser avec des phénomènes : par exemple, une observation attentive des phasmes dans le terrarium, par un petit groupe d'élèves, en utilisant la loupe, en prenant des photos numériques agrandies sur l'écran de l'ordinateur pour focaliser sur des détails, l'enregistrement d'une courte vidéo pour observer les déplacements. Les questions qui émergent lors de l'observation sont reprises dans des moments d'exploration guidés par l'enseignant, pour préciser le questionnement réel des enfants. L'enseignant apporte de la documentation. À l'issue de ce travail, un écrit est réalisé sous une forme d'affiche pour la classe ou de traces dans le carnet d'expériences.

Dessiner pour mieux observer

Pour des élèves plus grands (MS/GS), le dessin d'observation permet de représenter de manière rigoureuse et précise l'animal ou le bulbe de plante qu'il a sous les yeux. Il rend compte d'une réalité saisie à un moment précis. Il permet à l'enseignant de constater le degré de compréhension, et à l'élève de montrer ce qu'il appréhende. Il l'amène à focaliser le regard sur des détails, des couleurs, des formes, de faire des choix de représentation. Le passage de l'observation à la représentation est difficile et sa réussite constitue une acquisition méthodologique guidée par l'enseignant. L'image mentale de l'élève en construction est souvent imparfaite et d'autres investigations permettront de l'affiner. En dessinant ce qu'il vient de voir, l'enfant "montre" ce qu'il a perçu (ou non). Par les allers et retours allant du dessin à l'objet dessiné, il enrichit sa vision et son aptitude à la représentation. Le dessin est daté et légendé avec l'aide de l'enseignant pour viser l'acquisition des premiers rudiments de signification de l'écrit en sciences. Les dessins peuvent être confrontés à la photographie du même objet pour mener des comparaisons entre les deux types de représentation.

Éclairage

Définir le vivant

L'enseignant propose des images (poisson, fleur, pot en verre, graine de haricot, aspirateur...). Chaque image est commentée. Il demande aux enfants de faire un tri, avec les critères: "vivant", "pas vivant", "on ne sait pas". Le groupe commente les colonnes "vivant" et "pas vivant". L'enseignant propose des étiquettes pour chaque colonne en fonction des idées pour définir ce qui est vivant ("je respire", "je me déplace", "je me nourris/je mange", "je grandis", "je nais", "je meurs", "je réagis"... et leurs contraires). Toutes les idées sont notées pour y revenir ensuite, cela fait partie de l'étape "hypothèses". Il propose des expériences pour vérifier l'affectation des étiquettes. Par exemple: faire germer une graine et observer la plantule, observer la croissance, le besoin d'eau... On peut tester aussi des éléments non-vivants, par exemple un aspirateur qui bouge et fait du bruit. L'enseignant propose des supports documentaires. Il revient sur le tri et remanie les colonnes si besoin. Le groupe fait la liste des caractéristiques du vivant, l'enseignant donne de nouvelles images à placer dans les colonnes pour observer les acquis. ■

> **« Le jeune enfant de maternelle est animiste, c'est-à-dire que pour lui tout est animé avec un sens très éloigné de la conception scientifique du vivant. Il est donc nécessaire de créer l'alternative "non vivant" dans la tête de l'enfant. »**
> André Giordan, *L'enseignement scientifique et technique à l'école maternelle*, 1997, Z'Editions

→ Dessiner / Explorer / Raisonner

Pour aller plus loin

- Valérie Barry, coll. "Zoom. Découvrir le monde animal", Nathan Matériel Éducatif.
- Catherine Duserre, Laurence Schmitter, *Il était une fois les sciences*, Nathan, 2015.
- André Giordan, Maryline Coquidé-Cantor, *L'enseignement scientifique et technique à l'école maternelle*, Z'Éditions, 1997.

Dénombrer

Dénombrer signifie utiliser simultanément deux opérations mentales : énumérer des objets sans en oublier un ni compter deux fois le même élément, et dire la suite des mots-nombre. Le dernier mot-nombre représente le nombre d'éléments de la collection.

Contexte

Les activités de dénombrement évitent le comptage-numérotage et font apparaître, lors de l'énumération de la collection, que chacun des mots nombres désigne la quantité formée. Dénombrer est une opération mentale de représentation d'une quantité d'objets.

Le concept de nombre

Les nombres sont les seuls mots de la langue ayant deux écritures : ils s'écrivent en mots et en chiffres. L'aspect cardinal du nombre fait référence à une quantité, c'est-à-dire à un nombre d'éléments d'une collection. L'aspect ordinal désigne une position dans une liste ordonnée (repérage, numérotage).

Dénombrer fait appel à plusieurs concepts et compétences : le concept de collection ; le concept de désignation ; l'énumération.

Cette compétence peut être travaillée indépendamment de la comptine des nombres et fait appel à diverses procédures. Les procédures (pointage, déplacement…) sont dépendantes de la nature de la collection, de son organisation spatiale, du fait que les objets soient déplaçables ou non.

Les compétences de l'enfant

Pour dénombrer une collection, l'enfant doit être capable de synchroniser la récitation de la suite des mots-nombres avec le pointage des objets à dénombrer. Savoir dénombrer par des procédés experts procède d'un réel apprentissage. L'enfant doit coordonner le pointage simultané des éléments à compter, contrôler l'état d'avancement du pointage avec le doigt pour les conservations et les comparaisons de quantités. Il doit conserver en mémoire le nombre compté et ensuite être capable d'ajouter 1, sans repasser par le début de la comptine numérique. La taille d'une collection à dénombrer en Petite Section ne doit pas dépasser une quinzaine d'objets. Quand on parle de collection, on parle de quantité et non pas de taille ou de forme.

Mémoriser la suite des nombres

Les comptines numériques aident à la mémorisation de la suite des nombres. Elles se rattachent aux activités de dénombrement avec un apprentissage spécifique. Un maniement correct de la chaîne orale est nécessaire dans les activités liées aux nombres et aux manipulations sur les quantités. On peut arrêter la comptine à un nombre convenu à l'avance, commencer la comptine à n'importe quel nombre, réciter la comptine à l'envers, à partir de n'importe quel nombre, avec ou sans appui sur la chaîne orale… Les enfants doivent s'habituer à utiliser la bande numérique dépassant le nombre d'enfants de la classe, à l'horizontal, à la verticale, la rouler et la dérouler.

10

C'est le nombre d'éléments d'une collection qu'un élève de cycle 1 doit être capable de dénombrer

Quelques exemples de situations de classe	
- Compter les étiquettes (absents, présents) - Compter les gâteaux du goûter - Compter les couverts dans la cuisine - Compter les élèves - Compter des animaux dans la ferme Etc.	Mettre en relation ce qui a été compté avec une constellation ou une représentation des doigts de la main, en veillant à varier la disposition des doigts avec une ou deux mains, avec un ou deux enfants. Une constellation doit avoir plusieurs représentations.

Manipuler pour dénombrer

Dénombrer est une compétence où l'enfant doit dire le nombre associé à une quantité. Elle s'exerce sur des correspondances terme à terme, des comparaisons de quantités, la mémoire de quantités. Elle est fondée d'abord sur la manipulation en diversifiant les supports et les dispositions: les éléments à compter sont présentés différemment dans l'espace, en ligne, en paquet, à l'horizontal... En regroupant des objets de même nombre, en constituant des quantités auxquelles on ajoute 1, puis encore 1..., l'enfant comprend très tôt la fonction du dénombrement.

L'enseignant est présent pendant les manipulations et repère les stratégies des élèves (pointage terme à terme, empilement, mise en ligne...). Les activités motrices et physiques telles que lancer 2 balles, sauter dans 3 cerceaux, sont des préalables nécessaires pour les plus jeunes enfants. Sont nécessaires également les activités de motricité fine telles que mettre 3 jetons dans chaque boîte, faire des regroupements de 6 bouchons... Les représentations mentales se construisent dans la mise en relation entre les actions et le langage proposé par l'enseignant, puis la reformulation par les élèves de ce qui a été fait.

Éclairage

Le jeu de Les pistes au trésor

Ce jeu a pour objectif d'apprendre à choisir une quantité en fonction d'un but à atteindre. Il se joue en groupe de 4 à 5 joueurs. Chaque enfant dispose devant lui d'une grille de 10 cases vides. Le but est de la remplir le plus vite possible avec des jetons. Le plateau de jeu central est composé d'une piste formée de cases de couleurs différentes disposées tout autour. Chaque case possède une certaine quantité de points allant de 0 à 5 disposés sous la forme des constellations, ou de l'écriture du chiffre. Dans un premier temps le jeu se déroule avec un seul dé de couleur, il nécessite la capacité à dénombrer une quantité et de faire correspondre cette quantité avec des jetons. Les joueurs lancent le dé pour avancer avec leur pion sur la piste. Ils doivent prendre autant de jetons qu'il y a de points sur la case où leur pion s'arrête. Le jeu peut se complexifier avec deux dés. ■

> **« L'acquisition du nombre par le jeune enfant fait apparaître un paradoxe: les enfants semblent disposer de capacités précoces d'estimation approximative des quantités, mais l'évolution de leurs performances en calcul se révèle très lente. »**
> Michel Fayol, *L'acquisition du nombre*, PUF, 2013

→ Construction du nombre / Manipuler / Mémoriser / Raisonner

Pour aller plus loin

- Michel Fayol, *L'acquisition du nombre*, PUF, 2013.
- Stella Baruk, *Comptes pour petits et grands. Pour un apprentissage du nombre et de la numération fondé sur la langue et le sens*, Magnard, 2003.
- http://materiel-educatif.nathan.fr/dme/jeux-educatifs-materiel-d-apprentissage/decouvrir-les-mathematiques/les-acromaths.html

Dessiner

Dessiner est une action graphique que l'enfant réalise pour le plaisir du jeu moteur et celui de laisser une trace. Le dessin est le langage naturel du jeune enfant et un puissant moyen d'appropriation du monde.

Contexte

Le projet de représenter

L'étymologie – dessein – renvoie à l'idée de destination. Pour l'enfant, le dessin est un instrument d'observation, de saisie et de mise en forme au service de son projet individuel d'expression, de représentation. Une fois que l'enfant a appris différents procédés, il utilise le dessin dans ses projets, en faisant des esquisses, des dessins préparatoires, des dessins qui racontent… Le carnet personnel de dessins (*cf.* encadré) permet d'installer cette activité comme une habitude, l'incite à dessiner de manière plus élaborée.

Les petits expérimentent les tracés; les premiers gribouillages servent à donner forme à leur monde intérieur, celui des expériences sensibles. Le jeune enfant découvre des effets, joue avec les lignes, les cycloïdes, il s'exerce en comparant son dessin avec d'autres. La recherche de qualités fortuites est souvent la finalité ludique essentielle de l'activité. Peu à peu, la part de hasard cède le pas à la précision du geste et à l'intentionnalité. L'enfant enrichit ses tracés, progresse grâce à de nouveaux outils, supports, que l'enseignant met à sa disposition. Chez les plus grands, le dessin évolue vers la fabrication de formes obtenues par des moyens plus variés: dessin d'expression, dessin à main levée, frottage et prise d'empreintes, reproduction ou prolongement d'un élément photocopié. Vers 5-6 ans, l'enfant a appris à manipuler les outils qu'il tient comme un adulte et travaille sur des formats plus réduits. Il utilise le dessin pour exprimer, inventer, imaginer… Il expérimente différentes manières de conserver une trace: la photographie, le relevé par contour…

Le dessin du bonhomme

Des études de Serge Tisseron et Geneviève Haag montrent que l'évolution de la trace laissée par l'enfant dès le plus jeune âge aboutit de façon cohérente et logique à la représentation du corps. Dans le monde, on retrouve avec une certaine constance des styles iconographiques et artistiques de la petite enfance. Le désir spontané de dessiner le bonhomme est commun à tous les enfants. Il offre une source inépuisable de traces qui témoignent de l'évolution des modes de représentations. Les dessins conservés dans un cahier sur les trois années de l'école permettent d'observer plusieurs aspects, l'imaginaire, mais aussi l'affectif, le ludique… L'expression de l'enfant est à la fois syncrétique et sensorielle, elle est la base d'échanges verbaux lorsque les dessins sont regardés après coup.

Savoir dessiner pour enseigner le dessin ?

L'enseignant peut apprendre à dessiner même s'il pense, lui-même, ne pas savoir. Enfant, il a su, spontanément, utiliser le dessin puis il a dépassé cette forme de communication, notamment au profit de l'écriture. Il lui est facile de retrouver pour lui-même cette capacité à regarder et à exprimer. Il apprend aux élèves à utiliser et à aiguiser leurs habilités perceptives, visuelles et motrices. Les enfants lui demandent essentiellement de les aider à élaborer des solutions graphiques pour répondre à leurs "desseins". Il leur donne les moyens d'utiliser et de progresser dans ce langage qui leur est encore naturel. Il faut laisser du temps aux enfants pour dessiner autrement

Le carnet de dessin

Le carnet est laissé à la disposition des enfants, posé dans le casier; ils peuvent dessiner à tout moment. Des outils sont disponibles dans des pots: crayons de couleur, craies grasses, pastels, crayons noirs, crayons HB, B et H, pinceaux japonais à réservoir, un choix d'encres colorées. Le carnet pour dessiner peut être de format rectangulaire ou carré. Tout support papier est utilisé, vierge, de couleur, d'épaisseur, de densité, de textures, de qualités différentes (papier pelure, papier buvard, cellophane, papiers cadeaux, papier de riz…). L'enfant peut dessiner sur du papier journal, des papiers traités (froissés, troués, ajourés, texturés, mouchetés…). Des dessins d'enfants agrandis ou réduits, un élément de dessin reproduit dans un coin de la feuille (la tête d'un personnage, un début de paysage), une page marquée d'un trait noir dense (fusain) ou d'un gros point rouge sollicitent la curiosité et des réactions dessinées. Des ébauches de dessins réalisés en classe sont complétées par des recherches graphiques personnelles.

qu'en illustrant une fiche, ou au moment des temps d'accueil. Dessiner n'est pas une activité “fil rouge”, c'est un véritable savoir-faire qui s'acquiert par la pratique et qui s'enrichit de techniques.

Éclairage

Dessiner le voyage du Père Noël

L'enseignant propose à ses élèves de dessiner le voyage du Père Noël. Les élèves ont regardé des cartes, des tableaux. Ils ont dessiné le pays du père Noël, en essayant de le représenter comme une carte, vu d'en haut, en faisant bien apparaître les sapins, les montagnes etc. Ils se posent des questions sur ses moyens de locomotion. Si c'est la nuit, comment représenter les étoiles, la lune? Comment représenter le voyage, les cadeaux transportés? Ils font des propositions. L'enseignant leur montre des images qui correspondent aux différentes propositions. Un enfant montre comment il dessine un vélo, une voiture, une étoile, la neige qui vole… On compare différents dessins, on les commente. Les élèves dessinent sur une feuille de papier noire de format allongé avec une craie et un crayon blanc. On observe la grosseur des traits, les différentes traces possibles selon la tenue des outils. Dans une deuxième séance, ils dessinent avec une brosse fine et de la peinture noire et blanche sur un support blanc. Ils découvrent les nuances de gris. Ils apprennent l'occupation du format, la composition, l'organisation en strates (sol, paysage, ciel), la différenciation des parties du dessin: le haut, le bas, les côtés, le centre, le bord, les rapports de proportion. ■

“Il y a une immense différence entre voir une chose sans le crayon dans la main, et la voir en la dessinant. Ou plutôt, ce sont deux choses bien différentes que l'on voit. Même l'objet le plus familier à nos yeux devient tout autre si l'on s'applique à le dessiner: on s'aperçoit qu'on l'ignorait, qu'on ne l'avait jamais véritablement vu.”

Paul Valéry, *Degas Danse Dessin*

→ **Activités artistiques / Cahier de vie / Manipuler / Traces**

Pour aller plus loin

- Sylviane Lugand, *Carnet de dessins*, Magnard, 2005.
- Florence De Meredieu, *Le dessin de l'enfant*, Blusson Éditeur, 1990.
- www.genevievehaagpublications.fr/le-dessin-prefiguratif-de-lenfant-quel-niveau-de-representation

Développement

Le développement de l'enfant est l'évolution des acquisitions sensorielles, motrices, affectives et cognitives qu'il construit au cours de sa vie. Lié à la maturation neurologique du cerveau, il dépend aussi de la qualité des conditions de vie, de la stimulation apportée par l'environnement, des liens affectifs et sécurisants.

Contexte

Le programme de maternelle 2015 relève la nécessite de *"tenir compte du développement de l'enfant"* et *"des différences entre enfants pour les accompagner au mieux dans leurs progrès"*. Dans la perspective d'une réussite pour tous, de prévention des difficultés et de construction de parcours différenciés, il s'agit aujourd'hui de maintenir en tension l'accompagnement du développement de l'enfant en appui de ses besoins, et un enseignement de qualité contenu dans les cinq domaines d'apprentissage.

L'apport de la recherche

L'école maternelle s'est toujours nourrie des avancées de la psychologie du développement pour mieux connaître les processus d'apprentissage des élèves et ainsi, les faire progresser. Au départ très influencés par les théories constructivistes développées par Piaget, les enseignants ont su aménager leur classe, installer des démarches, développer des outils correspondant à ce qui était préconisé: un milieu riche et stimulant permet aux enfants de s'approprier des savoirs et des savoir-faire en gravissant les "stades" repérés à chaque période de leur croissance psychique et motrice.

Les recherches actuelles apportent d'autres perspectives, notamment avec les données des neurosciences, en montrant que le développement de l'enfant est irrégulier, non linéaire, peut s'accélérer, stagner, voire régresser sous l'influence de stimuli environnementaux ou intra-individuels. Ainsi, pour acquérir des connaissances nouvelles, l'enfant doit par exemple inhiber certaines stratégies d'apprentissage antérieures. De même, le rôle de l'adulte est reconnu comme essentiel dans les facteurs de progrès de l'enfant.

Des connaissances nécessaires pour l'enseignant

Les repères du développement de l'enfant font partie des connaissances requises dans le Référentiel de compétences spécifiques de l'enseignant de maternelle (compétence 4). Il doit:

- Connaître de façon approfondie les processus d'apprentissage et les caractéristiques du développement physiologique et psychologique du jeune enfant pour favoriser la réussite de tous les élèves.
- S'appuyer sur ces connaissances pour repérer des signes éventuels d'alerte.
- Mettre à profit les résultats de la recherche relative au développement de l'enfant et à la classe pour mieux évaluer et mieux appréhender les situations particulières des élèves.

Les différents types de développement

Le développement sensoriel et moteur. Le développement moteur correspond à une prise de contrôle progressif du sys-

200

C'est le nombre de mots du premier lexique développé par l'enfant entre 1 et 2 ans.

tème musculaire. Les réflexes primaires disparaissent en même temps que s'installe la maturation du système nerveux central grâce aux expériences motrices, aux encouragements de l'entourage et à la conquête progressive de l'autonomie. La coordination motrice dès l'âge de 2 ans permet les premiers gestes graphiques. La latéralité (reconnaissance de la droite et de la gauche) se stabilise vers 5-6 ans.

Le développement social et affectif. Les enfants expriment très tôt leurs émotions et tissent des liens avec les personnes qui s'occupent d'eux. Ils construisent des représentations d'eux-mêmes et de leur identité. L'attachement contribue au développement des compétences sociales et cognitives en procurant un sentiment de sécurité pour explorer le monde et de nouvelles situations. L'émergence de la conscience de soi est progressive : elle est liée aux expériences perceptives du corps et aux interactions avec l'environnement. Les enfants se construisent des représentations du monde mental au même titre que des représentations du monde physique. D'autres compétences, mises en évidence par la théorie de l'esprit, leur permettent de comprendre et de se mettre à la place d'autrui en leur attribuant des désirs et des pensées différents des leurs. Ils peuvent ainsi envisager la réciprocité des relations.

Le développement cognitif et langagier. Les capacités de discrimination et de catégorisation des bébés leur permettent déjà d'exercer leur intelligence en repérant des différences et des similitudes entre des éléments sonores, des images, des odeurs. L'imagination et le jeu symbolique sont une aide au développement cognitif et affectif de l'enfant. Ils permettent de connaître le réel et de penser logiquement sur d'autres possibles. L'acquisition du langage représente une conquête fondamentale de la petite enfance au cours de laquelle un enfant passe de la communication non verbale aux mots isolés et à la capacité de créer des énoncés jamais entendus. La maîtrise du langage se développe dans des interactions sociales.

Éclairage

Développer la motricité fine

Stéphanie installe 3 ateliers pour ses élèves de Petite Section :

- Un atelier de pinces qui consiste à disposer une pince à linge sur chaque repère d'un disque cartonné.
- Un atelier de piquage qui requiert une habileté de préhension : les enfants attrapent des petits picots de couleurs qu'ils piquent dans des grilles perforées pour former une figure.
- Un atelier de laçages de fils de couleurs sur une planche dont les bords sont garnis de trous à égale distance. Le résultat forme des réseaux de fils croisés. ■

> **“Mais encore faut-il, je le répète, avant d'entreprendre une œuvre aussi délicate que celle de l'éducation des enfants, se rendre compte d'abord du point de départ et du point d'arrivée, et chercher les meilleurs procédés pour aller de l'un à l'autre. Il faut savoir d'abord ce que c'est que le bébé, puis ce que c'est que l'enfant, puis ce que c'est que l'homme.”**
> Pauline Kergomard, *L'éducation maternelle dans l'école*, 1886

→ **Autonomie / Besoins des enfants / Piaget / Socialisation /**

Pour aller plus loin

■ Agnès Florin, *Introduction à la psychologie du développement. Enfance et adolescence*, coll. “Les Topos”, Dunod, 2003.

■ Olivier Houdé, *La psychologie de l'enfant*, coll. “Que sais-je ?”, PUF, 2004.

Développer son langage

Développer son langage à l'école maternelle signifie étendre son répertoire lexical et structurer sa syntaxe pour pouvoir communiquer, comprendre et se faire comprendre, réfléchir avec les autres et réfléchir sur la langue en tant qu'objet.

Contexte

À l'origine de l'acquisition du langage existent chez l'enfant des dispositions biologiques, psychologiques et un désir de communiquer dépendant des sollicitations et des réponses apportées par l'environnement. L'enfant construit son langage en repérant dans la chaîne parlée qui lui est adressée les sonorités, les régularités et les contrastes de la langue. Les enfants arrivent à l'école maternelle avec de grandes disparités linguistiques. Le rôle de l'enseignant est central pour développer les compétences langagières de tous et réduire les écarts.

Structurer la syntaxe

Pour Laurence Lentin, c'est la syntaxe qui supporte le raisonnement. À travers des situations dans lesquelles l'emploi des connecteurs est nécessaire, comme apprendre à questionner ou à justifier, l'enfant développe sa syntaxe. Il sait parler lorsqu'il maîtrise un fonctionnement syntaxique lui permettant d'énoncer explicitement, au moyen du seul langage, une pensée ou un enchaînement de pensées, en ou hors situation. L'enseignant énonce des phrases complètes avec l'enfant qui s'habitue à en produire à son tour. L'enfant n'apprend pas seulement en répétant, il répète en s'appropriant.

Enrichir le vocabulaire

Le développement du lexique est fondamental pour que l'enfant puisse comprendre et se faire comprendre. Agnès Florin précise que l'enfant, producteur unique et singulier de son propre langage, développe son vocabulaire en établissant des correspondances entre le monde sonore et le monde environnant qu'il découpe en unités et catégories. Les activités de catégorisation à l'école sont un véritable vecteur pour permettre à l'enfant d'enrichir son vocabulaire : des situations dans lesquelles il faut trouver le point commun à des objets à classer, faire des comparaisons (pareil, pas pareil) sont propices à l'enrichissement lexical. Dès les premières étapes du développement, il y a un écart entre la taille du répertoire compris, ou *vocabulaire passif*, et la taille du répertoire produit ou *vocabulaire actif*. Il ne faut pas négliger les temps durant lesquels l'enfant écoute, réfléchit, essaie de comprendre, car ce sont des activités langagières à part entière. Alain Bentolila évoque l'insécurité linguistique des enfants dont le vocabulaire est déficitaire, les pénalisant par la suite pour l'entrée dans la lecture-compréhension.

Développer des conduites langagières

Le courant interactionniste porté par J. S. Bruner, est très présent dans les textes officiels depuis les programmes de 2002. La seule manière d'apprendre l'usage du langage, c'est de l'utiliser pour communiquer. L'enfant n'apprend ni des mots, ni une syntaxe, mais des conduites langagières telles que demander, raconter, décrire. En parlant

300

C'est le nombre de mots qu'un enfant produit, en moyenne, à 3 ans. Il devrait en posséder 3 000 avant l'entrée au CP.

(Agnès Florin, *Introduction à la psychologie du développement*, Dunod, 2003)

avec l'enfant, et non simplement à l'enfant, l'enseignant construit des formats de conversation, sur la base d'une attention conjointe propre à installer ces différentes conduites.

L'enseignant, tuteur de langage

L'enseignant crée les conditions pour que tous les enfants puissent prendre la parole dans un climat de confiance. Quatre objectifs sont identifiés dans le programme de 2015 pour que l'enfant développe son langage: oser entrer en communication; comprendre et apprendre; échanger et réfléchir avec les autres; commencer à réfléchir sur la langue et acquérir une conscience phonologique.

Aussi, l'enseignant veillera à:

- Être un tuteur de langage, en énonçant des phrases courtes, très marquées au niveau de l'intonation, en ralentissant son débit pour aider les enfants à repérer et isoler certains mots, en reformulant, en verbalisant les actions.
- Être un modèle de langue, en respectant la double négation, en variant les modalités de questionnement, en évitant le redoublement du sujet.
- Assurer la clarté cognitive en explicitant le sens des consignes et en faisant reformuler, en rendant lisibles les tâches de production.
- Enrichir le monde langagier de l'enfant en racontant, en lisant, et relisant de nombreuses histoires.
- Installer des situations de langage régulières, quotidiennes pour enseigner et travailler le langage, en petits groupes.
- Faire prendre conscience du fonctionnement de la langue, par des jeux sur le repérage de mots dans la phrase, puis sur la constitution des mots eux-mêmes.

Éclairage

Apprendre à questionner

En petit groupe, l'enseignante propose le jeu suivant: "Que caches-tu derrière ton dos?" Elle sort un objet qu'elle décrit: "Je cache un ours en peluche qui est tout doux". "Que fais-tu avec cet ours"? "Je le prends quand je dors". Elle répète plusieurs fois ce scénario avec différents objets. Elle installe le cadre de la conversation et incite à la prolonger. Les phrases sont amplifiées par l'emploi de connecteurs, d'adjectifs, de compléments circonstanciels.

- "Que caches-tu derrière ton dos?
- Je cache une pomme qui est toute verte.
- Que fais-tu avec cette pomme?
- Je la garde pour la manger au goûter.
- Où vas-tu la manger?
- Je vais la manger dans le réfectoire parce que je suis inscrit au goûter, etc.

À tour de rôle, un enfant questionne et un autre décrit. L'enseignante veille à distribuer la parole à chacun et propose ses étayages. Les enfants apprennent à structurer leur syntaxe en développant des conduites langagières. ■

> **"Lorsque les mots précis manquent aux élèves, c'est le sens qu'ils tentent de donner au monde qui s'obscurcit. [...] Certains enfants utilisent leur langue dans une sorte de "brouillard sémantique" qui n'autorise qu'une conduite linguistique de très faible amplitude. Ils parlent à vue."**
> Alain Bentolila, Rapport de mission sur l'acquisition du vocabulaire à l'école élémentaire, 2007

→ **Bruner / Développement / Langage oral / Lexique**

Pour aller plus loin

- Jerome Bruner, *Comment les enfants apprennent à parler*, Retz, 1987.
- Agnès Florin, *Le développement du langage*, coll. "Les Topos", Dunod, 2000.
- Laurence Lentin, *Apprendre à parler à l'enfant de moins de 6 ans*, Éditions ESF, 1994.

Dictée à l'adulte

La dictée à l'adulte est un moyen de faire produire à l'enfant un texte, quand il ne peut pas encore écrire seul. En confiant ce texte à l'adulte qui sait lire et écrire, l'enfant, dégagé des problèmes matériels de l'écriture, peut découvrir les contraintes propres de l'écrit et leurs différences avec celles de l'oral.

Contexte

D'une situation d'écriture particulière...

Introduite par Laurence Lentin et Christiane Clesse dès 1977 dans l'ouvrage *Du parler au lire* puis formalisée par Anne-Marie Chartier, la dictée à l'adulte définit une situation d'écriture particulière réunissant un apprenti-lecteur et un expert qui met ses compétences au service de l'apprenant. Cette pratique s'inscrit dans une situation de communication authentique. Ses enjeux – message qui doit être compris par un ou des destinataires absents – impliquent le respect de conventions qui sont celles de l'écrit : une structuration cohérente des énoncés, une segmentation de la phrase en mots, une ponctuation, une orthographe. Cette forme d'enseignement/apprentissage est l'illustration d'une situation de médiation d'initiation aux formes sémiotiques complexes que représentent les textes écrits.

...vers la notion de permanence de l'écrit

Avec la dictée à l'adulte, l'enseignant n'est pas "un magnétophone à plume" qui imprimerait tout ce que dit l'élève. En ce sens, la dictée à l'adulte se distingue de l'acte de "noter l'oral" qui transcrit toute la production verbale de l'enfant, y compris ses hésitations, ses redoublements du sujet (tels que "le monsieur, il") ou ses erreurs syntaxiques. De même, il ne s'agit pas de transformer la parole approximative de l'enfant en un produit fini : ce n'est pas le maître qui fait le travail de transposition de l'oral à l'écrit. L'enfant apprend à ralentir le débit de sa parole pour que l'adulte ait le temps de transcrire ; il s'achemine vers un oral scriptural, qui se complexifiera au fur et à mesure. Dans un dialogue constant et en écrivant devant l'enfant, l'adulte prend en charge les contraintes graphiques et orthographiques, en s'occupant de la ponctuation et de la mise en page. Il s'agit d'amener progressivement l'élève à prendre conscience des spécificités de la langue écrite pour le conduire à une autonomie. Si l'acte graphique constitue un obstacle, le maintien en mémoire du texte est aussi à considérer. On va donc demander à l'élève de produire un texte d'abord en le racontant, ensuite en le dictant, enfin en l'écrivant. L'adulte relira le texte à l'enfant, soit immédiatement, soir plus tard, afin d'installer la notion de permanence de l'écrit.

Un outil pour aider à prendre conscience de la segmentation de la phrase en mots

Au-delà de la spécificité des formes écrites, la dictée à l'adulte permet aussi de travailler d'autres aspects puisque, lorsque l'adulte écrit sous la dictée de l'enfant, il coupe la chaîne sonore à certains endroits : les mots apparaissent avec les blancs typographiques qui les séparent. Avec certains enfants, on peut même arriver à travailler au niveau de la deuxième articulation. On peut lui dire : "Il faut que j'écrive lapin et je vais t'expliquer comment il faut écrire lapin. Je vais d'abord écrire « la » ; pour ça je vais écrire/l/et/a/et ça s'appelle la lettre L et la lettre A." On parvient donc à descendre dans les traitements de bas niveaux qui permettent d'entrer dans des activités de type métalinguistique préparant à l'entrée au CP.

Un outil valorisé dans les nouveaux programmes

Le nouveau programme de l'école maternelle de 2015 considère la dictée à l'adulte comme un outil facilitant le passage de l'oral à l'écrit. Le fait de produire des écrits permet d'en découvrir le fonctionnement. Pour favoriser l'entrée dans la lecture-écriture, la démarche préconisée est d'écrire avant de lire. Les enfants sont avides de s'essayer à l'écriture de mots, pour faire comme les grands. Aussi, ils demandent souvent d'écrire pour eux des mots qu'ils pourront recopier, ou de légender leurs dessins. Mais le recours à la dictée à l'adulte, qui se distingue d'une simple notation de l'oral, mobilise d'autres compétences. En effet, produire du langage "écrivable" exige de la part de l'enfant une décentration pour anticiper ce dont le lecteur a besoin pour comprendre, et une distanciation par rapport à ses propos pour pouvoir les réajuster ou les corriger.

Plusieurs étapes préalables sont nécessaires avant d'aboutir à l'élaboration d'un texte dicté à l'adulte. Pour entrer dans ce dispositif, l'enfant doit maîtriser le langage oral de récit. Il doit être capable de comprendre des récits complets, et commencer à restituer oralement un récit bien connu. La difficulté va se situer dans la dissociation qu'il doit opérer pour mobiliser le contenu tout en restant attentif aux moyens linguistiques permettant de bien transmettre ce qu'il a à dire. Le rôle de l'enseignant, dans cette activité d'élaboration conjointe, est de permettre à l'enfant de prendre conscience des transformations nécessaires d'un propos oral en phrases écrites.

Éclairage

Un exemple de conduite de dictée à l'adulte

Si l'élève veut écrire "le monsieur il tombe de cheval", on lui demande si c'est la formulation qu'il souhaite: "Alors, j'écris « le monsieur il tombe de cheval »?" Si l'élève est d'accord avec cette proposition verbale, on lui explique qu'il existe une façon de dire les choses lorsqu'on parle, et une autre quand on écrit et on lui demande de choisir: "Est-ce que j'écris: « le monsieur il tombe de cheval », ou est-ce que j'écris: « le monsieur tombe du cheval »?" Selon Mireille Brigaudiot, les enfants ne se trompent jamais et choisissent la seconde proposition. C'est à partir de la formulation très concrète de l'adulte que l'enfant va prendre conscience des différences entre formes orales et formes écrites et faire un choix conforme avec le principe de conventionalité de la langue. (D'après les travaux de Mireille Brigaudiot, linguiste.) ■

> **“C'est l'écriture qui permet de découvrir et de construire le système alphabétique.”**
> Émilia Ferreiro, *L'écriture avant la lettre*, Hachette, 2000

→ Développer son langage / Écrire / Lire

Pour aller plus loin

- Mireille Brigaudiot. *Apprentissages progressifs de l'écrit à l'école maternelle*, Hachette, 2014.
- Anne-Marie Chartier, Christiane Clesse, Jean Hébrard, *Lire, écrire. Produire des textes* (tome II), Hatier, 1998.
- Jacques David, "La dictée à l'adulte ou comment de jeunes enfants oralisent l'écrit...", in *Études de linguistiques appliquées*, n° 81, 1991.

Différenciation

La différenciation est une démarche qui met en œuvre un ensemble diversifié de moyens d'enseignement et d'apprentissage afin de permettre à des élèves d'âges, d'origines, d'aptitudes et de savoir-faire hétérogènes de progresser. Elle ne s'adresse pas seulement aux élèves en difficultés mais à tous les élèves.

Contexte

Différencier sa pédagogie signifie savoir analyser et ajuster sa pratique afin de tenir compte des caractéristiques d'un ou de plusieurs élèves, au regard d'un objet d'apprentissage particulier. La différenciation pédagogique n'est pas une fin en soi mais un moyen. Elle s'appuie sur le postulat selon lequel tout enfant peut apprendre et progresser. Un pédagogue ne peut jamais garantir qu'il a épuisé toutes les ressources méthodologiques et rien ne l'assure qu'il ne reste pas un moyen encore inexploré qui pourrait conduire l'élève à la réussite là, où jusqu'ici, tout a échoué. Le but de sa mise en place est, plus que lutter contre l'échec scolaire, d'amener chaque élève à aller le plus loin possible au maximum de ses potentialités.

Une pratique ancienne

Dès le XIXe siècle, dans les milieux ruraux (et encore aujourd'hui dans les classes uniques), les maîtres installaient ce type de pédagogie par nécessité. Ils s'adressaient à des élèves d'âges et de niveaux hétérogènes. Au XXe siècle, de grands pédagogues, précurseurs d'une pédagogie active, comme Célestin Freinet développent des pratiques différenciées pour répondre à la diversité des besoins des enfants en instituant une pédagogie de projet. Les supports tels que le journal scolaire regroupant des textes libres, la correspondance scolaire, les fichiers autocorrectifs, les exposés, permettent aux élèves de progresser à leur rythme, en fonction de leur niveau et du but qu'ils se sont fixé. Dans ce contexte, l'usage du manuel est fortement remis en cause, car ne proposant qu'une démarche unique, uniforme et ne répondant pas aux processus d'apprentissage de chacun.

Dans les années 1970, Louis Legrand emploie pour la première fois l'expression "pédagogie différenciée", dans le contexte de la mise en place des collèges expérimentaux. La réforme du collège unique instaurée par René Haby en 1975 confronte les enseignants à une grande hétérogénéité des classes. La classe homogène n'existe pas, il s'agit de trouver des moyens pour faire progresser tous les élèves.

Différencier sa pédagogie nécessite de prendre en compte les processus d'apprentissage des élèves en accordant une place au statut de l'erreur, de l'expérimentation. Les principes de l'école inclusive (loi du 11 février 2005 pour l'égalité des droits et des chances) imposent également de repenser les pratiques pour adapter l'enseignement aux enfants à besoins éducatifs particuliers.

Dans les textes officiels

Le Référentiel de compétences communes aux professeurs (arrêté du 1er juillet 2013) préconise de *"prendre en compte la diversité des élèves"*, lorsqu'ils construisent, mettent en œuvre et animent des situations d'enseignement (P3). Il s'agit de différencier son enseignement en fonction des rythmes d'apprentissage et des besoins de chacun, d'adapter son enseignement aux élèves à besoins éducatifs particuliers.

Le programme de 2015 énonce que l'école maternelle *"tient compte du développement de l'enfant"*. En ce sens, elle reconnaît qu'au sein d'une même classe, les différences entre enfants se manifestent dès les premières années, et que, tout en conservant la perspective d'objectifs communs, il sera nécessaire de s'adapter aux différences de rythmes d'apprentissage des enfants. Le rôle de l'enseignant est d'observer ses élèves en pratiquant une évaluation positive pour constater les niveaux afin de les faire progresser, chacun selon ses besoins.

Comment différencier ?

Différencier, ce n'est pas donner un travail différent à chacun. La pédagogie différenciée ne se pratique pas en utilisant seulement un ou deux paramètres mais en agissant sur différentes modalités de l'apprentissage, en même temps. La différenciation pédagogique suppose que l'on mette en place une démarche planifiée et structurée. Les évaluations diagnostiques permettent d'identifier le niveau de développement d'un élève, son style cognitif, ses obstacles à l'apprentissage, ses points de force. À partir de là, l'enseignant fait varier ses pratiques pédagogiques. Il pourra :

- répéter ou récapituler la notion non acquise,
- proposer des exercices d'entraînement,
- reprendre des notions antérieures,
- modifier des représentations,
- changer de stratégie d'appropriation de la notion, d'outils, de supports, de contenus,
- travailler sur des aspects méthodologiques utiles à l'acquisition de la notion.

Éclairage

Un atelier d'écriture en Grande Section

Cet atelier s'inscrit dans l'objectif du programme de maternelle 2015 "Commencer à écrire tout seul". Il correspond à l'attendu de fin de cycle : "Écrire son prénom en écriture cursive, sans modèle".

Céline, l'enseignante, organise un atelier guidé avec un petit groupe, après avoir observé le niveau de ses élèves. Elle propose à chacun un programme de travail individualisé correspondant à ses besoins.

Noémie s'entraîne à tracer des lettres dans un bac rempli de sable pour acquérir le sens des tracés. Elle passe son doigt sur des lettres en relief en suivant le tracé, puis reproduit la lettre dans le bac autant de fois pour chaque lettre (matériel Montessori).

Antoine s'exerce à travailler la pince et la préhension de l'outil scripteur en posant des petites pinces à linges autour d'un disque de carton.

Ahmed et Sarah suivent le mouvement dynamique de la lettre [L] en cursive, d'abord en l'air, puis en s'entraînant sur l'ardoise.

Antoine et Fatou écrivent leur prénom en cursive sur une bande de papier comportant des lignages de 1 cm. Le modèle est tracé au tableau par l'enseignante qui accompagne, par la verbalisation, les mouvements, les freinages, les rotations. ■

> **“Toute situation didactique proposée ou imposée uniformément à un groupe d'élèves est inévitablement inadéquate pour une partie d'entre eux.”**
> Philippe Perrenoud, "Différenciation de l'enseignement : résistances, deuils et paradoxes", conférence à Genève, 2012

→ Évaluation / Freinet / Pédagogie / Programmations / Situation d'apprentissage

Pour aller plus loin

■ Éric Battut, Daniel Bensimhon, *Comment différencier la pédagogie*, Retz, 2006.

■ Philippe Perrenoud, *Pédagogie différenciée : des intentions à l'action*, ESF, 2010.

Difficultés

Du latin *difficilis*, "pas aisé à faire", la difficulté est l'étape normale de l'apprentissage, elle nécessite une analyse pour trouver les remédiations pertinentes. Pour l'enseignant, elle est un indicateur de l'activité de l'élève.

Contexte

Une confrontation normale

Au cours de leur scolarité, à peu près tous les élèves sont à un moment ou un autre confrontés à la difficulté. Les savoirs scolaires sont d'une appropriation complexe et les enfants ne sont pas tous naturellement adaptés aux exigences qu'ils introduisent. La difficulté peut être liée aux rapports entre le développement de la pensée et les apprentissages à réaliser. Elle peut aussi être liée aux relations de l'enfant au sein du groupe, au contexte des activités et à leur compréhension. Un enfant en difficulté confronte l'enseignant à ses propres difficultés, celles de la limite de ses compétences. En suivant les instructions ministérielles, toutes les académies ont un plan de prise en charge de la difficulté à l'école. À la maternelle, il s'agit en priorité de prévenir les situations d'illettrisme et de concevoir des actions d'accompagnement pertinentes pour les enfants les plus fragiles. La maîtrise de la communication et de la langue orale occupe une place centrale.

Difficulté, non pas échec

Le rôle de l'école maternelle est de prévenir toute difficulté. École bienveillante, plus encore que les étapes ultérieures du parcours scolaire, elle doit donner envie aux enfants d'affirmer et d'épanouir leur personnalité, et d'apprendre pour grandir. Elle s'appuie sur un principe fondamental : tous les enfants sont capables d'apprendre et de progresser. Elle accueille tous les enfants en reconnaissant leurs besoins. Par sa posture éducative, l'enseignant les aide à faire l'apprentissage du "métier d'élève" et à comprendre le sens de l'école. En mettant en œuvre des actions de prévention ciblées sur des besoins, il aide chaque enfant à réussir son parcours.

Repérer les difficultés des élèves pour les aider à progresser

Tout élève qui apprend franchit des obstacles, processus inhérent à l'apprentissage. L'enseignant veille à ce que ces obstacles ne créent pas de difficultés et que leur franchissement soit accompagné. Pour ne pas réduire l'aide personnalisée à du "surétayage", il engage une réflexion sur la construction de l'autonomie de l'enfant. Le premier moyen de lutter contre la difficulté scolaire, c'est de ne pas "mettre l'enfant face à des difficultés" qu'il ne saurait pas surmonter. Il s'agit de le préparer et le rassurer sur ses capacités à réussir, avec aide puis sans aide.

Une évaluation positive pour soutenir les progrès

L'évaluation n'est pas un instrument de prédiction ni de sélection. Elle repose sur une observation attentive et une interprétation de ce que chaque enfant dit ou fait. Chaque enseignant s'attache à mettre en valeur, au-delà du résultat obtenu, le cheminement de l'enfant et les progrès qu'il fait par rapport à lui-même. Il permet à chacun d'identifier ses réussites, d'en garder des traces, de percevoir leur évolution. Il est attentif à ce que l'enfant peut faire seul, avec son soutien (ce que l'enfant réalise alors anticipe souvent sur ce qu'il fera seul dans un avenir proche) ou avec celui

Une réponse : les activités pédagogiques complémentaires

La circulaire n° 2013-017 du 6 février 2013 donne des indications sur la mise en place des Activités pédagogiques complémentaires (APC). Elles remplacent l'Aide Personnalisée et s'ajoutent aux 24 heures hebdomadaires d'enseignement dispensées à tous les élèves. Elles se déroulent par groupes restreints d'élèves, sont organisées par les enseignants et mises en œuvre sous leur responsabilité. Elles s'adressent à des élèves plus fragiles mais permettent aussi de mettre en place des activités dans des conditions exceptionnelles d'écoute et de disponibilité. Elles ont pour objectif le renforcement de la maîtrise de la langue orale, la découverte de l'écrit, par exemple, par l'accès à des récits riches et variés, la mise en œuvre de jeux symboliques et de jeux à règles. Le travail en petits groupes permet de solliciter chaque élève et favorise les échanges avec l'enseignant.

des autres enfants. Il tient compte des différences d'âge et de maturité au sein d'une même classe.

Éclairage

Aider l'enfant à comprendre ce qu'on attend de lui

Pour réaliser ses apprentissages, l'enfant doit comprendre ce que l'école (et non pas l'enseignant) attend de lui. Il sera en difficulté s'il ne met pas ses expériences personnelles en perspective avec celles des autres (adultes et pairs). Il doit comprendre et mobiliser le langage de chaque domaine et apprendre à réfléchir. Il doit apprendre des comportements d'élève, concrétisés par diverses attitudes. Au moment des "rituels" par exemple les échanges sont liés à des scénarios d'apprentissage, la réponse de chaque élève concerne le groupe. S'il n'a pas compris qu'il est, lui aussi, sollicité en tant qu'élève, il n'accédera pas au sens des activités. Découvrir et intégrer les codes et langages de l'école (utilisation de la langue, regard, consignes, lieux, outils) détermine l'appropriation active des savoirs. La posture d'élève se construit au cours des activités langagières, autour des albums, de situations problèmes, lors de la planification d'une tâche collective. La verbalisation des stratégies, des savoir-faire, des processus (comment tu as fait ? ; explique ce que tu as fait ; à ton avis ? ; qu'est-ce que tu en penses ?) doit être faite par l'enseignant pour aider les enfants les plus éloignés des codes scolaires. Ce n'est pas naturel de compter, de raconter, d'expliquer, de comprendre les histoires, cela s'apprend à l'école. Le langage assure la clarté cognitive nécessaire aux apprentissages, l'élève apprend grâce à l'enseignant qui explicite, et à l'observation-décodage de ce que font des pairs. ■

> **« Mal-être, manque de confiance en soi, problème affectif envahissant qui empêche de penser, de travailler, il est essentiel de bien comprendre ce qui se passe pour aider l'enfant à sortir de la difficulté scolaire. »**
>
> Jeanne Siaud-Facchin, *Aider l'enfant en difficulté scolaire*, Odile Jacob, 2006

→ **Besoins des enfants / Bienveillance / Différenciation / Posture éducative / Prévention**

Pour aller plus loin

- Stéphane Bonnery, *Comprendre l'échec scolaire : élèves en difficulté et dispositifs pédagogiques*, La Dispute, 2007.
- http://eduscol.education.fr/pid33040/programme-ressources-pour-cycle.html
- www.educationprioritaire.education.fr/agir/aider-et-accompagner.html

Droits de l'enfant (Convention)

La Convention internationale des droits de l'enfant (CIDE) est un traité international adopté par l'ONU en 1989 dans le but de reconnaître et protéger les droits spécifiques des enfants. C'est un texte juridique et politique de référence qui cadre l'action éducative des enseignants de maternelle.

Contexte

Janus Korczak, précurseur

Janus Korczak, médecin dévoué à la cause des enfants, milite dès les années 1920 pour la reconnaissance de droits par l'adoption de nouvelles postures éducatives de la part des adultes. Dans les orphelinats de Korczack, les conflits et les délits étaient cogérés par les enfants. Des dispositifs éducatifs institutionnels, tels que les conseils, la boîte aux lettres… aidaient chacun à progresser et à grandir. Ce pédagogue, auteur de littérature de jeunesse, gazé avec les enfants dont il s'occupait à Treblinka, est considéré comme le précurseur des droits actifs de l'enfant. Son approche a largement contribué à la définition des principes de la Convention.

Une Convention Internationale pour protéger les enfants

La Convention internationale des droits de l'enfant (CIDE), adoptée à l'ONU le 20 novembre 1989, protège les enfants. Quatre principes étayent la Convention : la non-discrimination, la priorité donnée à l'intérêt supérieur de l'enfant, le droit de vivre, de survivre et de se développer, le respect de ses opinions. À travers 54 articles, elle énonce les droits fondamentaux de tous les enfants : le droit à la survie, le droit de se développer dans toute la mesure du possible, le droit d'être protégé contre les influences nocives, les mauvais traitements et l'exploitation, le droit de participer à part entière à la vie familiale, culturelle et sociale. L'article 19 institue la prise en compte, par les institutions, en particulier l'école maternelle, du droit de l'enfant à être protégé de toutes les formes de maltraitances.

La question du statut des enfants

En France, le droit des enfants s'exprime dans la loi du 22 juillet 1987 relative à l'autorité parentale. On garantit à l'enfant de continuer à être rattaché à son père et à sa mère, sauf situation exceptionnelle de retrait de l'autorité parentale. L'école maternelle, telle qu'énoncée dans le programme de 2015, considère les enfants comme des sujets de droits. Cette démarche est d'autant plus nécessaire que ces enfants sont de futurs citoyens, des parents qui auront eux aussi la charge d'éduquer des enfants. La n° 2013-595 du 8 juillet 2013 pour la refondation de l'École de la République utilise, pour la première fois, le terme d'enfant dans l'école, marquant ainsi qu'il n'est pas seulement un élève.

Comment parler des droits de l'enfant

L'actualité fournit souvent les thèmes de discussions que les enseignants peuvent engager avec les élèves au moment du "quoi de neuf" du matin, du conseil d'enfants, de

250 000

C'est le nombre d'enfants soldats que l'on estime être encore aux mains de groupes armés dans le monde. Il est difficile d'évaluer avec précision leur nombre, qui évolue en permanence. Des milliers d'enfants ont été démobilisés au cours des cinq dernières années (Afghanistan, Angola…). Mais des milliers d'autres ont été impliqués dans de nouveaux conflits (Côte d'Ivoire, Soudan, Tchad…).

Les articles de la CIDE sont classés en 10 principes

- Le droit d'être aimé(e) et respecté(e)
- Le droit d'avoir une éducation
- Le droit à l'égalité
- Le droit de ne pas être exploité
- Le droit de s'exprimer, de donner son avis et de participer aux échanges comme interlocuteur
- Le droit d'avoir une identité, une famille, une vie privée à soi
- Le droit d'être nourri, logé et de grandir dans de bonnes conditions
- Le droit de rêver, de rire, de jouer et de participer à des activités culturelles et sportives
- Le droit d'être soigné(e) et de bénéficier de traitements adaptés à ses besoins et à son âge
- Le droit d'être protégé de la violence

l'atelier-philo. Il est plus facile de susciter l'expression en s'appuyant sur une image (une petite fille maigre en haillons), une photo (un enfant avec un fusil), ou sur un album de jeunesse. L'enseignant aide les enfants à prendre la distance nécessaire pour appréhender les situations humaines difficiles. Il est important de resituer le contexte en décrivant les images et en donnant les informations, tout en favorisant l'expression des émotions. L'enseignant amorce les échanges, sollicite les ressentis, répond avec des mots simples aux interrogations, rassure en expliquant l'aide qui peut être apportée. L'action d'organisations humanitaires comme l'Unicef fournit de bons supports.

Éclairage

Célébrer le 20 novembre

Le 20 novembre (adoption de la CIDE) est une date anniversaire à laquelle l'école maternelle est invitée à s'associer. La mobilisation du ministère pour la CIDE est importante. Depuis 2009, le ministère se mobilise et apporte son patronage à des actions de partenaires, en particulier au concours d'affiches "Agis pour tes droits". Le concours fait appel à la capacité d'expression et à la créativité des enfants. Les enseignants peuvent s'appuyer sur la documentation que les sites (COFRADE, Unicef, etc.) mettent à la disposition des écoles, mais aussi des parents. Avec des démarches adaptées, ils font découvrir à leurs élèves le texte de la convention, les articles sont simplifiés. Les affiches réalisées sont le fruit d'une démarche individuelle ou collective, soutenue par les apports de l'enseignant en langage et en images de l'enseignant. (Voir www.francas.asso.fr). ■

« Je pense que le premier et le plus indiscutable des droits de l'enfant est celui qui lui permet d'exprimer librement ses idées et de prendre une part active au débat qui concerne l'appréciation de sa conduite et de (si nécessaire) sa punition. »

Januz Korczak, *Comment aimer un enfant*, 1919-1920

→ Bienveillance / Posture éducative / Valeurs / Vivre ensemble

Pour aller plus loin

- Janusz Korczak, *Le Droit de l'enfant au respect*, Fabert, 2009.
- www.defenseurdesdroits.fr/fr/publications/rapports/rapports-thematiques/rapport-du-defenseur-des-droits-au-comite-des-droits-de
- www.dei-france.org

Écrire

Écrire regroupe un ensemble d'activités visant à développer chez l'enfant des habiletés motrices, cognitives et culturelles. Cet enseignement nécessite de prendre en compte les 3 composantes de l'écriture : sémantique (le sens de ce qui est écrit), symbolique (le code alphabétique) et motrice (la dextérité graphique).

Contexte

L'enfant face à l'écrit

L'enfant aime s'essayer à écrire comme les grands. Très tôt, il comprend que les signes tracés ont un sens dont il pressent la nécessité d'en connaître le code. L'école maternelle aide les élèves à la structuration du principe alphabétique (la conscience que les lettres codent les sons) parce qu'elle leur permet de s'intéresser au langage dans les activités de communication mais aussi en commençant à prendre la langue comme objet. L'école permet également de différencier les différents tracés tels que les dessins, le graphisme, l'écrit, qui vont de l'expression libre à l'apprentissage de la graphie normée. Par la compréhension du lien entre l'oral et l'écrit, par la compréhension de la segmentation, de la permanence des signes et de certaines régularités, l'enfant parvient à mettre en relation les unités sonores et les unités graphiques, activité qui éclairera le mécanisme d'encodage de l'écriture alphabétique.

Écrire dans les programmes

"Écrire" à l'école maternelle s'inscrit, depuis les premiers textes d'orientation, dans le domaine plus largement intitulé "l'écrit", rassemblant les activités préparant à la lecture et à l'écriture. La pédagogie de l'école maternelle concernant l'écrit a longtemps oscillé entre une volonté de systématisation à travers des exercices calqués sur les modèles de l'école élémentaire et un rejet de telles pratiques. Les deux activités, lire et écrire, sont présentes dès les premiers programmes de l'école maternelle en 1908, sous la forme de leçons suivies d'exercices. On ne se préoccupe pas de savoir si cet apprentissage est précoce ou pas, ou si cela correspond aux étapes du développement de l'enfant. Depuis 1977, l'écrit est soit associé, soit dissocié du domaine du langage oral. Si la position didactique dominante privilégiait la lecture par rapport à l'écriture, à partir des programmes de 2002, la démarche qui consiste à "écrire avant de lire" est préconisée.

Si l'écriture s'inscrit dans une progression systématisée au CP, l'école maternelle s'est toujours employée à préparer les enfants à cet apprentissage en proposant un entraînement aux exercices graphiques, faisant de ceux-ci une sorte d'emblème de ses pratiques spécifiques. La nécessité de donner du sens aux activités scolaires a renforcé les pratiques de situations vraies, dans lesquelles les enfants prennent conscience que l'écrit est un outil de communication qui s'adresse à un destinataire, laissant une trace permanente : on peut lire et relire un écrit. En 2015, le nouveau programme qui impose un équilibre entre une approche développementale et une approche redonne à l'écrit une place essentielle dant la fonction est de converser et de communiquer.

2002

C'est la date à partir de laquelle la démarche "écrire avant de lire" est préconisée.

Recommandations pour l'enseignement de l'écriture		
Petite Section	**Moyenne Section**	**Grande section**
- Pas d'enseignement de l'écriture en PS. - L'enfant observe des écrits et des situations d'écriture commentées par l'adulte. - Si certains enfants produisent des simulacres d'écriture, l'enseignant s'intéresse à ces essais, les commente et les valorise.	- Les enfants qui sont prêts peuvent s'exercer à la copie de mots simples (le plus souvent en capitales d'imprimerie) sous la tutelle de l'enseignant. - Celui-ci estime le moment où certains peuvent réaliser des essais d'encodage de mots simples (1 à 2 syllabes) et connus.	Les enfants copient des mots en cursive, s'ils ont acquis une certaine maturité motrice. Ils essayent d'écrire des mots nouveaux en utilisant les ressources de la classe et leurs connaissances de l'écrit (phonologie, analyse des composants de l'écrit).

(D'après les programmes et ressources cycle 1, Eduscol)

De l'écriture à l'écrit

Pour construire chez l'enfant l'objet "écrit", la progressivité de l'enseignement nécessite de commencer par l'écriture *"parce que l'enfant a besoin de comprendre comment se fait la transformation d'une parole en écrit"* (programme maternelle 2015). Ce n'est que lorsque l'enfant commencera à apprendre à lire que le chemin, qui va de l'écrit vers l'oral, sera formalisé.

5 objectifs sont identifiés pour aider l'enfant à structurer cet apprentissage:

- Écouter de l'écrit et comprendre;
- Découvrir la fonction de l'écrit;
- Commencer à produire des écrits et en découvrir le fonctionnement: la dictée à l'adulte est l'outil qui permet à l'enfant de prendre conscience que ce qu'il dit peut s'écrire et être relu de manière permanente;
- Découvrir le principe alphabétique: l'enfant réalise que l'écrit code en grande partie l'oral;
- Commencer à écrire tout seul: les exercices graphiques, l'entraînement à l'écriture cursive, les essais d'écriture de mots, les premières productions autonomes d'écrits concourent à développer la conscience de l'écrit.

Éclairage

Un essai d'écriture en Grande Section

Élodie veut écrire: "Le lapin aime la salade". Elle sait écrire "lapin", car la marotte de la classe s'appelle "Lucien, le lapin". La classe s'est entraînée à écrire ce mot. Elle demande comment s'écrit "aime": l'enseignante lui dit qu'elle peut trouver dans la bibliothèque le texte d'une comptine connue qui comporte ce mot. Élodie identifie "j'aime la galette". Quant au mot "salade", elle tâtonne avec l'aide de l'enseignante qui lui dit qu'elle sait écrire le début, car sa meilleure amie s'appelle "Sarah". Élodie découvre qu'au milieu du mot, c'est comme dans "la" de "la galette", et pour écrire "de", elle trace la lettre "d", qu'elle a repérée dans l'étiquette du jour "dimanche" affichée au tableau. L'enseignante la félicite en lui disant que ce mot comporte un "e", le "e" écrit à la fin de son prénom. ■

> **" C'est un non-sens de considérer la lecture et l'écriture comme deux entités distinctes. Ce qui est à apprendre, c'est la langue écrite. "**
> Jacques Fijalkow, *Entrer dans l'écrit*, 1993

→ Conscience phonologique / Dessiner / Graphisme / Lire / Pédagogie

Pour aller plus loin

- Mireille Brigaudiot (coord.), *Apprentissages progressifs de l'écrit à l'école maternelle*, Hachette Éducation, 2006.
- Marie-Thérèse Zerbato-Poudou, *Apprendre à écrire de la PS à la GS*, Retz, 2007.

Éducation à l'image

À travers l'éducation à l'image, l'école maternelle apprend aux enfants à regarder les images, comprendre les codes de ce langage et acquérir une culture fondée sur une connaissance des codes de fonctionnement.

Contexte

Les images sont des fenêtres sur le monde

L'éducation à l'image est explicitement posée depuis les programmes de 2002. Les jeunes enfants vivent dans un environnement foisonnant d'images qui produisent des effets sur leur manière de percevoir, de ressentir et de comprendre. Elles entrent en résonance avec leur monde personnel. Par une éducation fondée sur la pratique, il s'agit d'aider les enfants à construire le recul nécessaire pour les comprendre. Des guides de lecture et d'interprétation sont introduits pour permettre l'accès aux messages qu'elles transmettent. Il s'agit de les aider à avoir un regard "critique". Apprendre à regarder des images se fait à partir d'activités qui les amènent à voir au-delà des apparences, à décoder le "visuel" : reconnaître la ou les techniques utilisées, identifier leur provenance, les visées, repérer les effets visuels, plan, contre-plan, cadrage, composition. Les écrans qui se sont multipliés saturent l'environnement des enfants de toutes sortes d'images. L'avis de l'Académie des sciences, sur *L'enfant et les écrans*, rendu en janvier 2013, précise que, entre 2 et 6 ans, leur intelligence fonctionne sur des codes de représentation langagière, iconographique qui renvoient à des éléments symboliques. Cela se manifeste dans l'imitation différée, mais aussi dans le jeu de simulation, du "faire semblant". C'est pourquoi une éducation est nécessaire pour qu'ils comprennent que les écrans sont des fenêtres sur un monde virtuel.

Apprendre à voir

L'école maternelle propose un travail sur des images choisies pour leur valeur plastique et leur qualité éducative : dessin, reproduction, photographie, schéma..., sur papier, sur écran, projetées... L'enseignant conduit des séances d'interprétation. Les élèves apprennent à trouver les indices pour distinguer les éléments de réel, repérer les constructions imaginaires et de fiction ; les codes du virtuel sont explicitement mis en évidence. Par exemple, dans une activité de tri d'images, les élèves font la distinction entre des images documentaires et des images fabriquées, comme celles de la publicité. L'enseignant leur donne la possibilité d'agir dessus, de procéder à des opérations de découpage, agrandissement, recomposition. En fabriquant des images, en plaçant leur œil derrière un cadre, le viseur d'un appareil photo ou d'une caméra, ils passent de l'autre côté du miroir, et se construisent un point de vue. Le dispositif *École et cinéma* porté par le Centre national du cinéma et de l'image animée (CNC), partenaire de l'Éducation nationale depuis 1989, initie les enfants aux codes du cinéma et de l'image animée.

"Lire" des images

Pour "lire" des images, il faut les comprendre et les interpréter, sachant qu'une image est par nature polysémique et que ses niveaux d'interprétation dépendent du répertoire mental personnel de chacun. Pour cela, trois concepts sont nécessaires :
- **La dénotation :** c'est décrire ce qui est vu et représenté sur l'image. La recherche

d'indices visuels énoncés permet de mettre en évidence les éléments de composition.
Par exemple, sur l'image, une petite souris grise se trouve à la droite d'un énorme objet gris qui ressemble à un tronc d'arbre.
- **La connotation :** c'est dire ce que l'on comprend à partir de ce qui est vu.
Par exemple, la souris regarde en l'air, elle semble étonnée. Les élèves peuvent ne pas avoir le même sentiment, tout dépend des perceptions individuelles.
- **L'interprétation :** c'est attribuer du sens à l'image, en la mettant en relation éventuelle avec d'autres images, celles qui précèdent ou suivent.
Par exemple, dans l'image suivante, un plan large montre la petite souris au pied d'un éléphant qui ne l'a pas vue.

Les imagiers

Les imagiers sont des supports indispensables pour développer le langage de la Petite à la Grande Section. Ils concernent tous les niveaux de langage, affectif, familier, lexical, descriptif, argumentatif, scientifique. Ils permettent d'aborder divers champs lexicaux, sémantiques et syntaxiques. Ils comportent tous des images et ne racontent pas d'histoires. L'écrit peut être totalement absent (simplement des images), ou aller du simple mot à la phrase. Ils aident les enfants à se faire des images mentales des mots par la variété des représentations ; il existe ainsi de nombreuses façons de représenter le mot "table". Ils permettent de construire des catégories qui introduisent la notion de concept. Ils sont des aides à la mise en mémoire du lexique en nommant les choses et les objets plus précisément. Collectifs ou personnels, ils constituent des référents de classe indispensables pour la production d'écrits.

Éclairage

Isoler, comprendre, reproduire

L'enseignant présente une image. Ce peut être une affiche, publicité, photographie, reproduction de tableau, illustration d'album, image documentaire, etc. Elle est recouverte de caches, il la fait découvrir en la dévoilant zone par zone. Les élèves nomment ce qu'ils perçoivent : les objets, les personnages, les lieux, les zones de couleurs, des indices visuels, en émettant des hypothèses à chaque cache levé sous la forme "c'est peut-être…". Ils formulent des hypothèses sur les liens qui existent entre les différents éléments qui apparaissent. Une fois l'image complètement découverte, les hypothèses sont validées ou invalidées par l'enseignant. Le sens général de l'image est construit à partir de ses "composantes", chacun peut dire comment il la "ressent", à quoi elle lui fait penser.
Des éléments de l'image sont repris et sortis de l'image. Ils sont photocopiés, agrandis. Les élèves doivent les remettre en scène en les utilisant dans leur propre composition plastique. Par exemple, la fée Clochette de l'image part en voyage dans un bateau, les élèves la dessinent. ■

> **« L'image n'est pas inférieure au texte (une simple illustration), mais bien complémentaire du texte. »**
> Serge Tisseron, www.serge tisseron.com

→ Activités artistiques / Culture / Éducation citoyenne / Littérature enfantine

Pour aller plus loin

- www.academie-sciences.fr/activite/rapport/avis0113.pdf
- www.worldcat.org/title/des-images-a-lecole-maternelle/oclc/494140536
- www.cnc.fr/web/fr/ecole-et-cinema1

Éducation citoyenne

L'éducation à la citoyenneté à l'école maternelle consiste à sensibiliser les jeunes enfants aux attitudes et comportements qui respectent à la fois soi comme être de besoins, les autres et le milieu de vie. Elle met en place les premiers repères pour construire l'appartenance à une communauté de vie plus large que celle de la classe.

Contexte

L'adjectif citoyen a été créé à partir du nom "citoyen", qui qualifiait à la Révolution un monsieur. La citoyenneté se distingue de la civilité, qui est une sorte de bienveillance, et du civisme qui est l'obéissance active aux règles et aux lois. La citoyenneté organise une société dont tous les membres sont égaux. Elle repose sur l'idée de l'égale dignité de tous.

Dès 1994, le ministère de l'Éducation nationale fait de l'éducation citoyenne une mission essentielle de l'école. Elle est rendue d'autant plus nécessaire que les familles, les groupes sociaux ne transmettent plus de manière homogène les valeurs fondamentales, respect des autres, de l'environnement, droits et devoirs de chacun. Dans ce contexte, l'école maternelle contribue à la poursuite de trois objectifs: enseigner des connaissances à "coloration" citoyenne, par exemple le développement durable, le climat, préserver sa santé; étayer l'éducation sur des fondements généraux; initier à des valeurs telles que la coopération, la responsabilité, la solidarité, valeurs liées à l'idée de démocratie.

Par la voix et l'exemple de l'enseignant, par quelques actions qui impliquent les enfants dans des projets, l'école maternelle construit les bases d'un exercice bien compris de la liberté individuelle au sein du groupe. Cette citoyenneté en actes introduit la dimension des devoirs moraux indispensables à toute vie sociale. Le développement d'une conscience morale aide chaque enfant à construire, dans des situations concrètes, le sens de valeurs communes à tous.

L'école maternelle, école citoyenne

L'éducation à la citoyenneté à l'école maternelle relève d'une double ambition. Il s'agit d'une part de permettre à de jeunes élèves de vivre au sein d'un groupe dans des relations de confiance, avec les adultes et les autres enfants. D'autre part, il s'agit de commencer à former les citoyens capables d'agir dans un environnement respectueux des droits et des devoirs. Ils doivent vivre des moments où ils sont confrontés à l'utilité de règles et à l'importance de les respecter. Le retour réflexif opéré par l'enseignant leur permet de prendre conscience de la nécessité d'un code commun. Certains domaines comme l'EPS, à travers les jeux à règles, les rondes et jeux chantés, aident les enfants à réguler leur comportement et à construire de bons réflexes, vis-à-vis du corps de l'autre, vis-à-vis des paramètres de rythmes, d'espaces, de matériel utilisé. Le nettoyage des lieux utilisés, le tri des déchets dans la classe (écocitoyenneté en acte) sont des actions qui participent d'une vie collective respectueuse et harmonieuse.

Éducation par les situations de vie

Un certain nombre de thèmes peuvent être abordés avec de jeunes enfants, qui sont l'occasion de réfléchir sur le fonctionnement de la société. Les comportements et les émotions, la politesse, les règles de vie (ne pas couper la parole…), les "mots magiques" – bonjour, au revoir, merci, s'il

L'Attestation de première éducation à la route (APER)

La connaissance du code de la route est une partie intégrante de l'éducation citoyenne.
Certaines écoles mettent en place des "permis piéton" avec des classes de GS. Elles proposent des actions attractives pour susciter l'intérêt des élèves, favoriser la compréhension des dangers, des règles de **sécurité** et l'acquisition de comportements sûrs et responsables. À l'issu de la démarche, les élèves peuvent fabriquer un album de prévention aux dangers de la route.

te plaît, pardon – sont introduits au cours de la vie à l'école. Le cadre qui organise la vie dans la classe, dans la cour de **récréation** est analysé à travers des situations pratiques. À l'occasion d'une **sortie** dans le quartier, dans le village, les règles de circulation sont expliquées pour que les enfants développent des attitudes de vigilance. Des thèmes peuvent être abordés à partir de faits de classe, en s'appuyant sur des albums de jeunesse : la colère, pourquoi on se dispute, comment éviter d'en arriver "aux mains" ; le mensonge, qu'est ce que c'est ? pourquoi ce n'est pas bien ; l'honnêteté, reconnaître ses bêtises, savoir s'excuser, savoir pardonner, se réconcilier.

Éclairage

Apprendre à porter secours

Dans le cadre de l'éducation à la santé et à la citoyenneté, les élèves l'école maternelle Jean de La Fontaine de Versailles ont été initiés à l'enseignement des gestes élémentaires de secours. Des élèves de 1re BEP carrières sanitaires et sociales du lycée Gustave Eiffel et les élèves de Moyenne et Grande Section de l'école se sont rencontrés tous les matins pendant trois quarts d'heure durant une semaine. Les objectifs du projet s'appuient sur les orientations officielles : apprendre à identifier les risques et apprendre à donner l'alerte, en téléphonant au SAMU (15).
Les situations à risque ont été abordées : les produits dangereux de la maison, les outils de jardinage, les allumettes, le fer à repasser… Les enfants ont appris à trier ce qui est dangereux et ce qui ne l'est pas, Ils ont appris à appeler les secours (15), s'il n'y a pas d'adulte à proximité, à décliner leur identité, à décrire ce qui se passe.
Les activités proposées aux élèves de maternelle ont été conçues par des élèves du lycée sous la coordination de leur professeur et des enseignants de maternelle. Elles ont été mises en œuvre par des jeux et des jeux de rôles. L'aide des **parents** a été sollicitée pour qu'ils apprennent à leur enfant l'adresse du domicile. Un diplôme a été remis très officiellement à chacun des élèves. (Source : www.ec-publiques-rueil.ac-versailles.fr/porter%20secours.htm) ■

> **“ L'éducation de base, dans la perspective de l'éducation permanente, doit donner à chacun les moyens de modeler librement sa vie et de participer à l'évolution de la société. ”**
> Déclaration de Jomtien, Unesco, mars 1990

→ Prévention / Règles de vie / Vivre ensemble

Pour aller plus loin

- http://education.francetv.fr/education-civique/maternelle
- http://eduscol.education.fr/cid47713/l-hygiene-sante-dans-les-ecoles-primaires.html
- www.fondation-lamap.org/fr/page/14260/gestes-d-hygiene-au-quotidien
- www.citoyendedemain.net/unicef/refus-echec-scolaire

Emploi du temps

L'emploi du temps est un outil de répartition des activités conçu par l'enseignant pour une mise en œuvre des programmes, tout en respectant le rythme et les besoins des enfants. Établi en début d'année et affiché dans la classe, l'emploi du temps peut être modifié en cours d'année selon les contraintes de l'école et l'évolution des enfants.

Contexte

Un outil institutionnel et didactique

L'emploi du temps est le seul document, avec les consignes de sécurité, dont l'affichage est obligatoire dans les classes (arrêté organique du 18 janvier 1887, art. 18) : "Au commencement de chaque année scolaire, le tableau de l'emploi du temps par jour et par heure est dressé par le directeur de l'école, et, après approbation de l'inspecteur primaire, il est affiché dans les salles de classe". L'emploi du temps n'est pas un simple document administratif permettant de vérifier la cohérence des contenus enseignés en conformité avec les programmes : c'est avant tout un outil didactique pour l'enseignant. Sa conception relève de connaissances précises concernant le développement du jeune enfant et de ses rythmes. L'enseignant élabore son emploi du temps pour la journée ou la semaine en respectant l'alternance des activités en réponse aux besoins des enfants. Il y fait figurer tous les domaines d'apprentissage de manière équilibrée sur la semaine. À l'école maternelle, il n'y a pas de prescriptions institutionnelles concernant les heures attribuées aux différents domaines d'apprentissage.

L'emploi du temps s'appuie sur les dispositions communes du règlement-type départemental fixant l'organisation des 24 heures hebdomadaires d'enseignement (jours d'école et jours sans école), les horaires d'entrée et de sortie et les temps périscolaires. L'organisation de l'emploi du temps tient compte des contraintes de l'école telles que les temps d'occupation et de disponibilité des différentes salles collectives (préau, bibliothèque, salle informatique…) et des contraintes propres à la classe : la présence de deux enseignants à mi-temps, la présence d'intervenants extérieurs, les décloisonnements organisés entre sections. Cet outil reflète également les choix pédagogiques d'une équipe pour réaliser des projets communs.

Un outil tenant compte des capacités de vigilance de l'enfant

En s'appuyant sur les études des chronobiologistes, l'enseignant organise les activités de la classe en tenant compte des pics de vigilance et ceux de moindre vigilance qui permettent aux enfants de mobiliser leur attention. La capacité d'attention et de concentration des jeunes enfants étant faible, leur besoin de bouger mais aussi de s'isoler et de se reposer sont des facteurs à considérer. De ce fait, l'organisation suit l'évolution des enfants à mesure qu'ils grandissent.

Un outil pour construire les premiers repères temporels chez les enfants

Lisible sous une autre forme pour les enfants, l'emploi du temps permet de construire les premiers repères temporels à travers le découpage de la journée. Souvent illustré par des photos indiquant les différentes activités abordées de manière régulière, le déroulement de la journée est affiché à la hauteur des enfants de manière à ce qu'il soit un véritable référentiel partagé. Une pince à linge, un petit bonhomme que l'on déplace au fur et à mesure de la journée permet de rendre concret le temps qui passe. L'accueil, les

Une journée-type en Petite Section			
Les horaires	**Les Domaines d'apprentissage**	**Les activités**	**Dispositif pédagogique**
8 h 20-9 h 10	Apprendre ensemble et vivre ensemble Mobiliser le langage dans toutes ses dimensions : l'oral Explorer le monde	Accueil individualisé dans la classe. Inscription des étiquettes de présences. Jeux libres. Atelier de langage. Ateliers d'eau ou de sable	Individuel Petits groupes
9 h 10-9 h 20	Mobiliser le langage : l'oral	Regroupement pour faire le bilan des activités du matin et présenter celles à venir.	Collectif
9 h 20-9 h 50	Agir, s'exprimer, comprendre à travers les activités physiques	Activités de motricité, utilisation de matériel et grosses structures à grimper (dans le préau ou dans la cour)	Collectif
9 h 50-10 h	Retour en classe. Habillage		Collectif/individuel
10 h-10 h 30	Récréation		
10 h 30-11 h 30	Construire les premiers outils pour structurer sa pensée Mobiliser le langage : l'oral Explorer le monde	Atelier de langage, atelier pour découvrir les formes et les grandeurs, ateliers pour explorer la matière et les objets	Petits groupes Individuel Ateliers
11 h 30-12 h 30	Pause méridienne-Cantine		
12 h 30-14 h	Sieste et lever échelonné avec accueil dans la classe	Jeux libres	Individuel Petits groupes
14 h-15 h	Agir, s'exprimer, comprendre à travers les activités artistiques	Ateliers de découverte et de productions plastiques	Petits groupes Ateliers
15 h-16 h 30	Activités péri-éducatives proposées	Modelage, théâtre de marionnettes, jardinage.	

récréations, les temps de repos ou d'hygiène apparaissent aussi sur les photos. Ils occupent une fonction rassurante pour les enfants qui peuvent anticiper leur venue, et à plus long terme, la fin de l'école et l'arrivée des parents. En Grande Section, l'affichage d'une montre indiquant les horaires des temps institués tels que la récréation, la cantine, les sorties permet le repérage et l'apprentissage de l'heure. Faire sonner un réveil favorise l'intégration du temps qui passe.

Éclairage

Une journée-type en PS incluant les activités péri-éducatives

Pour construire un emploi du temps, l'enseignant s'appuie sur les programmes, en tenant compte des besoins des enfants : une journée-type en Petite Section diffère de celle en Grande Section. Il veille à la répartition des activités sur la semaine pour équilibrer les sollicitations d'ordre cognitif, moteur, ou d'expression. Il adapte les modalités de regroupement en installant des dispositifs pédagogiques au service des apprentissages (*cf.* tableau). ■

> **« Pour que les élèves puissent profiter au mieux de l'aménagement des temps d'apprentissage, les emplois du temps à l'école sont réorganisés pour situer ces derniers dans les moments où la capacité d'attention des élèves est la plus grande et instaurer une bonne qualité de vie dans l'école. »**
> Najat Vallaud-Belkacem, circulaire de rentrée n° 2015-085, 3 juin 2015

→ Affichages / Programmes / Rythmes scolaires

Pour aller plus loin

- http://eduscol.education.fr/cid48445/la-classe-quotidien.html

Équipe

Une équipe est un groupe de personnes qui agissent ensemble et collaborent à un même travail. L'équipe pédagogique des enseignants est la cellule de base du fonctionnement de l'école. L'équipe éducative s'élargit aux partenaires de l'école. Elle devient une unité d'action si son organisation s'appuie sur les complémentarités des personnes.

Contexte

Le travail en équipe

Le Référentiel général de compétences pour les professeurs de 2013 introduit la notion de travail en équipe en précisant que l'action du professeur s'inscrit dans un réseau de professionnels, au sein d'une communauté éducative. En tant que membre de l'équipe, l'enseignant collabore à la définition d'objectifs partagés et à leur évaluation. Il participe à la conception et à la mise en œuvre de projets. Cependant, la question du "travail d'équipe" est posée puisqu'il n'existe pas de réelle formation sur cette forme de collaboration. Or le travail d'équipe ne va pas de soi. Il repose sur une réelle motivation de tous, de l'organisation et de la bonne volonté pour aller au-delà des idées individuelles. Des compétences cognitives, relationnelles et sociales sont nécessaires pour le travail en équipe. Si la production de l'équipe est supérieure aux travaux individuels juxtaposés, c'est qu'elle apporte un supplément d'âme qui génère une plus-value. L'énergie de production et l'énergie de solidarisation sont les deux carburants qui la font avancer. La première est affaire d'organisation et la seconde est liée aux relations.

Équipes pédagogique et éducative

Le décret 90-788 du 6 septembre 1990 définit le rôle des différentes équipes de l'école, conçues comme des unités de travail au service des élèves. L'équipe pédagogique, animée par le directeur, comprend les enseignants de chaque classe, quel que soit leur statut (adjoint, remplaçant) et les membres du Réseau d'aides spécialisées aux élèves en difficulté (RASED). L'équipe éducative est composée de l'ensemble des personnes auxquelles incombe la responsabilité d'élèves. En fonction des situations rencontrées, le directeur réunit les différentes équipes avec la présence éventuelle du médecin scolaire, de l'infirmière scolaire et de tout autre partenaire éducatif concerné. Le directeur peut recueillir l'avis des Agents territoriaux spécialisés des écoles maternelles (ATSEM).

Une unité d'action en maternelle

L'investissement des enseignants dans le travail d'équipe varie selon leur degré d'implication personnelle. Ils le font plus facilement pour trouver des réponses à des situations particulières, autour d'un projet commun ou d'une problématique partagée. Le programme 2015 de l'école maternelle précise que l'équipe pédagogique organise la vie de l'école en concertation avec d'autres personnels, en particulier les ATSEM. Cette équipe aménage l'école selon les besoins évolutifs des enfants. Elle définit une progressivité des enseignements sur les 3 années du cycle. Elle construit des ressources et des outils communs afin de faire vivre aux enfants cette progressivité. Elle constitue un répertoire commun de pratiques, d'objets et de matériels (matériels didactiques, jouets, livres, jeux) pour proposer au fil du cycle un choix de situations et d'univers culturels à la fois variés et cohérents.

Travailler en équipe, réfléchir, agir ensemble c'est :

- Partager ses préoccupations avec des collègues, rompre l'isolement, raconter ce que l'on vit à ceux comprenant le contexte.
- Mettre en commun des idées, des connaissances, des documents, des moyens d'enseignement, des instruments, des jeux, etc.
- Rendre possible une division du travail, permettre à chacun d'approfondir certains domaines, d'aller plus loin du point de vue didactique.
- Trouver la force et l'enthousiasme de se lancer dans des entreprises hors de portée d'une personne seule, bénéficier de l'élan collectif.
- Être au contact des pratiques d'autres enseignants, remettre en question ses propres idées et habitudes, progresser, changer.
- Porter des regards croisés sur les élèves, nuancer l'observation et l'évaluation.
- Gagner en flexibilité dans l'organisation, mieux différencier l'enseignement, rendre possible le soutien, les groupes de besoins.
- Se sentir solidaire, plus assuré face aux parents et aux collègues des autres degrés, face à l'institution.
- Faire l'expérience enrichissante de la confrontation à d'autres adultes, avoir le plaisir de communiquer, de faire ensemble, de partager une expérience.

Éclairage

Une mise en œuvre concertée

Dans l'académie de Nantes, l'école maternelle Montesquieu a décidé d'appliquer les nouveaux rythmes scolaires à partir d'une réflexion menée par l'équipe enseignante et les agents de la ville. Les ATSEM ont également été associés. L'organisation retenue tient aussi compte des travaux de chronobiologistes en privilégiant la classe le matin et en milieu d'après midi. L'équipe a décidé de rallonger la matinée d'une demi-heure "pour se donner plus de temps". Elle avait en effet remarqué la difficulté des enfants, notamment en Petite Section, de passer d'une activité à une autre. Enseignants et ATSEM pressaient souvent les enfants pour finir. Tous ont constaté "une plus grande décontraction grâce à ce nouveau quart d'heure". Dans cette école, après une vraie pause d'une heure trente pour le temps du déjeuner, des activités ludiques adaptées sont proposées tous les jours aux enfants de Grande Section. Les ateliers sont animés par les ATSEM ou des animateurs de la ville. Le mardi, le temps périscolaire a lieu de 15 h 30 à 16 h 30 pour que les élèves de PS et MS qui dorment en début d'après midi puissent aussi bénéficier d'activités. Même si les horaires d'entrée et de sortie n'ont pas été modifiés, l'organisation a aussi été validée par les parents. (Source : www.education.gouv.fr/cid74802/-video-nouveaux-rythmes-a-l-ecole-maternelle-le-projet-d-equipe-de-l-ecole-montesquieu-dans-l-academie-de-nantes.html) ■

> **« Les individus gagnent une meilleure appréhension de leur situation dans l'espace du savoir des communautés auxquelles ils participent et peuvent élaborer en connaissance de cause leurs propres stratégies d'apprentissage. »**
> Pierre Lévy, *L'intelligence collective*, La Découverte, 1994

→ ATSEM / Programmations / Projet / Rythmes scolaires

Pour aller plus loin

- Corine Letor, *Comment travailler en équipe au sein des établissements scolaires*, De Boeck Éditeur, 2009.
- Roger Mucchielli, *Le travail en équipe*, ESF Éditeur, 2008.
- http://eduscol.education.fr/cid46609/specificite-du-travail-en-equipe-en-maternelle.html

Estime de soi

En psychologie, l'estime de soi désigne le jugement ou l'évaluation qu'une personne fait de sa propre valeur. Si elle fait quelque chose qui lui paraît bon, elle se sent valorisée. Développer l'estime de soi chez le jeune enfant lui permet d'avoir confiance dans ses capacités de grandir et d'apprendre.

Contexte

Durant les premières années de sa vie, les parents de l'enfant ont une influence sur le développement de son estime de soi. Elle peut se construire si l'image qui lui est renvoyée est positive. Cette construction est donc largement façonnée par les interactions entre le jeune enfant et son entourage. Le programme de 2015 précise que l'école doit accueillir chaque enfant comme une personne digne d'intérêt, tisser des relations fondées sur la bienveillance et valoriser toutes les tentatives pour permettre à l'enfant de prendre conscience de ses capacités. Il se construit ainsi comme personne singulière et fait reconnaître sa singularité au sein du groupe. En permettant l'expression des sentiments et des émotions, l'enseignant développe l'estime de soi de chacun qui est une compétence socioaffective.

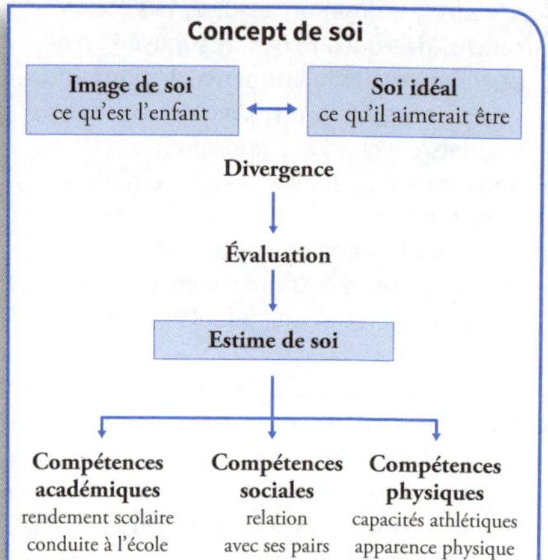

(Source : www.cndp.fr/crdp-creteil/telemaque/formation/theorie3.htm)

École et estime de soi

En France, à travers l'évaluation de compétences mais aussi de comportements, l'école formalise très tôt de la valeur. Son rôle est d'autant plus important qu'elle constitue une des premières et principales sources d'évaluation en dehors du milieu familier. Une attitude éducative positive est nécessaire pour que chaque enfant entreprenne et réussisse son parcours d'apprentissage. Rosenthal et Jacobson ont mis en évidence le rôle de l'effet Pygmalion à l'école : la confiance accordée par l'enseignant joue comme une sorte de prophétie auto réalisatrice. L'Organisation mondiale de la santé (OMS) affirme à ce titre l'importance de fortifier l'estime de soi pour prévenir le suicide des enfants et adolescents. C'est un facteur de protection, au même titre que les liens sociaux, notamment avec la famille et les amis. Un élève qui réussit ou qui échoue trop souvent voit son estime de soi modifiée, d'autant que les enfants ont tendance à se comparer entre eux.

Image et estime de soi

En psychologie, l'estime de soi est l'évaluation individuelle de la divergence entre

25 %

C'est le taux d'estime de soi globale mesuré pour des élèves faiblement satisfaits de leur établissement scolaire. Il monte à 40 % chez les élèves satisfaits de leur établissement.

l'image de soi et le "moi" idéal. Pour que ce processus s'effectue, il faut que l'enfant soit capable de percevoir et d'évaluer ses caractéristiques personnelles. S'il perçoit et évalue de manière négative ses compétences dans un domaine particulier, cela n'affecte pas nécessairement le sentiment global de satisfaction qu'il a de sa valeur personnelle. Il est donc important pour les enseignants de bien distinguer ces différents niveaux, de rassurer l'enfant sur ses capacités, même si dans certains domaines il est plus en difficulté. Ne pas égratigner son image par un jugement est de ce point de vue là essentiel.

Travailler l'estime de soi à travers les contes

La littérature de jeunesse, les contes, les récits aident l'enfant à mieux se connaître à travers la fiction. Le conte a une fonction affective qui favorise le transfert et le retour vers le réel. Les enfants peuvent s'identifier à des personnages. Être "un autre" en endossant des sentiments, des émotions, c'est apprendre à se construire soi-même, apprendre à s'inventer. L'affectivité est exploitée par l'imaginaire, qui joue un rôle dans l'image de soi. Les différents caractères des personnages montrent à l'enfant que les personnes peuvent être différentes. Il lui appartient de décider qui il veut être. Cette diversité des "possibles" favorise le développement du "moi idéal".

Activités pour travailler l'estime de soi

- Savoir prendre des initiatives et des responsabilités au sein du groupe
- Parler de ses réalisations, présenter son cahier de vie devant le groupe
- Compléter le cahier des défis et des réussites
- Reconnaître des torts dans un conflit et accepter de présenter des excuses
- Apprendre à bien se connaître, points forts et marges de progrès à travers une autoévaluation.

Éclairage

S'identifier à un personnage

Dans l'album *Maxi Lou*, les enfants découvrent le personnage de Maxi Lou, un petit loup qui veut devenir fleuriste. Son père n'est pas content car il voudrait en faire un grand loup méchant qui mange les agneaux, comme lui. À travers l'évolution de l'histoire, le lecteur découvre que cette situation n'affecte pas le sentiment global de la valeur personnelle puisque papa Loup va se résoudre à accepter le projet de son fils. Maxi Lou va devenir un fleuriste très apprécié et reconnu comme tel par son papa tout fier de fleurir sa maison. (Voir ressources sur www.ac-grenoble.fr/ien.aubenas2/file/AP/11_12_Estime_de_soi/bibliographie%20jeunesse.doc.) ■

> « Dès que les professeurs commencèrent à le traiter en bon élève, il le devint véritablement; pour que les gens méritent notre confiance, il faut commencer par la leur donner. »
> Marcel Pagnol, *Le temps des amours*, 1977

→ Besoins des enfants / Posture éducative

Pour aller plus loin

- Germain Duclos, *Quand les tout-petits apprennent à s'estimer. Guide théorique et recueil d'activités pour favoriser l'estime de soi des enfants de 3 à 6 ans*, Éditions du CHU Sainte Justine, 2015.
- Benoît Galand, "Réussite scolaire et estime de soi" in "L'école en questions", *Sciences humaines*, Hors-série n° 5, 2006.
- Marie-Christine Poisson, Louise Sarrasin, *À la maternelle... voir grand !*, éditions Chenelière, 1998.

Évaluation (positive)

L'évaluation à l'école maternelle regroupe un ensemble de pratiques visant à réguler les enseignements, à objectiver les progrès réalisés par chaque enfant, à identifier les points d'alerte et repérer les difficultés. Elle est dite "positive" parce qu'elle favorise une mise en valeur du cheminement de l'enfant.

Contexte

L'évaluation est l'une des missions des maîtres inscrite dans le Code de l'éducation. Elle repose, à l'école maternelle, sur des modalités spécifiques pour rendre compte des progrès des enfants. L'évaluation, avant d'être une mesure, est une confrontation entre un ensemble d'actions pédagogiques et les effets produits sur les élèves.
Chaque enseignant doit pouvoir apprécier ce que chaque élève sait et quels sont les obstacles qu'il rencontre dans les apprentissages, afin d'apporter les aides et étayages nécessaires pour le faire progresser.

L'évaluation à l'école maternelle

Contrairement à l'école élémentaire, les pratiques d'évaluation à l'école maternelle sont récentes. Elles apparaissent dans le premier programme de 1995, faisant suite à l'organisation de l'école en cycles. La place charnière occupée à l'époque par la Grande Section, à la fois inscrite dans le cycle 1 et dans le cycle 2, oriente les pratiques des enseignants pour concevoir des outils spécifiques d'évaluation. L'utilisation d'un livret d'évaluation est adoptée jusqu'en 2015, pour vérifier les acquis avant l'entrée au CP.

Une évaluation positive

S'inscrivant dans la perspective curriculaire de la loi pour la refondation de l'École du 8 juillet 2013, l'évaluation constitue un enjeu fort, permettant de repenser le parcours individualisé de l'élève. L'évaluation positive, dans le programme de 2015, repose sur une observation attentive des enfants, à partir des indicateurs de son développement psychoaffectif, cognitif, moteur. Elle favorise une mise en valeur du cheminement de l'enfant, en se démarquant d'une vision de vérification des acquis pour mieux s'intéresser au processus d'apprentissage de chacun. L'évaluation s'appuie sur une interprétation de ce que chaque enfant dit ou fait, en lui permettant d'identifier ses réussites par l'intermédiaire des traces conservées, et d'en percevoir l'évolution. L'évaluation positive à l'école maternelle impose une conception de l'apprentissage où les procédures sont tout aussi importantes à faire identifier par les enfants que les résultats.

La synthèse des acquis scolaires à la fin de la Grande Section

La synthèse des acquis scolaires (arrêté du 31 décembre 2015, suite au décret n° 2015-1929 du 31 décembre 2015 relatif à l'évaluation des acquis scolaires des élèves et au livret scolaire) est un outil institutionnel, établi selon un modèle national. Cet synthèse doit aider les enseignants à organiser la progressivité des apprentissages, à les évaluer et à travailler dans la continuité et la cohérence avec l'école élémentaire. L'enjeu est double : c'est un outil professionnel pour les

36 %

C'est le taux d'élèves ayant une perception élevée de leur capacité en lecture, contre 49 % au niveau international.
(Source : Rapport IGEN sur les évaluations internationales, 2012)

> **La démarche d'encouragement V. I. P.**
> Mireille Brigaudiot propose une démarche d'encouragement en 3 temps (VIP) pour aider l'enfant à prendre conscience de ses réussites et de ses progrès :
> - **V**aloriser : "Ton dessin est magnifique, et je vois que tu as écrit !"
> - **I**nterpréter : "Je crois que je sais comment tu as fait, tu t'es dit que…"
> - **P**oser les écarts : "Je vais te montrer comment je l'écris, moi."

enseignants dans le cadre de la liaison GS-CP, et un outil à destination des parents. Renseignée par l'enseignant à l'issue du cycle 1, elle est transmise à l'école élémentaire lors de l'entrée de l'élève au CP, et aux familles. Ce document rassemble sous la forme de 22 items, les acquis des enfants à la fin de la Grande Section. L'enseignant indique en face de chaque item, si l'enfant ne réussit pas encore, s'il est en voie de réussite ou s'il réussit souvent. Une case est réservée pour mentionner les points forts de l'enfant et les besoins à prendre en compte. Ce document est signé par l'école et les parents.

Le carnet de suivi

Le carnet de suivi permet d'apprécier la progression des apprentissages sur l'ensemble du cycle. Sorte de portfolio individuel rassemblant un échantillon des productions des enfants, il sert à mesurer leurs progrès, en les associant à la prise de conscience de leurs réussites. Élaboré en équipe, il regroupe les cinq domaines d'apprentissage, mais pas forcément tous les attendus de fin de cycle. Les équipes identifient les attendus les plus pertinents à viser à la fin de chaque niveau de classe pour que, sur l'ensemble du cycle, l'enfant ait pu suivre un parcours cohérent des apprentissages. Sur chaque feuille-support comportant des photos, des écrits, des dessins, des productions plastiques ou graphiques, sont indiqués : le domaine, l'objectif, la consigne et le contexte.

Éclairage

Le carnet de Samia

Dans le carnet de Samia en PS, on trouve à la fin de la première période, des photos et des productions, témoignant de ses réussites dans les 5 domaines d'apprentissage :
- Pour **Apprendre ensemble et vivre ensemble** : une photo la représente en train de déposer son doudou toute seule dans le panier approprié, avant d'entrer en classe.
- Dans le domaine "Mobiliser le langage, l'écrit" : une production en collage montre qu'elle sait identifier son prénom au milieu de 5 prénoms écrits sur des étiquettes.
- Dans le domaine "Agir, s'exprimer, comprendre à travers les activités artistiques" : l'enseignant écrit qu'elle chante sans se tromper la comptine *Une poule sur un mur*, sous le texte collé et illustré par l'enfant.

Dans le domaine "Agir, s'exprimer, comprendre à travers les activités physiques" : sous une photo la représentant en activité, l'enseignante a écrit en dictée à l'adulte "Je lance le sac de graine dans le panier". ■

> **"La loi du 8 juillet 2013 […] appelle à faire évoluer les modalités d'évaluation des élèves vers une évaluation positive, simple et lisible, valorisant les progrès, encourageant les initiatives et compréhensible par les familles […]."**
> Florence Robine, directrice de la DGESCO

→ Développement / Estime de soi / Observation / Parents

Pour aller plus loin

- Anne Jorro, *L'enseignant et l'évaluation, des gestes évaluatifs en question*, De Boeck, 2000.
- Philippe Perrenoud, *L'évaluation des élèves*, De Boeck, 1998.

Expérimenter

Expérimenter, c'est vérifier des propriétés au moyen d'expériences. L'enfant essaie, teste, observe, il est amené à formuler des hypothèses. La connaissance, notamment en sciences, se construit en partant de l'expérience fortuite pour aller vers une expérimentation guidée par des hypothèses.

Contexte

La démarche expérimentale

La démarche expérimentale a été introduite par le dispositif *La main à la pâte* lancé en 1995. Elle privilégie la construction des connaissances par l'observation, l'action, l'interrogation, l'investigation, l'expérimentation, et non par l'apprentissage d'énoncés figés. Les élèves réalisent des expériences, l'enseignant stimule les verbalisations et incite les enfants à échanger pour comprendre ce qu'ils observent. Il part des conceptions des enfants qui évoluent selon les observations jusqu'à atteindre le niveau de formulation souhaité par l'enseignant. Selon A. Giordan (1999), les séances doivent alterner des phases d'investigation (observation, expérimentation) et des phases de validation et de mise en commun. Les situations de confrontation (débat sociocognitif) entre pairs ou avec la réalité permettent de faire préciser les conceptions et de les faire évoluer.

La construction du savoir par l'enfant lui-même est indispensable. L'enseignant joue deux rôles, il anime les discussions pour que les élèves s'écoutent, il apporte les informations, les documents qui amènent les enfants à revoir leurs conceptions.

Expérimenter et manipuler des objets

Le programme de maternelle de 2015 précise que les enfants ont besoin de développer des habiletés en expérimentant le maniement et les usages de certains objets. Ils s'habituent à relier leurs actions avec les effets qu'ils veulent obtenir : enfiler, assembler, découper, plier, utiliser un gabarit, manipuler une souris ou agir sur l'écran d'une tablette numérique. Ils apprennent à ordonner des suites d'action et à stabiliser des procédures efficaces. Les montages et démontages des jeux de construction, les observations et actions conduites avec des instruments d'optique, avec des aimants, des matières élastiques, des ressorts simples, des plans inclinés, des surfaces glissantes, des matières adhérentes… leur permettent de constater des phénomènes mécaniques, physiques. C'est l'occasion également de prendre conscience de la notion de risques dans l'environnement quotidien, selon le maniement des objets ou les déplacements dans des environnements instables.

Le cahier d'expériences

Le cahier d'expériences permet le passage entre l'expérience vécue, intuitive, sentie dans le présent et une transcription écrite destinée à être retrouvée, lue dans un autre temps que celui de l'expérience. Il permet de garder la trace des étapes successives de l'expérimentation et du raisonnement. Ces traces sont réalisées par les élèves et datées. On y trouve des schémas, des dessins d'observation spontanés, des photos, des traces écrites individuelles ou collectives. C'est un outil de communication, support de langage oral.

Éclairage

Connaître l'alimentation du phasme

Les élèves de Grande Section sont devant le terrarium ; la question est posée par l'enseignant : “Comme tous les êtres vivants, les phasmes ont besoin de se

Les étapes de la démarche scientifique		
Étapes	Rôle de l'enseignant	Activités de l'élève
Observations Manipulations libres	Apporte un matériel riche et inducteur. Sollicite les explorations possibles. Organise et renouvelle l'aménagement de la classe (les coins).	Manipule et observe librement.
Expression spontanée	Favorise les échanges verbaux et corrige les erreurs de formulation. Observe les comportements, sollicite l'émergence de conceptions. Trie les remarques des élèves afin de proposer un sujet qui éveille la curiosité et l'intérêt des élèves.	Communique de façon spontanée (phrases construites et compréhensibles par tous).
Formulation d'un problème	Pose le problème car l'enfant ne peut le faire.	Prend conscience du problème posé par l'enseignant. Le formule d'une autre façon.
Recherche de solutions possibles	Fait anticiper et verbaliser un résultat attendu par rapport à une action. Incite à proposer plusieurs solutions.	Propose des solutions au problème.
Recherche des éléments de réponse ou mise à l'épreuve des différentes propositions par une démarche appropriée	Fournit un matériel adapté. Propose des activités avec des consignes précises. Sait intervenir pour aider éventuellement l'enfant en cas de blocage.	Manipule par tâtonnements et expérimentations individuels. Réalise les activités proposées par l'enseignant. Observe.
Communication et structuration des résultats	Aide à formuler et écrit les constats. Incite à une forme de communication adaptée à ce qui a été réellement fait et valorise les productions.	Communique les constats liés aux manipulations et aux observations.

nourrir. À votre avis, comment peut-on les nourrir ?" Les élèves font des propositions, les termes de végétarien, carnivore, herbivore sont cités... L'enseignant précise le sens des termes et demande leur avis aux élèves. "Il serait plus concret de partir de nourritures qu'on a dans l'école. Où peut-on trouver des aliments pour des animaux ?" Les élèves répondent dans la cour, dans le frigo des maîtresses, à la cantine, dans leur sac... Le groupe va dans la cour récolter des végétaux qui pourraient convenir (lierre, ronce, lilas, troène). Les éléments rapportés sont nommés, classés et listés sur une affiche. Dans le terrarium, plusieurs échantillons des récoltes sont posés, les enfants observent que seul le lierre est mangé. Les résultats de l'observation sont confrontés avec les informations contenues dans un ouvrage documentaire sur les phasmes. Ils sont notés dans le cahier d'expériences. ■

« Une activité scientifique ou technique à l'école maternelle passe par une suite d'activités spécifiques en liaison les unes avec les autres : investigation, structuration. Des activités déclenchantes sont nécessaires pour donner du sens et de la motivation. »
Maryline Coquidé-Cantor, André Giordan, *L'enseignement scientifique à l'école maternelle*, Delagrave, 2002.

→ **Découvrir le vivant / Explorer / Langage oral / Raisonner / Traces**

Pour aller plus loin

- Marylène Brare, Denis Demarcy *Écrire en sciences. Carnet d'observations, cahier d'expériences*, CRDP académie d'Amiens, 2009.
- Marie-Françoise Ferrand, *Chercheurs en herbe !*, CRDP Académie de Lyon, 2005.
- Bernadette Bornancin, *Planter, observer, apprendre avec les 5/6 ans*, Nathan, 2001.
- www.exploradome.fr
- www.fondation-lamap.org

Explorer (la matière)

Explorer consiste à observer, formuler des interrogations, construire des relations entre les phénomènes observés, prévoir des conséquences, identifier des caractéristiques. Explorer le monde des objets, de la matière, des formes, des grandeurs implique pour l'enfant un engagement, une attitude dynamique de curiosité.

Contexte

Soutenir la démarche exploratoire de l'enfant

De manière générale, l'exploration du monde, de la matière favorise une familiarisation pratique des élèves avec des objets, des phénomènes, des instruments, des actions et des problèmes qu'ils n'ont pas encore rencontrés dans leur vie quotidienne. L'implication authentique de l'enfant est nécessaire pour qu'il progresse du vécu et du ressenti vers ce qui va pouvoir être conçu. L'objectif n'est pas une connaissance disciplinaire mais la progressivité dans la manière de découvrir, de percevoir. Explorer constitue une expérience stimulante. La démarche tient compte du développement de l'enfant, du franchissement d'étapes liées aux progrès du langage.

Les jeux d'exploration

Les jeux d'exploration constituent un passage obligé avant l'accomplissement d'actions motrices ou physiques plus complexes. L'enfant y acquiert des automatismes, principalement sensorimoteurs, qui lui permettront d'accéder à des activités de niveau supérieur. Les jeux d'exploration sont libres, effectués hors du guidage de l'enseignant, ne répondant pas à une consigne particulière. Face au matériel, aux objets, aux matières, l'enfant en expérimente les propriétés à travers l'ensemble de ses perceptions sensorielles. Il découvre et exerce son pouvoir d'agir en se confrontant aux phénomènes qu'il suscite. Les apprentissages sont informels, parce qu'ils concernent la démarche, par exemple dans la fabrication de bulles de savon, le jeu de kim sensoriel (objet caché)…

Explorer la matière

Explorer la matière permet d'en découvrir et de tirer parti des caractéristiques à travers l'action directe sur les matériaux. Dès la Petite Section, les enfants s'exercent à des actions telles que transvaser, malaxer, mélanger, modeler, tailler, couper, morceler, assembler, transformer. Ils découvrent ainsi les effets de leurs actions sur des matières de consistances différentes et cherchent à ajuster leurs gestes à leurs caractéristiques qui sont nommées, décrites. Les matières, les matériaux naturels tels que l'eau, le bois, le sable, la terre, les matières à modeler, l'air, ou fabriqués par l'homme tels que le papier, le carton, la semoule, les tissus, les fils sont découverts et utilisés. Les activités conduisent à des mélanges, des actions comme les dissolutions; les transformations mécaniques, sous l'effet de la chaleur ou du froid permettent de découvrir des propriétés et de jouer avec.

Les actions, les discussions

L'exploration sensorimotrice est accompagnée d'une mise en mots pour permettre à l'enfant de concevoir ce qu'il sent et perçoit et de prendre de la distance. Les discussions pilotées par l'enseignant sont un élément essentiel des activités. Chaque enfant est invité à exprimer ce qu'il ressent, à formuler ce qu'il découvre et comprend

Explorer dans le domaine de la création plastique

Explorer des effets visuels, tactiles permet à l'enfant d'élargir la gamme de ses instruments de création, par exemple en fabriquant des mélanges de couleur à partir de couleurs primaires, en explorant les notions de nuances, de camaïeux, de couleurs complémentaires. Les superpositions, les juxtapositions de couleurs et de techniques, l'utilisation de différentes matières qui produisent des traces colorées, donnent des indications sur leurs qualités plastiques et expressives. Ces explorations s'accompagnent de l'acquisition d'un lexique approprié pour décrire les actions ou les effets produits. La consigne présentée par l'enseignant comme problème à résoudre transforme la représentation habituelle du matériau utilisé.

des phénomènes qu'il observe. Elles orientent progressivement l'activité exploratoire, guident le groupe vers une élaboration collective. Les traces, dessins, schémas, photos, courtes phrases permettent l'articulation entre la recherche collective et l'activité individuelle. Par exemple, en utilisant des formes en emporte-pièce sur des plaques de matière souple étalées au rouleau, des élèves de Petite Section comprennent qu'elles produisent toujours le même sapin, la même étoile, que la forme découpée est identique à celle de l'objet. Ils mettent en correspondance le motif de l'objet et la forme produite, selon la couleur de la matière souple utilisée (pâte à modeler, pâte à sel, terre glaise...).

Éclairage

Un cycle sur le papier

L'enseignant propose aux élèves de Moyenne Section d'explorer différents types de papier pour en découvrir les propriétés et de réaliser diverses actions. Il distribue aux élèves répartis en petits groupes des feuilles de papier pelure, du carton ondulé, du papier kraft, du papier métal, du papier buvard. Il leur demande de toucher les matières en fermant les yeux, de dire ce qu'ils ressentent sous les doigts, et ce qu'ils entendent quand ils froissent le papier. Les mots: léger, doux, souple, dur, raide, comme des vagues, etc., sont repris par l'enseignant. Les élèves doivent à nouveau toucher chaque matière en les comparant les unes après les autres. Puis ils sont invités à froisser, plier puis déchirer en observant ce que cela produit (résistance, formes produites, bruit sous l'action...). À la séance suivante, chaque groupe reçoit des bandes de chacun des papiers dans des récipients différents. La consigne est précisée: choisir des papiers et utiliser leurs qualités pour réaliser un paysage en collage. ■

“Se substituer à l'enfant dans l'accomplissement de ses actions formatrices, avec la louable intention de l'aider, n'est pas ce dont il a besoin. On doit lui permettre d'agir librement, de sa propre initiative, dans un environnement qui a été prévu pour répondre à ses besoins.”
Maria Montessori, *L'enfant*,
Desclée De Brouwer, 2006

→ Apprentissages informels / Découvrir le vivant / Jouer pour apprendre

Pour aller plus loin

- Frédéric Charles, Joël Bisault, *Éducation scientifique en maternelle, quelle construction par l'enfant et de l'enfant et quelles traces de cette construction ?*, 86e colloque de l'AGEEM, 2013.
- http://eduscol.education.fr/cid91997/explorer-monde-vivant-des-objets-matiere.html

Graphisme

Du grec *graphein* qui signifie “écrire” et plus concrètement, “laisser une trace”, le graphisme est le résultat de liaisons interfonctionnelles qui s’établissent aux trois niveaux de l’activité : moteur, perceptif, cognitif.

Contexte

Source de plaisir purement fonctionnel avant d’être un moyen de communication intentionnelle, les activités graphiques ont leur place dans le domaine de l’écrit et dans celui des activités artistiques. Le graphisme utilise des enchaînements de lignes simples, rectilignes ou courbes, continues ou discontinues et des alternances de couleurs qui rythment et se structurent en motifs. Ces activités proposées sous forme de jeux aident l’enfant à construire des habiletés perceptivo-motrices et à développer des compétences pour la maîtrise du geste de l’écriture cursive.
Les exercices graphiques ne sont pas cités dans les programmes avant 2002. En 1995, le mot “graphisme” figure dans le domaine des arts visuels. En 1920, des exercices d’attention graphique (pour l’écriture et le calcul) sont diffusés par Suzanne Herbinière-Lebert, inspectrice des écoles maternelles dans l’objectif de développer l’attention et la mémoire volontaires. En 1905 et 1921, les programmes interdisent l’écriture jusqu’à 5 ans. Selon Marie-Thérèse Zerbato-Poudou, les exercices graphiques viendraient *“pour combler un vide”*.

Les 3 niveaux de l’activité graphique

Le niveau moteur : au départ, la main dirige l’œil. Le geste, caractérisé par un mouvement, entraîne le bras depuis l’épaule. L’enfant parvient progressivement à le contrôler depuis le coude et finalement depuis le poignet. La maîtrise plus fine de la main et des doigts se poursuit.
Le niveau perceptif : l’œil dirige la main. Selon H. Wallon, *“la perception enfantine porte sur des unités successives”*. La perception de l’enfant est à la fois : globale, il saisit le “tout” de ce qu’il voit, et pointilliste, il saisit chacune des parties qui composent ce “tout”. Mais l’enfant n’est pas capable d’établir un rapport entre les parties et le “tout”.
Le niveau cognitif : plusieurs conduites mentales sont en jeu pour pouvoir analyser, décrire, comparer, organiser des données perceptives, verbaliser les actions, avoir une activité réflexive, donner du sens.

Les habiletés requises

L’enseignant propose des activités qui vont développer les habiletés nécessaires à la maîtrise progressive du geste graphique.
La tenue de l’outil (pince index pouce + support du majeur), la pression (modelage, pinces à linge, découpage), le freinage (arrêter un geste, un déplacement), la précision du geste et la souplesse (jeux de doigts, modelage, perles, encastrements, puzzles, pinces à linge) sont à travailler spécifiquement.
Pour reproduire un modèle, il faut travailler en même temps le regard et le geste. L’enseignant doit aider l’enfant à développer les compétences nécessaires à une bonne reproduction de formes graphiques à travers des activités d’observation et de repérage de l’environnement, de coordination occulo-manuelle (puzzles, perles, pliages, découpage) et de présentations de reproductions, d’objets culturels.
L’organisation de l’espace et la latéralisation se construisent à travers des activités de motricité globale et manuelle pour installer l’horizontalité, la notion de tour, de sens (giratoire et de translation).

Éléments de progressivité
Petite Section
Habituer les enfants à contrôler et guider leurs gestes par le regard, les entraîner à maîtriser les gestes moteurs mobilisés dans le dessin et l'écriture cursive, prendre des repères dans l'espace de la feuille.
Moyenne et Grande Section
S'exercer à des tâches de motricité fine préparant spécifiquement à l'écriture. S'entraîner aux gestes propres à l'écriture, apprendre à adopter une posture confortable, à tenir de façon adaptée l'instrument d'écriture, à gérer l'espace graphique (aller de gauche à droite, maintenir un alignement…).

Un entraînement nécessaire avant de pratiquer l'écriture

Si le graphisme ou plus précisément les activités graphiques ne constituent pas des activités préparatoires à l'écriture au sens strict car il n'y a pas de continuité directe avec l'écriture, le programme de maternelle 2015 considère que les exercices graphiques ont leur place dans le domaine de l'écriture comme un "entraînement nécessaire avant de pratiquer l'écriture cursive". Bien que l'objectif soit de construire la valeur symbolique des lettres, "l'enseignant veille à ne jamais isoler les trois composantes de l'écriture : la composante sémantique (le sens de ce qui est écrit), la composante symbolique (le code alphabétique) et la composante motrice (la dextérité graphique)."

S'exercer au graphisme décoratif

Le graphisme est aussi inscrit (programme 2015) dans le domaine "Agir, s'exprimer, comprendre à travers les activités artistiques" pour développer les compétences de motricité fine mais aussi pour ouvrir à la culture. Il se distingue du dessin, qui est une activité symbolique : *"Tout au long du cycle, les enfants rencontrent des graphismes décoratifs issus de traditions culturelles et d'époques variées. Ils constituent des répertoires d'images, de motifs divers où ils puisent pour apprendre à reproduire, assembler, organiser, enchaîner à des fins créatives, mais aussi transformer et inventer dans des compositions."*

Éclairage

Exemples d'activités de graphisme décoratif en Moyenne Section

À partir de l'observation d'une grille en fer forgée comprenant des volutes (d'après photo ou visite de l'environnement proche), l'enseignant propose aux élèves quatre activités : isoler, reproduire, associer, transformer.

- Isoler un élément comme la spirale et la décorer avec des tracés précis : des rayons, des ronds, des boucles.
- Reproduire les spirales dans un espace limité, sur des formats divers, avec des outils variés. Continuer un rythme.
- Associer : combiner 2 motifs graphiques pour encadrer un dessin : spirales et traits, spirales et ronds.
- Transformer : agrandir-réduire des spirales sur des supports variés. Représenter un objet en partant d'une spirale (un bonhomme, une fleur). ■

> **"Le graphisme ne sert à rien pour apprendre à écrire. […] Le graphisme est à conserver pour ce qu'il vaut : c'est une activité perceptive et motrice."**
> Marie-Thérèse Zerbato-Poudou, Conférence du 29 avril 2009, Evry.

→ Activités artistiques / Dessin / Écrire / Lire

Pour aller plus loin

- Liliane Lurçat, *L'activité graphique à l'école maternelle*, ESF, 1970.
- Marie-Thérèse Zerbato- Poudou, *Construire le geste graphique*, Retz, 2014.

Handicap

Constitue un handicap toute limitation d'activité ou restriction de participation à la vie en société subie dans son environnement par une personne en raison d'une altération substantielle, durable ou définitive, d'une ou plusieurs fonctions physiques, sensorielles, mentales, cognitives ou psychiques, d'un polyhandicap ou d'un trouble de santé invalidant.

Contexte

Le moment de la révélation

La prise en charge des enfants handicapés à l'école est régie par la loi 2005-102 du 11 février 2005 pour l'égalité des droits et des chances, la participation et la citoyenneté des personnes handicapées. Elle pose le principe d'accessibilité généralisée, quel que soit le handicap. L'école maternelle occupe une place particulière pour l'enfant en très grande difficulté ou en situation de handicap. C'est le lieu où va se révéler l'écart entre le développement normal et les "anomalies" de comportement de l'enfant au sein du collectif scolaire. Même s'il a fréquenté une crèche ou une halte-garderie, l'école va jouer le rôle de repère normé. Pour un enfant jeune, en pleine évolution, il est difficile de faire des pronostics. Il faut pouvoir évaluer si les manifestations observées relèvent des adaptations ordinaires ou nécessitent d'avantage d'investigations. Globalement, il y a deux cas de figures, l'enfant est inscrit à l'école maternelle alors qu'il a un handicap avéré et reconnu. La prise en charge se fera selon les objectifs d'un projet personnalisé. Ou bien les difficultés vont être pointées progressivement par l'école et nécessiteront l'accompagnement de la famille vers la saisine de la Maison départementale des personnes handicapées (MDPH).

Le rôle des Centres d'aide médico-sociale précoce

Les Centres d'aide médico-sociale précoce (CAMSP) facilitent le dépistage du handicap et apportent de l'aide aux familles. Ils peuvent préparer et accompagner l'arrivée à l'école maternelle en recherchant avec l'équipe pédagogique les modalités d'adaptation des conditions éducatives pour l'enfant, en préservant le plus possible son bien-être, et son milieu naturel de vie. Les équipes des CAMSP sont les partenaires des enseignants pour préciser les modalités d'accueil et les objectifs du projet personnalisé.

Le Projet personnalisé de scolarisation

Le Projet personnalisé de scolarisation (PPS) concerne les élèves qui ont une reconnaissance de handicap délivrée à la MDPH à l'issue d'un diagnostic posé par un professionnel de santé. Le PPS est un document opposable qui précise et détaille les aides humaines, matérielles et pédagogiques (adaptations particulières dans la classe, dans l'école). Il est revu chaque année en fonction de l'évolution de l'enfant. Si le PPS est mal ou pas appliqué, les parents peuvent demander à échanger avec les enseignants par le biais de l'enseignant référent.

L'enseignant référent

L'enseignant référent est l'interlocuteur privilégié de l'enfant et de sa famille, mais aussi de tous les acteurs engagés dans le projet. Il anime les Équipes de suivi de la scolarisation (ESS) dans la position du "tiers instruit". Il collecte les expertises destinées à éclairer le travail, synthétise les informations et établit les conclusions. Il assure la continuité du parcours scolaire.

Tableau : le projet de scolarisation		
Type de projet	**Inscription**	**Scolarisation**
Dans la classe avec AVS (ou non)	École de référence	École de référence – avec soins selon les besoins
Dans la classe avec des aménagements de temps	École de référence	L'emploi du temps est défini selon la capacité de l'enfant à tirer parti de la vie en collectif
Dans l'Unité d'Enseignement (UE) d'un établissement médico-social ou sanitaire (type hôpital de jour)	École de référence	Unité d'Enseignement de l'établissement spécialisé. La scolarisation peut être en temps partagé, selon les propositions du PPS. La priorité est donnée aux soins de l'enfant
Accueil scolaire différé, sur l'année, ou reporté à l'année suivante	École de référence	La scolarisation est réalisée au moment où l'enfant est prêt à tirer parti du cadre scolaire. En attendant, un accord de maintien en crèche peut être trouvé avec les services qui accompagnent la famille

L'ESS se réunit au moins une fois par an (art. D 351-10 du Code de l'éducation). Elle ne peut se réunir en l'absence de la famille. Avant la définition du PPS, durant la période d'évaluation des besoins, c'est l'équipe éducative de l'établissement (art. 21 décret n° 90-788 du 6 septembre 1990) qui est mobilisée pour assurer au mieux l'accueil de l'enfant.

Les Auxiliaires de vie scolaire

Les Auxiliaires de vie scolaire (AVS) sont une aide aux apprentissages (art. L 351-3 du Code de l'éducation). La nécessité d'un accompagnement émerge au cours du travail d'évaluation des besoins de l'enfant qui est fait en équipe à l'école. La présence de l'AVS n'est pas une condition sine qua non à la scolarisation.

Éclairage

L'accueil d'un enfant autiste

Mélissande, petite fille autiste, présente des caractéristiques peu communes au monde de l'autisme : une attention conjointe, des yeux tournés vers les autres… La première année de scolarisation est décevante pour les parents. Ils entreprennent des démarches auprès d'autres écoles, sans succès. Ils rencontrent alors le directeur et l'enseignante d'une nouvelle école. Mélissandre, qui a 4 ans, est acceptée et inscrite en Petite Section. La présence de l'AVS 4 journées par semaine contribue à mettre en place un environnement structuré, propice à l'évolution comportementale et éducative de l'enfant. Les parents instaurent un système de communication avec l'enseignante par l'image (emploi du temps, classeur de communication à base de pictogrammes). Un espace est aménagé dans la classe pour favoriser des moments d'isolement et des temps d'apprentissage individuel. (Source : www.cahiers-pedagogiques.com/Scolarite-des-enfants-autistes-voyage-au-bout-de-l-enfer) ■

> **« Un enfant handicapé introduit de l'humanité dans le système. […] Sa présence offre l'occasion d'exprimer solidarité et cordialité, d'apprendre à accepter l'autre, la différence. »**
> Serge Lefèbvre, vice-président de l'Apajh

→ Besoins des enfants / Difficultés / Prévention

Pour aller plus loin

- Christine Berzin, *Accueillir les élèves en situation de handicap*, Canopé-CRDP académie d'Amiens, 2010.
- http://49.fcpe-asso.fr/nos-dossiers/handicap/121-l-integration-du-handicap-a-l-ecole-maternelle-par-eve-leleu-galland
- www.education.gouv.fr/cid207/la-scolarisation-des-eleves-handicapes.html

Hygiène

L'hygiène se définit comme l'ensemble des principes et des pratiques individuelles ou collectives qui visent à conserver les personnes en bonne santé. L'école maternelle est soumise à des obligations strictes en matière d'hygiène pour accueillir les enfants dans les meilleures conditions et les sensibiliser à de bonnes pratiques.

Contexte

L'hygiène individuelle

Les enfants entrant à l'école maternelle doivent avoir subi les vaccinations obligatoires préalables à leur inscription.

L'hygiène individuelle à l'école s'attache au lavage des mains, avant et après le passage aux toilettes, avant et après les repas de cantine, ainsi qu'à la toilette des enfants en cas d'incidents. L'organisation des soins et des urgences dans les écoles est régie par le protocole national sur l'organisation des soins et des urgences dans les écoles et les Établissements publics locaux d'enseignement (EPLE) publié au BOEN n° 1 du 6 janvier 2000. Il définit les modalités à mettre en œuvre pour assurer les premiers soins, et administrer les traitements des élèves sur prescription médicale. Concernant la pédiculose (présence de poux dans le cuir chevelu), des recommandations sont faites aux parents pour traiter les enfants contaminés : la présence de ces parasites n'entraîne pas d'éviction. Une visite médicale est effectuée par un médecin scolaire entre 5 et 6 ans, en Grande Section de maternelle. Ce bilan de santé complet comprend le dépistage systématique des handicaps ou défauts mineurs (vue, audition, troubles du langage, du comportement).

L'hygiène des locaux

Elle est assurée au quotidien, principalement par les ATSEM, garantissant l'application permanente des mesures d'hygiène indispensables à l'accueil des jeunes enfants. L'entretien des sanitaires maintenus en parfait état de propreté et régulièrement désinfectés facilite un accès propre et sécurisant. L'entretien du mobilier, des vestiaires, matériels, et notamment celui du couchage pour la sieste, exige la même attention (les draps et les taies d'oreiller une fois par semaine, les couvertures une fois par période). Les classes sont aérées à chaque récréation. Les aires de jeu, en intérieur ou en extérieur, doivent être vérifiées avant toute utilisation. L'implantation et l'entretien des bacs à sable obéissent à des normes précises pour ne pas recevoir les eaux de ruissellement et éviter toute contamination.

L'hygiène alimentaire

Elle concerne principalement la restauration scolaire, réglementée par la circulaire interministérielle n° 2001-118 du 25 juin 2001 relative à "la composition des repas servis en restauration scolaire et la sécurité des aliments". Elle rappelle les besoins nutritionnels des enfants et adolescents en énonçant des recommandations pour garantir l'équilibre alimentaire et la lutte contre l'obésité. La note n° 2004-0095 du 25 mars 2004 relative à "la collation matinale et les autres prises alimentaires" définit les principes généraux qui doivent présider à la collation en milieu scolaire, qui n'est ni systématique ni obligatoire.

20 secondes

C'est le temps minimum pour que le lavage des mains au savon soit efficace.

De l'hygiène à l'école

En 1833, le programme des salles d'asile avait pour but de faire acquérir aux enfants des habitudes d'ordre, de propreté, de bienveillance mutuelle qui les préparait *"à une vie honnête, décente et chrétienne"*. Guizot, ministre de l'Instruction publique, constate l'état déplorable des installations matérielles des écoles du primaire pour le peuple. Ce n'est plus seulement l'air et l'espace qui préoccupent, mais aussi d'autres éléments de la salubrité des bâtiments tels que la lumière, l'eau, l'humidité. La propreté du corps des élèves et la prophylaxie à engager contre les épidémies (variole, choléra, fièvres typhoïdes) deviennent des sujets de préoccupation de la prévention en milieu scolaire. L'engagement sanitaire et éducatif de l'État s'institue à tous les niveaux de l'enseignement.

Dans les années 1880, à la création des écoles maternelles, Marie Pape-Carpantier, inspectrice générale, conserve et diffuse cette conception hygiéniste de l'école. Elle veille à ce que les soins corporels apportés aux enfants soient effectués avec efficacité. Elle contribue à l'organisation sanitaire de son cours pratique à Paris, où les aménagements les plus innovants sont installés: salle contenant un lavabo circulaire, latrines situées dans la cour, salles de repos et de repas séparées de la salle des exercices corporels.

L'éducation à la santé

Créé en 1945, le Service de santé scolaire a été réunifié en 1991 au sein du ministère de l'Éducation Nationale sous l'appellation "Promotion de la santé en faveur des élèves". Les missions de la médecine scolaire ont évolué d'un objectif purement sanitaire vers des objectifs d'insertion des enfants et de santé publique dans le milieu scolaire.

Aujourd'hui, l'éducation à la santé fait partie intégrante du programme d'enseignement de l'école maternelle de 2015, que l'on retrouve dans le domaine "Explorer le monde, explorer le monde du vivant". L'enfant apprend à se connaître et à prendre soin de son corps. Il s'agit d'une éducation au respect de soi, d'autrui, de l'environnement, et à une première sensibilisation et prévention des risques tels que la reconnaissance des produits toxiques ou des dangers de la route.

Éclairage

Intimité et promiscuité

Léa vient d'entrer à l'école mais ne veut jamais aller aux toilettes; elle se retient jusqu'à l'arrivée de sa maman à 11 h 30, qui s'inquiète de son attitude nuisant à sa santé. La maîtresse entame un dialogue avec la famille en présence de la petite fille: le manque d'intimité et la promiscuité inquiète Léa et l'inhibe. La directrice, alertée par l'enseignante, obtient de la municipalité des paravents pour séparer les cuvettes. À présent, Léa s'y rend seule, accompagnée par l'ATSEM qui la rassure: elle ne craint plus ce temps dans sa vie d'écolière. ■

> « Le corps est la maison de l'esprit; pour que l'esprit se porte bien, il lui faut une maison saine. »
> Pauline Kergomard, *L'éducation maternelle à l'école*, série I, 1886

→ ATSEM / Découvrir le vivant / Éducation citoyenne / Prévention / Règles de vie

Pour aller plus loin

- Séverine Parayre, "L'hygiène à l'école aux XVIIIe et XIXe siècles: vers la création d'une éducation à la santé", in *Recherches et Éducation*, 2008.
- MEN-DGESCO, "L'hygiène et la santé dans les écoles primaires", coll. "Repères", CNDP, 2009.

Jardin scolaire

Le jardin scolaire est un espace dans l'école où se mènent des activités pour favoriser la découverte du vivant en dimension réelle. Entretenir un jardin permet d'apprendre concrètement les sciences, d'appréhender des objets dans leurs usages, de développer le langage oral et écrit.

Contexte

À la fin du XVIIIe siècle, à Waldersbach, le pasteur Jean-Frédéric Oberlin proposait des activités pédagogiques autour du jardin dans les écoles de sa paroisse. Les enfants constituaient des herbiers et apprenaient les rudiments de l'histoire naturelle. L'enseignement théorique et pratique du jardinage est introduit dans les programmes au début du XXe siècle, à peu près en même temps que la création des jardins ouvriers. Les enfants apprenaient la théorie du jardinage mise en pratique au printemps. Les légumes, les fruits cultivés dans les potagers étaient emportés dans les familles ou distribués dans les classes. Aujourd'hui, les deux ministères, Éducation Nationale et Culture, soutiennent des opérations de sensibilisation au thème du jardin, en particulier "Les Rendez-vous aux jardins" – les jardins publics ou privés ouvrent leurs portes -, et "Adoptez un jardin" qui propose une sensibilisation des élèves à l'art et à l'histoire des jardins, mais aussi au paysage, à l'urbanisme, à l'environnement.

Jardin et apprentissages

La création et l'entretien d'un jardin se situent à la croisée de plusieurs apprentissages. En langue orale, les enfants communiquent pour se mettre d'accord, raconter ce qu'ils ont observé et fait. Ils apprennent à nommer les végétaux et herbes aromatiques, les outils utilisés, les gestes du jardinier. Les étiquettes pour les plantations, affiches, fiches, comptes-rendus d'activité développent la production d'écrits. Les dessins des étapes du **projet**, du jardin aux différentes saisons, de l'organisation des espaces plantés (potager, jardin de fleurs) d'observation des légumes, des fleurs..., conservent la mémoire du projet. Les enfants découvrent les œuvres des artistes sur le thème du jardin. Ils abordent la notion de **vivant**, en observant les développements des végétaux, les modes de croissance, les manifestations des animaux du jardin. Le **dénombrement** et le **raisonnement** s'exercent sur des quantités de végétaux, la résolution de problèmes portant sur des quantités, la gestion des espaces, par exemple pour délimiter des zones de plantation, tracer des lignes pour semer, représenter les espaces plantés sur un plan.

Jardin et monde vivant

Installer un jardin s'inscrit dans les démarches de développement durable: répondre aux besoins du présent sans compromettre la capacité des générations futures à répondre à leurs propres besoins. En partant de la situation-problème "il y a des escargots dans le jardin qui mangent les jeunes salades", les élèves décident de les ramasser et de les observer en classe.

300 m

C'est l'étendue minimum du jardin clos, qui devait être annexé à toutes les écoles rurales, selon l'arrêté du 17 juin 1880 (art. 72). Cette prescription ne sera pas reprise dans les textes ultérieurs.

La charte du bon jardinier

L'enfant jardinier apprend à entretenir, à respecter et à protéger l'environnement dans tous les lieux de vie.

- Je respecte la nature, les fleurs, je ne casse pas les branches.
- Je n'arrache pas les racines d'une plante que je cueille.
- Je ne taille pas l'écorce d'un arbre.
- Je n'écrase pas les jeunes pousses.
- Je fais du compost pour fertiliser naturellement la terre en entassant les déchets du jardin (feuilles, fleurs fanées, mauvaises herbes...).
- J'économise l'eau, je recueille l'eau de pluie, j'arrose les plantes de préférence le matin ou le soir plutôt qu'en plein soleil pour limiter l'évaporation.
- Je paille les pieds des plantes, ou je dispose des écorces de pin pour éviter l'évaporation.
- Je bine la terre avant l'arrosage pour que l'eau puisse mieux y pénétrer.
- Je préviens les mauvaises herbes, je les arrache à la main pour éviter qu'elles ne fassent des graines.
- Je favorise la biodiversité et je protège les animaux du jardin.

Ils sont mis dans une boîte en carton avec un couvercle posé dessus. Le lendemain, la boîte est presque vide, les escargots se sont promenés dans la classe. Les élèves pensent qu'ils ne sont pas bien, qu'ils sont partis pour chercher de la nourriture... Les remarques sont notées sur une affiche, des recherches sont faites dans les livres documentaires de la classe, sur internet. L'affiche est complétée pour préciser ce que l'on a découvert sur les escargots. L'enseignante propose d'installer un terrarium dans la classe pour pouvoir mieux les observer. Une fiche technique est écrite pour préciser les conditions d'une installation qui répondent aux besoins des animaux.

Éclairage

Démarrer un "projet jardin"

Il faut commencer par se réapproprier une partie de l'espace scolaire en isolant des zones proche du bâtiment. On observe les lieux où les plantes se développement naturellement (entre des dalles, sur la partie herbée de la cour de récréation...). Des groupes d'enfants délimitent matériellement et personnalisent un espace restreint qu'ils s'approprient avec des pierres, des piquets, de la ficelle. Il faut veiller à ce que les enfants soient bien chaussés. L'enseignant les responsabilise individuellement sur les précautions à prendre dans les manipulations d'outils... Dans la classe, il fait dessiner ce qui a été fait et affiche l'ensemble des dessins. La deuxième phase du projet "jardin" est planifiée avec les élèves en suivant un plan d'aménagement. Des partenariats avec le service des parcs et jardins de la commune sont recherchés, ainsi qu'avec des parents d'élèves volontaires. La fabrication d'un "hôtel à insectes" est l'action complémentaire du projet jardin. ■

> « Nous n'héritons pas de la terre de nos ancêtres, nous l'empruntons à nos enfants. »
> Antoine de Saint-Exupéry

→ Culture / Découvrir le vivant / Éducation citoyenne / Explorer / Manipuler / Raisonner

Pour aller plus loin

- Danielle Laurent, *Jardin, jardinière*, CRDP Midi Pyrénées, 2008.
- Lucie Paye-Moissinac, *Dessine-moi un jardin, 17 fiches pour construire ensemble votre jardin*, CRDP d'Orléans-Tours, 2006.
- http://rendezvousauxjardins.culturecommunication.gouv.fr/
- www.jardinons-alecole.org/

Jeu

Le jeu est défini comme une activité de loisir physique ou psychique, soumise à des règles conventionnelles. Dans le programme 2015 de l'école maternelle, le jeu est présenté comme la première modalité pour faire apprendre les enfants.

Contexte

La pédagogie du jeu

La langue française utilise un seul terme, "jeu", alors que l'anglais dispose de deux termes, *play* et *game*, qui renvoient à des pratiques différentes. *Play* renvoie au jeu libre, alors que *game* évoque une situation encadrée dont l'issue est connue. Les enfants apprennent par imitation, les savoirs se structurent entre pairs. Ils jouent ensemble pour se comprendre et se sentir appartenir au groupe.

Froebel (1782-1852) dans les *Kindergarten* en Allemagne, Maria Montessori ont participé à la réflexion sur le jeu en éducation. Selon Gilles Brougère, cinq critères définissent le jeu :

- **le second degré** ; le jeu est une situation à laquelle les acteurs engagés confèrent une autre signification que celle liée aux comportements utilisés ;
- **la présence d'une décision**, celle de jouer ou d'entrer dans le jeu ; le jeu n'est qu'une succession de décisions ;
- **la règle**, qu'elle soit préalable ou construite au fur et à mesure du jeu ;
- **la frivolité** ou l'absence de conséquence de l'activité ;
- l'incertitude, l'idée que l'on ne sait pas où le jeu conduit.

Le jeu à l'école maternelle

En 1911 apparaît la notion de "jeu éducatif" dont les éditeurs comme Nathan vont s'emparer. Les instructions de 1977 insistent sur l'importance du jeu, surtout à l'école maternelle. Le programme de 2015 introduit le jeu comme première modalité pour apprendre. Il favorise la richesse des expériences vécues des enfants et alimente tous les domaines d'apprentissage. Il permet d'acquérir de l'autonomie, d'agir sur le réel, de construire des fictions, de développer l'imaginaire. Il permet également de communiquer avec les autres, de se construire au sein d'une communauté et d'y tisser des liens forts d'amitié.

Les jouets et les cultures d'enfance

Les jouets sont des objets concrets, témoins culturels chargés de messages, de savoirs, de connaissances.

Comme le livre, le jouet participe à l'échange culturel entre les enfants, avec le monde. Les qualités d'un jouet sont sa valeur fonctionnelle, expérimentale, ses fonctions de structuration. Il doit permettre de développer les activités sensorimotrices et d'éveil, les activités physiques, les fonctions intellectuelles, les activités créatrices, les relations sociales et les liens affectifs, l'environnement et l'éveil technique.

Un espace ludothèque dans l'école

Les jeux et jouets peuvent être mutualisés dans un espace ludothèque, qui peut fonctionner comme un espace-bibliothèque. Il s'agit de créer au sein de l'école une culture

4

C'est le nombre de types de jeux sur lesquels les apprentissages s'appuient en maternelle : jeux d'exploration, jeux symboliques, jeux d'assemblage et de construction et jeux à règles.

Jeu et évolution des aménagements (exemple)		
Moins de 3 ans PS	Jeux moteurs et symboliques Jeux avec des gros objets Se déplacer - déplacer - manipuler - explorer - construire - transvaser	Jeux d'exploration avec des matières et des outils variés Coins-jeux de classe poupée/cuisine Coins-jeux de construction
MS	Jeux physiques et symboliques Jeux avec des objets Expérimenter/observer Partager, échanger, construire ensemble	Évolution des coins-jeux chambre/cuisine - magasin/marchande Ferme - déguisements Jeux de construction Bricolage
GS	Jeux avec des objets Jeux symboliques - jeux à règles Choisir - expérimenter - s'exercer	Complexification Miniaturisation La maison de poupée - La poste (ou d'autres coins de vente) Installation progressive d'ateliers fixes : jeux de lettres/jeux d'observation

du jeu, vecteur de lien social et de proposer des jeux selon des critères de progressivité. Par exemple, pour développer la discrimination visuelle et ensuite les jeux stratégiques, à 3/4 ans on offre des jeux de mémory qui font appel à des notions comme les contraires, la mère et son petit, l'animal et sa trace… À 4/5 ans on utilise des jeux comme "le Petit verger" qui nécessite de développer des stratégies pour réussir. À 5/6 ans on joue au trésor des dragons. Le contenu de chaque jeu est répertorié sur une feuille rangée dans la boîte. Le niveau de difficulté est indiqué par des codes couleurs, et des codes de rangements. On peut proposer les jeux traditionnels comme les dominos, les petits chevaux, le loto, et donner une place aux jeux traditionnels des cultures présentes à l'école. L'espace de jeu peut être ouvert aux enfants, aux adultes, et aux parents.

Éclairage

Le coin "boulanger"

Les coins de jeu doivent offrir un aménagement fonctionnel et permettre les manipulations. Pour installer un coin-boulangerie- pâtisserie par exemple il faut prévoir une étagère pour présenter les pains factices fabriqués, des tables servant d'étal, mais aussi des petites tables à l'arrière où disposer les gâteaux factices, les viennoiseries ainsi que les bonbons. Il faut changer régulièrement la disposition des gâteaux pour éviter la routine et susciter des demandes lorsqu'ils ne sont pas immédiatement visibles. Des sacs en papier, des poches en plastique et des boîtes sont fournis pour emballer les achats. On y trouve une caisse et la liste des gâteaux avec les prix associés à leur image. Pour les plus grands, un ou plusieurs porte-monnaie sont apportés, avec pièces, jetons, des pièces et billets en euros. Une affiche avec différentes écritures (doigts, constellations, chiffres) permettra de répondre au à la diversité des manières de dénombrer. De véritables situations-problèmes liées à la découverte des quantités, des nombres et à leur utilisation sont rencontrées au cours du jeu. ■

> **“ Les jeux définissent un espace intermédiaire où se négocie pour l'enfant l'acceptation de la réalité. ”**
> Donald W. Winnicott, *Jeu et réalité*, Gallimard, 1975

→ **Coins-jeux / Froebel / Jouer pour apprendre / Maternelle / Montessori**

Pour aller plus loin

- Gilles Brougère, *Jouer/Apprendre*, Économisa, 2005.
- www.ac-paris.fr/portail/jcms/p2_925279/le-jeu-a-lecole

Jouer pour apprendre

Jouer représente la première modalité pour apprendre dans le programme 2015. En jouant, les enfants apprennent à agir, exercer des conduites motrices, expérimenter des règles et des codes sociaux, communiquer.

Contexte

Le jeu est le "travail" naturel de l'enfant, il l'accompagne dans son désir de grandir. Il soutient son développement global et fournit des cadres stables et adaptés pour réaliser des apprentissages. Pour Donald Winnicott, jouer est le signe de la "bonne santé mentale de l'enfant". La formalisation de l'expérience, sa mise en mots et sa représentation supposent un ancrage dans la manipulation, une symbolisation progressive effectuée à partir de l'expérience réelle, de l'observation et du langage qui accompagne, suit ou précède l'expérience. L'intellectualisation précoce, le passage par des exercices sur fiches sans mise en jeu, sont des pertes de temps et de sens. Le formalisme ne laisse chez les enfants ni de traces, ni de structuration, ni de mise en mémoire de l'action.

Jouer librement, entrer dans un jeu structuré

Jeux libres et jeux structurés offrent à l'enfant des espaces pour les apprentissages informels. Dans le jeu libre, c'est à l'enfant de choisir, la priorité est donnée à l'action, aux essais-ajustements, à des apprentissages incidents, dans un cadre temporel et spatial défini. Durant cette phase, l'enseignant l'observe afin de mieux le connaître. L'enfant se voit aussi proposer des jeux structurés ; ceux-ci visent explicitement des apprentissages spécifiques. Le jeu est alors "didactisé". Progressivement, l'enseignant s'implique dans le jeu de l'enfant. (*cf.* schéma.)

Éclairage

Des jeux pour manipuler des quantités

Le jeu du pommier est un jeu mathématique, où deux élèves jouent en situation autonome.

Le jeu du pommier se joue avec un plateau de jeu et deux dés, le premier indique le nombre de pommes, un autre dé porte 3 faces rouges et 3 faces vertes. Chaque joueur a devant lui un pommier, pommes rouges ou pommes vertes, 30 pastilles de couleur qui indiquent la place des pommes à placer. Chacun leur tour, les joueurs vont découvrir en lançant les dés la couleur du pommier et trouver le nombre de pommes à déposer. Ils doivent mettre en relation les informations données par les dés, la couleur de celui qui joue, le nombre de pommes indiqué. Le premier joueur qui a réussi à compléter son pommier a gagné, l'émulation incite les enfants à observer avec attention toutes les informations nécessaires pour pouvoir avancer avec réussite.

L'objectif du jeu est de faire manipuler des quantités, en fonction d'indications prélevées sur les dés. Il permet aussi de développer les correspondances terme à terme. Il incite les enfants à échanger sur les stratégies, à verbaliser les informations mathématiques, à apprendre à jouer chacun à son tour. ■

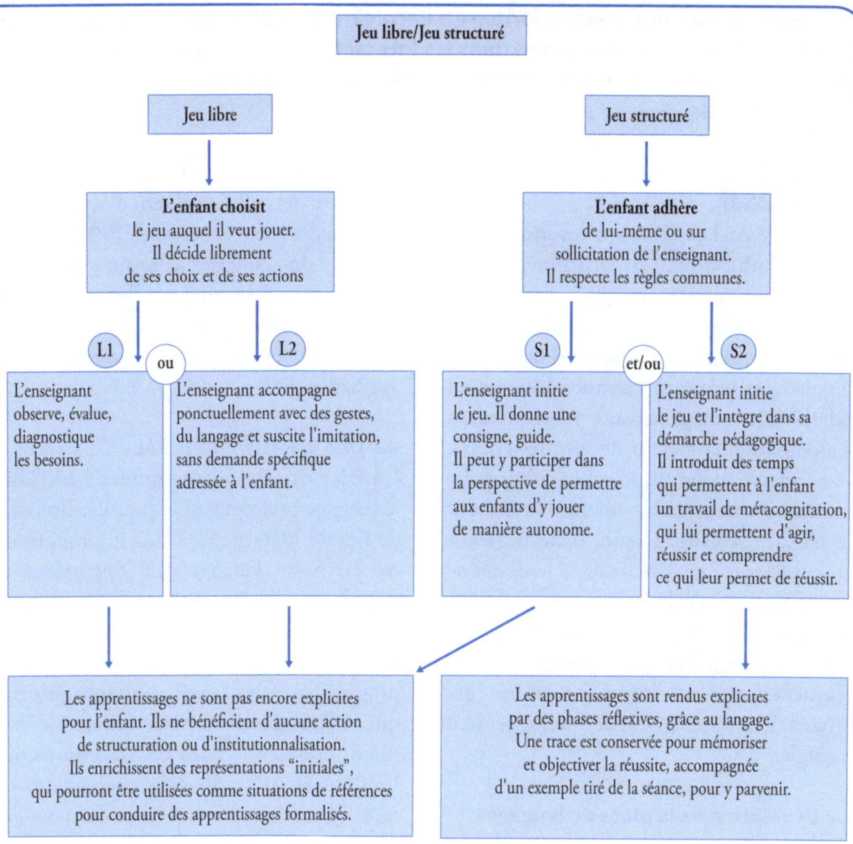

(Source : Eduscol)

> « Le jeu met en relief le fait que le groupe est en lui-même source d'apprentissage. »
> André Giordan, *Jeux, médias, savoirs*, L'harmattan, 2003

4-5 ans

C'est l'âge à partir duquel peuvent être introduits les jeux de société à règles.

→ **Apprentissages informels / Coins-Jeux / Pédagogie / Programmes**

Pour aller plus loin

- Collectif, *Jouer à l'école maternelle…, c'est apprendre*, AGEEM, 2009.
- Jean-Pierre Sautot, *Jouer à l'école*, Canopé CRDP Grenoble, 2007.
- www.ac-orleans-tours.fr/dsden36/circ_chateauroux/pedagogie_groupes_departementaux/maternelle/#c28834
- http://eduscol.education.fr/cid91995/apprendre-jouant.html#lien0

Langage oral

Domaine d'apprentissage prioritaire à l'école maternelle depuis les programmes de 2002, le langage oral, utilisé dans les interactions en production et en réception, permet aux enfants de communiquer, de comprendre, d'apprendre et de réfléchir.

Contexte

Le langage oral est à la fois un instrument de communication, un instrument pour penser le monde, et un objet d'apprentissage. Si la langue est un produit social et culturel appartenant à une communauté linguistique, le langage est une construction individuelle, portée par une personne dans sa singularité, et facteur de son développement affectif, cognitif, social et culturel. La maîtrise du langage est un fort indicateur de réussite scolaire. L'école maternelle occupe une place essentielle dans le domaine du repérage et de la prévention des difficultés langagières. L'enseignant installe des situations planifiées et régulières, à partir desquelles, par ses étayages à portée des enfants, il accompagne leur développement langagier.

L'évolution de la place du langage oral à l'école

Le langage oral a vraiment occupé une place importante à l'école après les années 1970, à la suite du Plan Marcel Rouchette, qui, s'appuyant sur les dernières théories psycholinguistiques, préconisait la libération de la parole à l'école, en intégrant des exercices structuraux. Les premiers programmes de l'école maternelle de 1995 considèrent que le langage oral est prédictif de la réussite scolaire et son enseignement rigoureux dès les petites classes est envisagé de manière à compenser les inégalités scolaires et sociales. Situé après le domaine "Vivre ensemble", le langage oral n'a pas encore le statut qu'on lui reconnaît aujourd'hui. "Les langages, priorité de l'école maternelle" mettent l'accent, dans l'instruction du 8 octobre 1999, sur "la maîtrise des langages comme enjeu prioritaire". Ce n'est plus un domaine parmi d'autres, *"mais ce qui, entre tous, fait le lien et le fondement sur lequel s'édifient tous les apprentissages"*.

Une priorité réaffirmée

C'est à partir des programmes de 2002 que le langage oral devient le premier domaine de l'école maternelle. Dans le programme de 2015, le langage oral appartient au domaine d'apprentissage "Mobiliser le langage dans toutes ses dimensions". La structuration du langage oral et l'entrée progressive dans l'écrit sont une priorité, qui se travaillent et s'enseignent de manière transversale dans tous les domaines. L'enfant est reconnu dans ses habiletés en tant qu'acteur de son apprentissage : *"c'est lui qui apprend à parler"*. Le langage oral est utilisé aussi bien en réception qu'en production. Une attention particulière est portée au langage "intérieur", qui n'aboutit pas à une énonciation mais qui témoigne du fonctionnement actif de la pensée.

72

C'est le pourcentage d'enfants de 2 à 5 ans n'ayant aucune difficulté de langage. 15 % ont des difficultés légères apparentées à des immaturités, 13 % en moyenne ont des difficultés plus importantes nécessitant un repérage plus précoce.

(Source : Fédération nationale des orthophonistes)

4 objectifs et 7 attendus de fin de cycle pour enseigner et travailler le langage oral		
Objectifs	**Attendus**	**Rôle de l'enseignant**
Oser entrer en communication	Communiquer avec les adultes et avec les autres enfants par le langage, en se faisant comprendre.	Organise des situations en petit groupe pour solliciter, stimuler, en particulier les enfants les plus fragiles. Il fait reformuler. Établit une progression d'apprentissage lexicale et syntaxique pour faire progresser tous les élèves.
Comprendre et apprendre	S'exprimer dans un langage syntaxiquement correct et précis. Reformuler pour se faire mieux comprendre.	Est attentif à la compréhension, des consignes. Fait travailler la mémoire dans tous les domaines. A des objectifs langagiers dans tous les domaines, mais organise des activités spécifiques et régulières.
	Dire de mémoire et de manière expressive plusieurs comptines et poésies.	
Échanger et réfléchir avec les autres	Pratiquer divers usages du langage oral : raconter, décrire, évoquer, expliquer, questionner, proposer des solutions, discuter un point de vue.	Propose de nombreux supports pour étayer le langage : albums, photos, imagiers, affiches, œuvres picturales, marionnettes. Fait pratiquer des débats pour résoudre des problèmes.
Commencer à réfléchir sur la langue et acquérir une conscience phonologique	Repérer des régularités dans la langue à l'oral en français.	Fait travailler la langue comme objet, en établissant une progression en phonologie.
	Manipuler des syllabes.	
	Discriminer des sons (syllabes, sons-voyelles ; quelques sons-consonnes hors des consonnes occlusives).	

Éclairage

Une activité pour enseigner le vocabulaire

Dans l'objectif de “comprendre et apprendre”, l'enseignant de Petite Section met en place une situation de jeu avec un petit groupe d'enfants peu parleurs, pour développer l'expression d'un langage syntaxiquement correct et précis. Le jeu du panier, qui est un jeu d'énumération, est un inducteur efficace de langage en production, car il permet d'étayer le langage à partir d'objets connus des enfants. *“Dans mon panier, j'ai...”* L'enseignant sort de son panier des objets les uns après les autres. L'enfant les nomme en mémorisant au fur et à mesure ceux qui sont sortis et amplifie la phrase avec des connecteurs : *“Dans mon panier, j'ai une balle et une poupée. J'ai une balle, une poupée et un camion”*, etc. L'enseignant fait varier la situation en proposant des objets commençant par le même phonème d'attaque, ou de même rime, ou de même champ sémantique. La situation peut se complexifier pour faire évoluer les extensions sémantiques (une petite et une grande poupée) ou les expansions syntaxiques (une poupée qui pleure, etc.). ■

> “Les mots ne désignent pas les choses, mais une certaine réalité du monde tel qu'il a été découpé en mots.”
> Jacques Lacan, *Écrits*, 1966

→ Développer son langage / Lexique / Prévention / Programmes

Pour aller plus loin

- Alain Bentolila, *De l'écoute au langage*, Nathan, 1997.
- Agnès Florin, *Pratiques du langage à l'école maternelle et prédiction de la réussite scolaire*, PUF, 1991.
- Laurence Lentin, *Apprendre à penser, parler, lire, écrire : acquisition du langage oral et écrit*, ESF Éditeur, 2009.
- http://eduscol.education.fr/cid91996/mobiliser-langage-dans-toutes-ses-dimensions.html

Langues vivantes

Les langues vivantes étrangères sont des langues enseignées à l'école, qui se distinguent de la langue de scolarisation. La pratique des langues vivantes à l'école maternelle consiste en un premier contact et en un éveil à la diversité linguistique.

Contexte

Le Cadre européen

L'enseignement des langues vivantes à l'école s'inscrit dans le Cadre européen commun de référence pour les langues (CECRL). Ce cadre est un outil pour répondre à l'objectif général du Conseil de l'Europe qui est de *"parvenir à une plus grande unité parmi ses membres"* et d'atteindre ce but par *"l'adoption d'une démarche commune dans le domaine culturel"*. Les langues et les cultures contribuent ainsi à une meilleure connaissance des autres. Dans ce contexte, on est passé d'une logique de maîtrise quasi totale d'une ou plusieurs langues à une logique d'interaction entre différentes langues, quel que soit le niveau de maîtrise de ces dernières.

Une apparition récente dans les programmes de maternelle

Les langues vivantes sont inscrites en tant que discipline obligatoire dans les programmes de l'école élémentaire depuis 2002. Le plurilinguisme est encouragé et valorisé : il n'apparaît plus comme une faiblesse mais comme un atout à l'école. Dès la maternelle, et plus particulièrement dès la Grande Section, il s'agit de familiariser les jeunes enfants à la diversité des variétés linguistiques, de donner une plus large portée à la notion d'intercompréhension entre les langues, au concept de compréhension, et de développer le concept de compétences partielles, à savoir que le peu que l'on sait d'une langue a déjà de la valeur.

Une prise de conscience

La loi pour la refondation de l'École de 2013 prescrit que : *"Tout élève bénéficie, dès le début de sa scolarité obligatoire, de l'enseignement d'une langue vivante étrangère"*. Elle entend réagir aux faibles résultats des élèves français dans le domaine (enquêtes internationales sur le niveau de compétences en fin de 3e). Le choix de la langue ou des langues enseignées dans une école est dicté par la nécessaire continuité jusqu'au collège. Il s'inscrit donc dans la Carte départementale des langues qui, elle-même, tient compte du contexte académique et des moyens susceptibles d'être mobilisés pour assurer cet enseignement. La finalité pour les élèves est d'atteindre le niveau A1 du CECRL c'est-à-dire *"Être capables de communiquer simplement avec un interlocuteur qui parle distinctement"*.

Un éveil à la diversité linguistique

Le programme d'enseignement de 2015 réserve une place à *"L'éveil à la diversité linguistique"*, en l'inscrivant dans le domaine d'apprentissage "Mobiliser le langage dans toutes ses dimensions, l'oral"

92,83 %

C'est la proportion d'élèves des écoles publiques en élémentaire recevant un enseignement en anglais (2012-2013), contre 6,16 % pour l'allemand et 1,13 % pour l'espagnol (moins de 1 % pour l'italien et le portugais).

(Source : http://eduscol.education.fr/cid45682/chiffres-cles.html)

(objectif "Commencer à réfléchir sur la langue et acquérir une conscience phonologique"). Il est proposé qu'à partir de la Moyenne Section, les enfants soient amenés à découvrir l'existence d'autres langues, dans des situations ludiques auxquelles ils donneront du sens. L'école maternelle permet aux enfants de développer leurs compétences langagières. Comme ils ne sont pas encore limités par les automatismes de leur langue maternelle, l'éveil aux autres langues est par conséquent facilité. Leurs schémas articulatoires sont encore mobiles ; de même, leurs capacités auditives sont peu altérées par la filtration induite par l'exposition aux seuls phonèmes utilisés en français.

L'école maternelle est une période privilégiée pour sensibiliser les enfants à d'autres sonorités linguistiques, à d'autres fonctionnements syntaxiques, et aussi pour leur permettre de s'ouvrir à d'autres cultures. L'introduction d'une langue vivante en maternelle est bénéfique, tant pour la discrimination auditive, que pour la reproduction de sons, d'intonations et d'accentuations. Les activités adaptées dépendent des activités langagières sollicitées. On privilégie l'écoute et la répétition de comptines, d'histoires issues d'albums connus traduits en français, et dans d'autres langues pour développer la compréhension. Les activités langagières s'insèrent toujours dans des actions qui alternent dans les unités : raconter et dire des comptines, chanter et danser, jouer et fabriquer des objets. La tête, le cœur et les mains sont en action pour engager l'enfant dans un apprentissage global. On aborde la langue étrangère en mettant l'accent sur le plaisir, afin de créer une atmosphère détendue dans laquelle les enfants se sentent en confiance et en sécurité.

Éclairage

Tom et Lilou

Annie est germanophone. Elle a introduit dans sa classe de Moyenne Section, l'usage de 2 marionnettes, Tom et Lilou, qui habitent en Allemagne et viennent rendre visite une fois par semaine à ses élèves. Leur arrivée dans la classe est très ritualisée : ils partent de leur pays, situé sur une carte géographique, et prennent l'avion. Lorsqu'ils atterrissent en France, ils se rendent dans la classe d'Annie et reprennent contact avec les enfants. Mais Tom et Lilou ne comprennent que l'allemand, ils s'adressent donc aux enfants uniquement dans cette langue. Les enfants sont incités à reproduire des séquences syntaxiques précises : *Wer bist du ? – Ich bin Léa…* Ils apprennent des comptines et des jeux de doigts ; ils adorent faire des rondes avec les marionnettes :

– *Tschu Tschu Tschu* (Tchou Tchou Tchou)
– *Die Eisenbahn !* (Le train !)
– *Wer will mit nach München fahr'n ?* (Qui veut aller avec moi à Munich ?)
– *Alleine fahren mag ich nicht,* (Je n'aime pas voyager seul,)
– *Da nehme ich den Julian mit !* (Alors j'emmène Julien !)
– *Komm, komm, Julian !* (Viens, viens, Julien !)

> **« Celui qui ne sait aucune langue étrangère ne sait pas sa propre langue. »**
> Goethe, *Maximes et réflexions*, 1833

→ Culture / Langue orale / Plurilinguisme

Pour aller plus loin

- www.education.gouv.fr/cid206/les-langues-vivantes-etrangeres.html
- www.goethe.de/ges/spa/prj/sog/muk/fr4714712.htm

Lexique

À l'origine, le lexique est un dictionnaire. Le mot désigne, par extension de sens, l'ensemble des mots de la langue. En pédagogie, le terme de vocabulaire est souvent employé à la place du mot lexique. Le vocabulaire a un sens plus restreint et désigne l'usage des mots dont un enfant dispose.

Contexte

L'importance de l'apprentissage du lexique

En linguistique, on distingue le lexique, ensemble des mots d'une langue, et le vocabulaire qui est l'ensemble des termes que l'enfant est en mesure de comprendre (vocabulaire passif) et ceux qu'il est capable de réutiliser dans un discours construit (vocabulaire actif). On parle du "vocabulaire de l'enfant" et de "l'apprentissage du vocabulaire" qui se rapportent à l'acquisition du lexique.

Le lexique est un ensemble ouvert puisque la langue vit: apparition et disparition constante de mots, création de nouveaux termes (néologismes) en fonction des besoins, emprunts constants aux autres langues. Le lexique doit être enseigné explicitement dans des situations d'échanges langagiers, et des tâches langagières déterminées par les tâches liées au domaine d'apprentissage. La compréhension et l'utilisation d'un lexique adapté renvoient à l'acquisition de connaissances. Les élèves explorent le langage comme un outil de pensée. Pour l'enseignant, le contrat didactique est clair, il s'agit de nommer, faire nommer, décrire, expliquer, relater les actions, les événements vécus avec le vocabulaire qui convient pour comprendre. La mise en forme de la pensée aide les enfants à comprendre et apprendre.

Programmer un enseignement

Pour le jeune enfant, acquérir des mots, c'est mettre en correspondance des unités de langage avec des objets, des personnes, des actions, des propriétés ou des qualités, l'expression de relations spatiales, temporelles ou logiques. L'acquisition du lexique est essentielle dans l'apprentissage de la langue et l'accès progressif à la maîtrise de la langue française. Elle est prédictive de la compréhension en lecture quand l'enfant découvre le texte en lecture silencieuse; le pourcentage de mots compris, y compris dans le contexte, est dépendant des connaissances lexicales du lecteur. L'acquisition se fait à travers un enseignement structuré, des situations de communication qui permettent aux enfants de comprendre en situation, en lien avec un lexique riche et précis. Chaque élève doit être incité à réutiliser lui-même ce vocabulaire dans des activités scolaires organisées. L'acquisition est facilitée par la fréquence des mots; tous les mots du français fondamental doivent être connus par les élèves.

La posture de l'enseignant

Toute séance d'enseignement doit comporter un objectif lexical et syntaxique. Plusieurs principes pédagogiques sont à prendre en compte: réutiliser et rebrasser le lexique des situations de langage,

2 500

C'est le nombre de mots (noms, verbes et adjectifs) que doit comprendre et utiliser un enfant de Grande Section. Il est de 750 en Petite Section et 1 500 en Moyenne Section.

Repères pour organiser la progressivité		
Petite Section	**Moyenne Section**	**Grande Section**
Comprendre, acquérir et utiliser un vocabulaire pertinent (noms et verbes en particulier; quelques adjectifs en relation avec les couleurs, les formes et grandeurs) concernant: - les actes du quotidien (hygiène, habillage, collation, repas, repos); - les activités de la classe (locaux, matériel, matériaux, actions, productions); - ses relations avec les autres, les salutations (bonjour, au revoir), courtoisie (s'il vous plaît, merci).	Comprendre, acquérir et utiliser un vocabulaire pertinent (noms, verbes, adjectifs, adverbes, comparatifs) concernant:*f* - les actes du quotidien, les activités scolaires, les relations avec les autres (salutations, courtoisie, excuses); - les récits personnels, le rappel des histoires entendues (caractérisation des personnages, localisation, enchaînement logique et chronologique).	Comprendre, acquérir et utiliser un vocabulaire pertinent (noms, verbes, adjectifs, adverbes, comparatifs), concernant: les actes du quotidien et les relations avec les autres; les activités et savoirs scolaires et en particulier l'univers de l'écrit; les récits personnels et le rappel des histoires entendues (caractérisation des personnages, relations entre eux, enchaînement logique et chronologique, relations spatiales); l'expression des sentiments ou émotions ressentis personnellement, ou prêtés aux autres et aux personnages d'histoires connues.

(Source: Eduscol)

dans des contextes variés, en utilisant des supports de remise en mémoire tels que dessins, photos, schémas, affichages. L'enseignant doit maîtriser une parole magistrale et un "parler professionnel" de grande qualité au niveau de l'articulation, du rythme d'énonciation, des reformulations, des étayages et des échos, des modes de questionnement. Il doit utiliser un langage explicite se rapprochant de l'écrit. Il conçoit et propose des situations pédagogiques et des modes de regroupement qui vont aider les enfants plus en retrait à entendre et oser utiliser le lexique travaillé. Son enseignement est planifié et adapté aux besoins individuels. Il met en place des petits groupes d'étayage pour aider les enfants en difficulté.

Éclairage

Réinvestir des mots appris dans le coin "marchande"

L'enseignant demande aux élèves de découper dans des prospectus publicitaires des aliments qui appartiennent à une ou deux catégories d'aliments mis en rayons dans le coin "marchande": les fruits, les légumes, les poissons et coquillages, la boulangerie et pâtisserie. Chaque aliment est reconnu et nommé, collé sur l'affiche avec le code-couleur qui correspond à sa catégorie: les croissants découpés sont collés sur l'affiche boulangerie-pâtisserie, etc. Les photographies prises lors de la visite au marché aident à la catégorisation. Les élèves réalisent un jeu de loto avec les images des aliments. La mise en jeu permet le rebrassage du vocabulaire. ■

> **“L'objectif essentiel de l'école maternelle est l'acquisition d'un langage oral, riche, organisé et compréhensible par l'autre.”**
> BO Hors série n° 3 du 19 janvier 2008

→ **Développer son langage / Langage oral / Mémoriser**

Pour aller plus loin

- Micheline Cellier, *Guide pour enseigner le vocabulaire à l'école primaire*, Retz, 2008.
- http://eduscol.education.fr/cid52525/vocabulaire-ecole-maternelle.html
- http://media.eduscol.education.fr/file/vocabulaire_maternelle/04/4/Ecole_Ressources_VocabEcoleMaternelle_SituationsLangagieres_153044.pdf

Lire

Lire à l'école maternelle regroupe un ensemble d'activités et de situations dans lesquelles l'enfant va à la fois s'initier au monde de l'écrit, acquérir une première culture littéraire, développer un comportement de lecteur, découvrir le principe alphabétique et prendre conscience des réalités sonores de la langue.

Contexte

L'évolution de la lecture à l'école maternelle

Les deux activités, lire et écrire, sont présentes dès les premiers programmes de l'école maternelle et se poursuivent aujourd'hui dans le dernier programme en référence aux recherches les plus récentes, en particulier celles issues des sciences cognitives. Si lire, au début du XXe siècle, c'est apprendre à déchiffrer, différents courants pour envisager l'entrée dans la lecture ont fait évoluer cet apprentissage. Les textes de 1977 et de 1986 orientent l'entrée dans l'écrit vers des pratiques culturelles. Son rôle déterminant dans la réussite scolaire est identifié, il s'agit de compenser les écarts entre enfants. L'objet-livre, à travers l'apparition des bibliothèques de classe, contribue à donner aux enfants le goût de lire. Lire, c'est d'abord avoir envie de lire et adopter un comportement de lecteur, face à des supports diversifiés. Les premiers programmes de 1995 installent des pratiques autour de la compréhension ainsi que des activités de production de texte à l'oral en dictée à l'adulte. Donner du sens à l'écrit est une priorité : lire, c'est comprendre. Progressivement, la préparation à la lecture met l'accent sur la connaissance du principe alphabétique et la découverte des réalités sonores de la langue, conditions mises en évidence dans les programmes de 2002 et de 2008. Si l'apprentissage systématique de la lecture reste réservé au cycle des apprentissages fondamentaux, les pratiques sont plus formalisées : on passe d'une approche de sensibilisation à une vision didactique de l'acte de lire.

En 2015 : écrire avant de lire

En 2015, dans le domaine prioritaire “Mobiliser le langage dans toutes ses dimensions”, l'écrit rassemble deux activités associées : lire et écrire. Pour construire chez l'enfant l'objet “écrit”, la progressivité de l'enseignement nécessite de commencer par l'écriture *“parce que l'enfant a besoin de comprendre comment se fait la transformation d'une parole en écrit”*. Écrire avant de lire est la démarche prescrite dans ce programme.

Une première condition pour pouvoir lire et écrire est l'acquisition de la conscience phonologique. L'enfant devra se détacher du sens des mots pour s'intéresser aux syllabes et aux phonèmes. Les jeux phoniques tels que les frappés de syllabes pour apprendre à les repérer dans un mot, puis les manipulations de syllabes à l'intérieur d'un mot, aident à prendre conscience des unités sonores non signifiantes de la langue.

La découverte du principe alphabétique est la seconde condition qui permet de comprendre que l'écrit code en grande partie les sonorités de la langue, et non le sens. Les enfants apprennent qu'il y a des relations entre les lettres et les sons, découverte qui rend possible les premières écritures autonomes, en Grande Section.

La lecture des ouvrages de littérature enfantine reste une pratique majeure du

7 %

C'est le pourcentage de la population française en situation d'illettrisme (ANLCI).

Objectifs et attendus de fin de cycle du programme 2015	
Les objectifs	**Les attendus**
Commencer à réfléchir sur la langue et acquérir une conscience phonologique	- Repérer des régularités dans la langue à l'oral en français (éventuellement dans une autre langue). - Manipuler des syllabes. - Discriminer des sons (syllabes, sons-voyelles ; quelques sons-consonnes hors des consonnes occlusives).
Écouter de l'écrit et comprendre	Comprendre des textes écrits sans autre aide que le langage entendu.
Découvrir la fonction de l'écrit	Manifester de la curiosité par rapport à l'écrit. Pouvoir redire les mots d'une phrase écrite après sa lecture par l'adulte, les mots du titre connu d'un livre ou d'un texte.
Découvrir le principe alphabétique	Reconnaître les lettres de l'alphabet et connaître les correspondances entre les trois manières de les écrire : cursive, script, capitales d'imprimerie.

domaine de l'écrit. L'enseignant crée les conditions pour que l'enfant puisse comparer (c'est comme, c'est pareil que, c'est le même personnage), se construire des images mentales, relier des événements dans des récits différents, adopter les points de vue des personnages et les comprendre. Comprendre la fonction de l'écrit à travers des supports diversifiés tels que des fiches techniques ou de recettes, des imagiers, des tablettes **numériques** ou des écrans, aide l'enfant à prendre des indices en même temps qu'il développe un comportement de lecteur. L'activité de lecture est à la fois une activité de compréhension qui peut donc être travaillée et abordée avant de savoir lire (abordée en dehors de l'activité même de lecture), et une activité de traitement des mots écrits.

Éclairage

Lire/écrire une recette

L'enseignant de Grande Section propose à un petit groupe d'enfants de rédiger une recette qu'on transmettra à un autre groupe qui réalisera le gâteau. Ce travail s'inscrit dans l'objectif "Comprendre la fonction de l'écrit : lire pour faire". Les enfants sont invités à écrire la liste des ingrédients ; ils vont à la recherche des mots dans les référentiels de la classe (**affichages**, classeur de recettes illustrées, imagiers). Les mots sont soit écrits, soit identifiés sur des étiquettes-mots parmi lesquelles se sont glissés des intrus, puis collés sur une affiche. La validation se fait grâce aux emballages des aliments réels qui sont répertoriés dans le classeur de recettes et au **coin**-cuisine. La recette est transmise au second **groupe** qui doit la lire pour réaliser le gâteau. La lecture de mots se fait par comparaison : "Ça commence comme, ça ressemble à, je connais telle lettre". ■

> **« Quand l'enfant est en situation d'émetteur, pour pouvoir exprimer sa pensée par écrit, il est conduit à s'approprier le langage écrit dans toutes ses dimensions : plan des idées, phrases successives énoncées dans un oral lettré (pour être écrites), segmentation de celles-ci en groupes de mots et en mots et de ceux-ci en morphèmes et syllabes, formation des lettres… Rien de tel pour apprendre à bien lire que d'écrire beaucoup ! »**
> André Ouzoulias, *Démocratiser l'enseignement de la lecture-écriture*, Le Café pédagogique, 2013

→ Écrire / Lexique / Littérature enfantine

Pour aller plus loin

- Stanislas Dehaene, *Les neurones de la lecture*, Odile Jacob, 2007.

Littérature enfantine

La littérature enfantine est constituée d'un fond d'histoires, de textes, d'albums, enrichi par la production éditoriale contemporaine. En mettant à la disposition des enfants ces textes littéraires, l'école maternelle permet une entrée dans la culture écrite et prépare l'entrée dans la lecture.

Contexte

Raconter, lire et comprendre les récits

L'introduction d'une culture littéraire dès l'école maternelle est explicite à partir des programmes de 2002, qui publient une liste d'ouvrages. Le travail sur la littérature enfantine est organisé selon deux entrées. La première s'appuie sur des pratiques orales de transmission (conter, raconter, théâtraliser, mettre en scène…). La seconde s'appuie sur des pratiques régulières de lecture pour faire entrer les enfants dans la langue des récits et des images. L'entrée dans le récit se fait avec des histoires lues dans des albums, des récits qui relèvent de formes plus classiques, des contes dont la structure plus élaborée est canonique. Selon l'imaginaire et l'expérience singulière des enfants, la diversité des œuvres permet d'installer une progressivité dans les apprentissages : écouter une histoire racontée ou lue, la raconter à son tour avec le support de marionnettes ou d'images, puis comprendre les événements et ce qui motive l'action des personnages. Le débat à l'issue de la lecture permet de repérer et d'apprécier les effets de langue ou de langage, de repérer les interactions entre le texte et l'image.

La bibliothèque de classe

L'espace-livres de la classe met à la disposition des enfants les ouvrages découverts en lecture collective. Des textes documentaires, des revues pour enfants apportent des textes diversifiés en lien avec les thèmes des activités de la classe. Ce coin est installé confortablement pour permettre des consultations et des lectures plus personnelles, ainsi que des échanges entre enfants. À l'heure du tout numérique, il s'agit aussi de familiariser tous les enfants avec la matérialité du livre, la diversité de l'objet-livre, de feuilleter, découvrir, choisir.

L'accès à l'imaginaire

L'imaginaire que portent les textes soutient la capacité à symboliser et à penser. Augmenter la capacité d'imaginer des enfants est donc primordial pour la construction de leur personnalité et pour la connaissance du monde. La langue du récit introduit une nouvelle dimension au temps. Par les structures syntaxiques et les formules, l'enfant découvre que le texte entendu est un texte à écouter, qui n'invite pas à l'action mais met en mouvement la pensée. La pensée des textes rejoint celle du lecteur. L'enfant peut s'identifier à tel ou tel personnage, dans un processus d'élaboration secondaire : la tristesse du petit canard qu'on dit vilain, Alice à travers le miroir, Max face aux monstres…

Lecture et interprétations

Les illustrations, avec leurs codes et leurs effets, participent au travail d'élaboration du sens. La relation texte/image peut créer des effets de redondance, de complémentarité, de juxtaposition, de divergence, des récits

250

C'est le nombre d'ouvrages pour entrer dans une première culture littéraire sélectionnés dans la liste officielle maternelle.

parallèles… L'image instaure un jeu avec le texte en le faisant en quelque sorte résonner. Les jeux du texte et de l'image autorisent de multiples parcours de lecture. Dans les albums pour enfants, on trouve toutes les situations possibles et imaginables (séparations, maisons hantées, angoisses nocturnes et diurnes, voyages, conflits), qui soulèvent chez le lecteur quantité d'émotions et de représentations. L'enseignant aide les élèves à percevoir les liens. Il les aide à comprendre ce qui résiste à une interprétation immédiate, à lever les ambiguïtés du texte et à confronter les interprétations divergentes qu'il peut susciter.

Lectures en réseau

Le réseau littéraire est défini comme un ensemble ouvert de textes que l'on peut rapprocher, comparer selon un angle de lecture qui souligne les analogies, les parentés, les emprunts, les variations, les oppositions, les écarts. Les liens s'établissent par les personnages, les thèmes traités, la place de l'œuvre dans la production d'un auteur. Les parcours de lecture sont définis à partir d'une programmation sur l'année, si possible sur les trois années de maternelle. L'enseignant peut composer un parcours pour faire apprécier les multiples facettes d'un personnage. Il peut faire des approches comparatives de différentes versions d'une même histoire, avec des affichages de couvertures, des dessins de personnages. On peut établir des comparaisons entre le(s) livre(s) et les dessins animés (lieux, trame du récit, décors et costumes, représentation physique des personnages, etc.).

Éclairage

Comment lire une histoire

Depuis le début de l'année scolaire, l'enseignant propose un signal d'entrée dans l'histoire, une formulette. Le rituel ainsi mis en place aide les élèves à se préparer à l'écoute. Les enfants sont confortablement installés autour de l'enseignant, ce qui favorise la concentration, l'écoute et le plaisir de participer aux échanges. Avant la mise en voix, l'enseignant mobilise l'attention de tous, il suscite l'univers de références dans lequel le récit va s'intégrer : "L'histoire que je vais vous lire se passe en Chine, que savez-vous de la Chine ?" L'enseignant crée ainsi un horizon d'attentes pour stimuler la curiosité. Il décide de raconter avant de lire : il peut ainsi alterner les tournures de l'oral et celles de l'écrit, fait varier le rythme du récit, ainsi que des éléments de vocabulaire ou de syntaxe, ce qui rend le récit plus compréhensible. Puis il lit l'histoire. Il peut alors faire repérer par les élèves les différences entre l'histoire racontée et l'histoire lue. ■

> **“Si la littérature ancienne et moderne disparaît de l'enseignement offert à tous, elle survivra comme un rare privilège et une supériorité sociale dans les familles les plus aisées. Un privilège, parce que seuls les jeunes gens les plus favorisés auront le plaisir et le surplus d'être que l'on peut tirer de la culture littéraire.”**
> Daniel Zimmermann, "C'est la littérature qu'on assassine", Le Monde, 4 mars 2000

→ **Culture / Développer son langage / Éducation à l'image / Lire**

Pour aller plus loin

- Rolande Causse, *Qui a lu petit lira grand*, Plon, 2000.
- http://eduscol.education.fr/cid73204/selection-pour-une-premiere-culture-litteraire-a-l-ecole-maternelle.html
- http://cndp.fr/crdp-paris/Litterature-jeunesse-en-maternelle

Manipuler

Manipuler, c'est agir sur des objets, les soumettre à différentes actions. L'activité des mains est guidée par un raisonnement, une pensée qui organise l'action. Cela implique que les objets soient adaptés à la taille de l'enfant mais aussi que ses gestes soient guidés par une volonté précise.

Contexte

L'action des mains est première

Le Rapport de l'IGEN sur l'école maternelle publié en 2011 indique: "*Avec de jeunes enfants, s'il n'y a pas un ancrage dans la manipulation, dans la progressive symbolisation à partir de l'observation, de la manipulation ou du « vécu », il y a de fortes chances que l'on aboutisse non pas à une formalisation de l'expérience (les mots prenant sens à partir de l'expérience) mais à un formalisme dénué de sens pour les enfants et qui ne laissera ni trace ni structure en mémoire.*" Chez le jeune enfant, tout apprentissage part de l'expérience du corps, du geste. Pour Comenius, l'éducation minutieuse des sens est primordiale, J. H. Pestalozzi trace les liens entre les trois pôles tête-cœur-main, O. Decroly prône la prise en compte du corps global, M. Montessori à travers son éducation des sens donne le primat aux exercices d'activités motrices et manuelles. La pédagogie de la manipulation part du principe que l'enfant pour se développer doit agir et produire, la main est le professeur principal de l'enfant. Elle est reliée au cerveau et au service de l'intelligence. Pour apprendre, il faut de la concentration, et la meilleure façon pour un enfant de se concentrer et de fixer son attention sur une tâche est de l'accomplir avec ses mains.

De la manipulation à la conceptualisation

Jerome Bruner insiste sur le fait que chaque enfant possède trois systèmes pour coder l'information, le mode sensorimoteur, le mode visuel et le mode symbolique. Pour accéder au mode symbolique, l'enfant doit passer par les étapes sensorimotrices et visuelles. La démarche d'appropriation se fait à partir de la manipulation, expérimentation, démonstration, observations verbalisées, représentation, schématisation, écriture... Le jeune enfant s'appuie essentiellement sur l'expérience de ses cinq sens. Pour lui, connaître, c'est d'abord agir. L'apprentissage psychomoteur se fait dans l'action et dans la représentation sensorimotrice qu'en construit le corps. Le passage vers le mode cognitif consiste à se représenter quelque chose sans l'avoir sous les yeux. L'action est transformée en image mentale.

Les ateliers de manipulation individuels

Dans la pédagogie Montessori, la manipulation est fondamentale pour l'enfant car elle répond à son besoin de sensorialité. Elle canalise et concentre son attention sur ce qui constitue l'essentiel de l'apprentissage, à travers ce qui est fait, ce qui lui permet de comprendre et élaborer des concepts. Elle offre la possibilité de nombreuses tentatives et tâtonnements. Il peut faire et refaire et s'exercer. Elle est une occasion de dépasser les essais/erreurs car elle ne laisse pas de traces. Grâce à un apprentissage multisensoriel, l'enfant peut communiquer sur son canal sensoriel privilégié. Maria Montessori classe les activités des ateliers en trois types: la vie pratique (les mains, le pôle moteur), la vie sensorielle (les sens, le pôle kinesthésique), la vie intellectuelle (le cerveau, le pôle cognitif).

Exemples de manipulations en classe		
		Verbes d'action
Manipuler	Matières, matériel, jeux, objets techniques Adaptation des gestes aux contraintes Stratégies	Transvaser, mélanger, trier, manipuler des solides et des liquides variés Manipuler et agir avec des objets : outils pour écrire, objets flexibles et élastiques, ressorts, aimants, loupes, lampes, pinces, objets à vis, à leviers, démontables, systèmes de fermeture, enrouleurs, engrenages… Faire rouler ou glisser tout type d'objets sur différents plans, pentes, secs ou enduits de liquides… Manipuler des images ou des sons avec des instruments, des outils numériques… Manipuler des matières pour donner forme, modelage, sculpture avec bandes plâtrées…

Dans la classe maternelle, les ateliers permettent de mettre en œuvre les activités du langage écrit, de mathématiques, de motricité fine… Les ateliers vont s'enrichir au fil des mois, en fonction des besoins des enfants. Les enseignants instaurent un protocole d'utilisation du matériel, dont les règles garantissent le bon fonctionnement de la classe : choisir un tiroir dans le meuble, s'installer sans déranger ses voisins, manipuler en silence, ranger le matériel comme on l'a trouvé (dévissé, délacé.), nettoyer son espace d'activité (éponger, balayer…), ne prendre un tiroir que quand il a été reposé dans le meuble. La mise en place du dispositif se fait sur plusieurs séances, chaque atelier est expliqué aux enfants au préalable en collectif.

Éclairage

La manipulation des aimants

Au cours d'une manipulation libre dans l'espace "objets techniques", un enfant découvre qu'un aimant fait bouger une petite voiture en métal, même à distance. Il fait part de sa découverte avec fierté à l'enseignant "Regarde ce que je sais faire". Un enfant du groupe essaie, mais échoue parce que l'aimant qu'il a en main n'est pas suffisamment puissant. Puis par ajustements, il se rapproche de la voiture et s'aperçoit qu'il réussit à la faire bouger un peu. L'enseignant questionne l'enfant : "Et si tu essayais avec d'autres objets ?" Il réussit à faire bouger un trombone, une règle en métal mais pas une petite éponge. Avec les objets et les aimants de la table, le groupe manipule, observe, verbalise. L'enseignant apporte d'autres objets, métalliques, non métalliques, de calibres différents et des aimants au milieu du groupe. Les manipulations qui aboutissent à de la mise en mouvement sont photographiées. Une affiche est réalisée par le groupe avec l'aide de l'enseignant. ■

> **« On oublie (à l'école) que l'intelligence est essentiellement la faculté de manipuler la matière, qu'elle commença du moins ainsi, que telle était l'intention de la nature. Comment alors l'intelligence ne profiterait-elle pas de l'éducation de la main ? […] Adressons-nous à un vrai maître, pour qu'il perfectionne le toucher de l'enfant au point d'en faire un tact : l'intelligence remontera de la main à la tête. »**
> Henri Bergson, La pensée et le mouvant, PUF, 1969

→ Ateliers / Développement /
→ Jouer pour apprendre / Montessori / Situation d'apprentissage

Pour aller plus loin

- Catherine Berdonneau, *Mathématiques actives pour les tout-petits*, Hachette
- Murielle Lefebvre, La pédagogie Montessori illustrée, Alban éditions, 2012

Marionnettes

La marionnette à l'école maternelle est un personnage à animer qui fait partie des objets médiateurs de langage. L'enseignant, l'enfant peuvent lui prêter leur voix en l'animant ; elle est support de communication et embrayeur de récit.

Contexte

Une poupée qui joue

La marionnette, étymologiquement "Petite Marie", est une poupée qui joue. Elle est présente ailleurs, dans de nombreuses cultures. Dans les sociétés primitives, il lui était attribué des pouvoirs magiques. Guignol était le porte-parole des canuts, les ouvriers de la soie lyonnais. Comme objet-intermédiaire, elle permet des moments de langage avec le groupe classe, dans un lieu où la communication peut être artificielle. Le plaisir de communiquer n'est pas que verbal, le temps de jeu de la marionnette est un plaisir, perçu comme un cadeau. Le personnage habité fonctionne comme un double du maître, mi-poupée, mi-enseignant. Il peut se permettre des choses que les enfants ne feraient pas avec l'adulte : parler sans timidité, invectiver, contester, affectionner et agresser. Elle introduit un jeu à la frontière entre le réel et le faire-semblant, l'imaginaire, le fictif.

Des formes diverses

La gamme des marionnettes est assez large. En classe, on trouve essentiellement la marionnette dans des versions simples, représentant souvent des animaux, la marionnette à gaine enfilée et animée par la main, la marionnette avec tête et bras mobiles (modèle Guignol), la marionnette sur tige présentée par l'enfant ou dans un castelet avec décor pour une mise en spectacle. Les marionnettes au doigt servent de support pour raconter des histoires en donnant la parole aux personnages. Les personnages en carton articulés avec des attaches parisiennes peuvent être présentés en ombre chinoise pour raconter une histoire.

La mascotte

Une mascotte de classe, comme Tchoupi, occupe une place particulière par rapport aux autres marionnettes, en raison des liens affectifs qu'elle tisse avec les enfants. Par une présence complice, elle est un peu le "double" de l'enfant, elle est vite adoptée. Son utilisation s'inscrit dans les jeux de faire semblant et les jeux de rôle. Chez les plus grands, elle peut devenir le témoin de la vie de la classe, être consultée, conseiller… C'est un objet fédérateur qui donne une identité à la classe, elle crée un "nous". On peut fabriquer une mascotte qui représente la classe, l'important est de lui trouver une identité (féminine, masculine, animal humanisé). Elle doit avoir un nom et une personnalité qu'elle aura l'occasion d'exprimer.

Des objectifs langagiers

La marionnette qu'on fait parler étaye les compétences langagières dans des situations ludiques de communication. Elle permet de :

1808

C'est l'année où a été créée la marionnette Guignol à Lyon par un ouvrier de la soie, Laurent Mourguet. Le personnage de Gnafron apparaît à la même époque. Le terme désigne par métonymie le théâtre de marionnettes comique dont Guignol est le personnage principal.

- Instaurer la communication par le développement des capacités d'écoute et de prise de parole selon le thème des échanges.
- Développer les capacités à énoncer et à communiquer telles qu'énumérer, raconter, décrire, expliquer, informer, questionner, interpeller…
- Structurer le langage en favorisant l'enrichissement du lexique selon la situation, de la syntaxe, en variant par le jeu la forme des phrases et l'emploi des temps.

Le jeu des marionnettes pour comprendre un récit

La mise en scène des personnages d'une histoire lue soutient la compréhension de celle-ci. L'album est découvert par une lecture des premières pages. L'enseignant s'arrête de lire pour présenter un ou plusieurs personnages successivement. Le groupe commente et propose des interprétations de ce qui vient d'être découvert. Après la lecture, les enfants animent des marionnettes au doigt, ils font agir et parler les personnages. Ils rejouent l'histoire en faisant jouer chacune des marionnettes, en modulant la voix. Ils rejouent l'histoire selon leur point de vue. L'enseignant reprend la lecture de l'album, sans les marionnettes, en montrant les images au fur et à mesure de la lecture. Il engage un débat d'interprétation. Il fait reprendre l'histoire avec les marionnettes, par étapes, en demandant aux élèves de retrouver les dialogues des personnages.

Éclairage

La marionnette Mélanie

La marionnette Mélanie se présente à la classe. Elle demande aux enfants de se présenter à leur tour avec leur prénom : "Bonjour Mélanie, je m'appelle…" Après une semaine, elle croit connaître les prénoms, mais elle dit qu'elle est un peu amnésique et demande aux enfants de rectifier ses erreurs dans les prénoms. Elle ne sait pas où elle va dormir dans la classe, elle interroge les enfants qui proposent de fabriquer sa maison. Un rituel de réveil par une chanson douce tous les matins est mis en place ; Mélanie apprend à la classe les paroles sur un air connu. Un matin, elle apporte une surprise, une valise remplie de vêtements qu'elle va laisser dans le coin-jeu "chambre des poupées". Ils sont décrits, nommés, ils correspondent aux différentes saisons. Après une séance en salle de motricité, Mélanie, restée toute seule dans la classe, explique qu'elle s'est ennuyée. Elle demande aux élèves de raconter ce qu'ils ont fait. De nombreux scénarios de ce type permettent d'alterner la manipulation par l'enseignant et par des élèves. ■

> « Le plaisir de communiquer au départ n'est pas verbal. Les premiers jeux comme avec la marionnette donnent lieu à des communications, plus tard viendra le langage. »
> Jerome Bruner, *Comment les enfants apprennent à parler*, Retz, 2002

→ Développer son langage / Jouer pour apprendre / Langage oral / Manipuler

Pour aller plus loin

- Catherine Chomicki, *Une mascotte pour quoi faire ?*, Magnard, 2000.
- Jeanine Joubert, *Les marionnettes et l'enfant*, Nathan, 1978.
- http://lea.nathan.fr/communaute-pedagogique/deux-nouvelles-declinaisons-du-jeu-garage-marionnettes
- http://materalbum.free.fr/mascotte.htm

Maternelle

L'école maternelle est la première étape du parcours au primaire. Elle accueille les enfants dès l'âge de trois ans, voire dès deux ans, quand les parents font la demande d'inscription. Elle compte généralement trois années distribuées en PS (Petite Section), MS (Moyenne Section) et GS (Grande Section). Elle n'est pas obligatoire, au sens de l'obligation légale d'instruction.

Contexte

Une particularité française

L'école maternelle est une création originale du système éducatif français. Elle est le lieu de la première éducation hors de la famille. Elle n'est pas une garderie ni un jardin d'enfants, mais une école au plein sens du terme. Elle a vocation à éduquer, à socialiser et à construire des apprentissages premiers pour les enfants de 3 à 6 ans, en leur donnant les moyens de "devenir grands". Non obligatoire, elle fait l'objet d'une forte demande: près de 100 % des enfants de trois ans la fréquentent, en majorité dans l'enseignement public. Elle est perçue comme un milieu favorable à l'épanouissement de l'enfant, mais aussi comme l'étape indispensable à la réussite scolaire.

Les héritages

L'accueil des très jeunes enfants a été d'abord en France une œuvre de charité de l'église. Au début du XIXe siècle, des "écoles à tricoter", puis des "salles d'asile" accueillaient les enfants des deux sexes âgés de 2 à 7 ans issus des familles pauvres. Le programme d'enseignement mis en place à partir de 1833 fait acquérir aux enfants des habitudes d'ordre, de propreté, les prépare "à une vie honnête, décente et chrétienne."
À partir des années 1880, les écoles maternelles sont reconnues et intégrées à l'enseignement primaire. Les premières inspectrices générales, Marie Pape-Carpantier et Pauline Kergomard, lui donnent une orientation éducative pour la distinguer de l'école élémentaire. La vulgarisation de théories psychologiques sur le développement du jeune enfant à partir des années 1960 introduit l'idée que "tout se joue avant six ans".

Le cadre officiel

L'article L. 113-1 du Code de l'éducation, modifié par la loi de refondation de l'École du 8 juillet 2013, définit le droit pour tout enfant d'être accueilli à l'âge de 3 ans, voire dès l'âge de 2 ans, dans une école maternelle ou une classe enfantine si sa famille en fait la demande. C'est le maire de la commune qui inscrit, la directrice/le directeur procède à l'admission de l'élève. L'accueil des 2 ans est conditionné par les capacités d'accueil et fait l'objet de politiques prioritaires.
Les locaux des écoles appartiennent aux communes. Elles ont la charge de leur entretien et recrutent les agents spécialisés (ATSEM) qui assistent les professeurs des écoles pour les tâches matérielles et la mission éducative de l'école.

Une école originale

Les programmes de 2008 énonçaient: *"Le cycle des apprentissages fondamentaux commence au cours de la Grande Section de l'école maternelle et, à ce niveau, lui emprunte sa pédagogie. Il se poursuit dans les deux premières années de l'école élémentaire, au Cours Préparatoire et au Cours Élémentaire 1re année."* La loi de refondation de l'École du 8 juillet 2013 fait de l'école maternelle un cycle à part entière qui s'étale sur 3 ans:

Les domaines d'apprentissage 2008-2015	
2008 : 6 domaines d'activité	**2015 : 5 domaines pour apprendre***
1. S'approprier le langage 2. Découvrir l'écrit 3. Devenir élève 4. Agir et s'exprimer avec son corps 5. Découvrir le monde 6. Percevoir, sentir, imaginer, créer	1. Mobiliser le langage dans toutes ses dimensions : oral, écrit 2. Agir, s'exprimer, comprendre à travers l'activité physique 3. Agir, s'exprimer, comprendre à travers les activités artistiques 4. Construire les premiers outils pour structurer sa pensée 5. Explorer le monde

* Apprendre ensemble et vivre ensemble est présenté comme une des modalités importantes de la vie, qui génère des apprentissages.

Petite, Moyenne et Grande Sections (art. D. 311-10, décret 2012-682 du 24 juillet 2013). Elle est dotée d'un nouveau programme fixé par l'arrêté du 18 février 2015 (voir tableau). Elle dispose d'une identité spécifique et d'une culture adaptée au jeune âge des enfants. Les enseignants installent un cadre de vie et proposent des activités qui permettent aux enfants de grandir et d'apprendre dans un univers culturel stimulant. Le plus souvent aidés par un ATSEM, les professeurs des écoles apportent un soin particulier à l'installation du milieu scolaire et à la prise en compte des besoins et des rythmes des enfants, dans le cadre de la réforme des rythmes scolaires. Centrée sur l'enfant, l'école maternelle fait une place aux parents. Elle explique, fait comprendre et justifie ses choix. Elle donne à voir et à comprendre ses façons de faire. Elle rend compte des progrès ou des problèmes passagers rencontrés par l'enfant. La loi de refondation promeut cette "coéducation" qui se concrétise par "une participation accrue des parents à l'action éducative".

Éclairage

La pédagogie du jeu

Le jeu est un mode privilégié du rapport de l'enfant au monde. Il lui permet de vivre de multiples expériences sensorielles, motrices, affectives, intellectuelles tout à fait essentielles. Il occupe une place officielle dans le programme au paragraphe "Apprendre en jouant". Il alimente tous les domaines d'apprentissage. Il permet l'exercice de l'autonomie, l'action sur le réel, l'élaboration de fictions, le développement de l'imaginaire, la communication avec les autres. Il permet aux enfants de se construire au sein d'une communauté. Diverses formes de jeux sont citées : les jeux symboliques, les jeux d'exploration, les jeux de construction et de manipulation, les jeux collectifs et les jeux de société… Le rôle de l'enseignant est de donner du temps suffisant pour que s'installent des activités de jeu et les apprentissages qui y sont réalisés. ■

> **« L'école maternelle n'est pas une école, c'est un établissement où l'enfant doit s'épanouir en santé physique et en santé morale, en force, en grâce, en intelligence, en esprit de conduite. »**
> Pauline Kergomard, 1886

→ Accueil / Jeu / Petite enfance / Programmes / Socialisation

Pour aller plus loin

- Ève Leleu-Galland, *L'école maternelle, quels piliers pour la refondation ?*, Canopé, 2015.
- www.education.gouv.fr/cid33/la-presentation-des-programmes-a-l-ecole-maternelle.html

Mémoriser

Mémoriser, c'est utiliser les fonctions de stockage de la mémoire pour conserver des informations nécessaires au raisonnement et à la compréhension. La mise en mémoire de textes, chansons, comptines à l'école maternelle permet aux enfants de disposer de structures de langue et a améliorer leur langage.

Contexte

Développer les capacités à mémoriser

La mémoire est souvent représentée comme une sorte de gratte-ciel où chaque étage est un module pour organiser des informations. Elle est essentielle dans tout processus d'apprentissage. Le programme de maternelle 2015 fait de la mémorisation une des quatre modalités pour faire apprendre. La question de ce que vont retenir les élèves est essentielle pour les enseignants. Ils doivent les aider à construire leurs opérations mentales de mémorisation. Elles dépendent de l'aspect émotionnel des situations et de la connaissance de séquences d'événements récurrents, vécus ou à venir. La capacité des enfants à mémoriser à court terme ainsi que leur mémoire de travail évoluent considérablement au cours des trois années de maternelle. Les plus jeunes s'appuient sur ce qu'ils perçoivent visuellement pour maintenir les informations en mémoire temporaire. À partir de 5-6 ans, c'est le langage qui leur est adressé qui les aide à comprendre et à retenir.

On distingue trois phases dans la mémorisation:

- l'acquisition de ce qui est mémorisé: on parle généralement d'encodage de l'information;
- la rétention, ou conservation de l'information,
- la remémoration de ce qui a été acquis et retenu lorsque les souvenirs sont évoqués, volontairement ou non.

Les processus en jeu

Les informations visuelles, olfactives, auditives de l'environnement peuvent conduire à la constitution volontaire ou non de traces en mémoire. Elles dépendent en partie des activités de l'enfant et permettent de constituer des représentations mentales, qui servent de base à la mémorisation. Les jeunes enfants retiennent la forme des stimuli auxquels ils sont confrontés (les mots d'un récit, les caractéristiques physiques d'une image...). L'enfant peut stocker sur des périodes très courtes, quelques secondes, ou plus longues, allant de plusieurs minutes à des périodes de vie.

Dès le plus jeune âge, les enfants sont capables de reconnaître une mimique faciale comme une grimace, une image, un objet. La durée de rétention augmente avec l'âge; les souvenirs sont d'autant plus précis et durables que le nombre d'expositions aux événements ou objets augmente et que leur répartition s'étale dans le temps. Même très jeunes, ils sont capables de respecter un ordre des événements. Dans l'effort qu'il fera pour mémoriser, l'enfant devra classer, organiser les éléments à retenir en fonction de la manière dont il pourra les réutiliser. C'est pourquoi les situations de rappel, de brassage et de rebrassage sont si importantes pour le vocabulaire.

Se souvenir

Certains auteurs ont analysé les souvenirs d'enfants de 5 ans concernant deux activités, une visite au musée et une promenade. Les enfants se souviennent plus facilement

Jeux et activités de mémoire

Les jeux de mémoire favorisent le développement cérébral du jeune enfant. Les activités de mémorisation lors de situations "d'activation neuronale" ludiques mais intenses développent leurs capacités. Par exemple, le jeu des petits malins (jeu de Memory pour le calcul mental) se joue avec 44 cartes illustrées, 9 disques en bois qui représentent des nombres. L'enfant doit gagner le plus grand nombre de cartes. Les 44 cartes sont étalées faces cachées sur la table et les disques en bois faces visibles dispersés entre les cartes. Chacun son tour, les enfants retournent 2 cartes (comme au Memory). Si elles représentent le même motif (par ex le castor magicien), il faut être le plus rapide pour additionner le nombre des motifs sur ces 2 cartes et trouver le disque en bois représentant le résultat de cette addition.

des faits qui sont discutés avec leurs parents. C'est le langage d'évocation. Le double encodage perceptif et langagier facilite la consolidation des souvenirs et leur mise en relation avec les connaissances déjà disponibles en mémoire. La mémoire épisodique au cours des interactions physiques et sociales avec l'environnement se trouve orientée et complétée par des informations issues de connaissances socialement transmises. Plus les connaissances sont mémorisées, reprises par le langage, plus leur précision et leur durée de rétention augmentent.

Éclairage

Apprendre un chant, une comptine

L'enseignant chante la comptine ou utilise un enregistrement. Les élèves s'expriment sur ce qu'ils ont entendu. Avant l'apprentissage, plusieurs écoutes sont nécessaires, réparties sur plusieurs jours pour un travail d'imprégnation et de mémorisation. Phrase par phrase, le chant ou la comptine est présentée sous sa forme rythmée pour que les élèves puissent mémoriser progressivement. L'enseignant met en place une gestuelle simple pour mimer un mot, la hauteur de la voix, le rythme... Le texte est présenté au tableau et représenté par des dessins. En alternance, une phrase est attribuée à un élève différent, à l'enseignant ou à un groupe. L'enseignant demande aux élèves de chanter dans leur tête ou de mimer une partie non chantée. Pour le rythme, il peut s'aider d'un travail sur les rythmes frappés, le parler rythmé, les déplacements. Pour la mélodie, il découpe en fragments de phrases, fait écouter, reproduire. Il joue avec des répétitions variées, sur la hauteur, avec un accompagnement vocal et/ou instrumental. Le corps, la gestualité sont des supports de mise en mémoire. ■

> **“Les enfants, comme les adultes, sont capables d'évoquer volontairement des souvenirs en se donnant à eux-mêmes des indices de remémoration.”**
> Michel Fayol, "Le développement de la mémoire", in A. Blaye et P. Lemaire, *Psychologie du développement cognitif de l'enfant*, De Boeck, 2007

→ **Comptines / Construction du nombre / Jouer pour apprendre / Lexique**

Pour aller plus loin

- Agnès Blaye, Patrick Lemaire (dir.), *Psychologie du développement cognitif de l'enfant*, De Boeck, 2007.
- Alain Lieury, *Mémoire et réussite scolaire*, Dunod, 2012.
- Gérard Brasseur, *Compétence mémoire de 2 à 6 ans*, Accès éditions, 2000.
- http://eduscol.education.fr/cid52525/enseigner-le-vocabulaire-a-l-ecole-maternelle.html

Multi-âges (classe)

La classe multi-âges réunit des enfants d'âges différents dans une même classe. C'est un état de fait dans les classes de secteur rural. Des équipes en milieu urbain choisissent d'orienter le projet de l'école avec des classes réunissant des enfants d'âges différents.

Contexte

Un projet innovant

Les classes uniques sont une réalité dans les secteurs ruraux. Quand des enseignants choisissent volontairement de fonctionner en multi-âge, l'organisation matérielle et pédagogique de l'école est revue, ainsi que le projet d'école. Ce choix favorise l'intégration des plus petits et l'autonomie de tous les élèves. La présence des grands rassure les plus petits en créant des liens, en organisant des rituels et en posant des repères. Les petits développent leur désir d'apprendre par l'observation et l'imitation des grands. Ils bénéficient de moments de tâtonnement et d'expérimentation libres. Pour les plus grands, la prise en charge d'un petit les valorise et leur permet de prendre conscience de leurs capacités. Les élèves se mettent en projet de grandir en voyant évoluer des enfants d'âges différents : les plus petits voient le chemin à parcourir, les plus grands voient le chemin parcouru. Ce type de projet permet un véritable travail en équipe, une mutualisation des compétences, une harmonisation des pratiques, une plus grande cohérence des apprentissages sur le parcours de maternelle. Il faut cependant rassurer les parents, notamment ceux de Grande Section, qui craignent que leurs enfants perdent leur temps. En début d'année, il faut aider ces élèves à s'habituer à travailler en autonomie avec concentration, quand les petits sont dans les coins-jeux libres et que l'enseignante travaille avec le groupe des moyens en langage.

La gestion de la classe

Elle implique un aménagement spécifique de l'espace et une organisation des emplois du temps pour répondre aux besoins des différents âges et permettre la planification des apprentissages par niveau. L'aménagement des espaces, le système de rangement du matériel, les affichages sont fondés sur la recherche d'une plus grande autonomie. Les élèves ont besoin d'avoir des repères précis pour pouvoir se prendre en charge quand l'enseignant est occupé avec un groupe en particulier. Il doit veiller à bien partager et équilibrer ses temps de présence sur chacun des niveaux. Les élèves ne doivent pas se sentir “livrés à eux-mêmes”.

Le tutorat

Le *Learning Throught Teaching*, pratique développée aux États-Unis, repose sur une attitude de décodage des stratégies d'apprentissage, en se posant la question : comment faire pour aider celui qui ne sait pas ? Quand le tutorat et l'entraide sont développés dans les classes multi-âges, les enseignants notent l'installation de comportements autonomes et le développement des compétences de communication. En observant des enfants tuteurs, on

47,3 %

C'est le pourcentage d'élèves scolarisés en primaire dans des classes multiniveaux. En maternelle, deux élèves sur trois sont concernés.
(Source : DEPP 2015)

La mise en place d'une classe multi-âges	
Avantages	**Inconvénients**
- Créer de la coopération et de la solidarité dans les apprentissages. - Augmenter les temps d'interaction entre les élèves. - Faciliter l'entrée en activité des plus jeunes par imitation des plus grands. - Développer l'autonomie des élèves. - Intégrer plus rapidement les règles du vivre ensemble. - Favoriser les apprentissages chez les élèves scolarisés tardivement (enfants du voyage). - Vivre des situations d'apprentissage à effectifs réduits (ex : langage en petit groupe). - Travailler quotidiennement avec deux enseignants différents tout en conservant un espace de référence classe.	- Gérer les différences de niveau d'apprentissage dans certaines activités. - Faire subir aux élèves de PS des activités non adaptées à leur âge. - Trouver un aménagement de classe adapté qui puisse convenir à tous les élèves. Variété des coins-jeux, variété du matériel didactique, variété des outils des élèves… - Ne pas " aller assez loin" dans les apprentissages avec les élèves de GS. - Proposer des temps de **regroupement** trop longs pour les plus jeunes.

note qu'ils ont de façon pertinente un recours à une mimo-gestuelle qui facilite la relation. La proximité physique entre les enfants, l'inclinaison du buste, des gestes prévenants sont autant de paramètres qui facilitent la médiation. Le tutorat repose sur la mise en œuvre d'interactions verbales ; le plus âgé prend en charge le plus jeune avec pour mission de l'aider à développer des compétences. Les bénéfices se situent au niveau linguistique, au niveau de l'altérité, par la prise de conscience de ses propres savoirs dans la transmission qu'on en fait.

Éclairage

Appartenir à une école

Témoignage d'une enseignante de l'académie de Nancy-Metz : "J'ai eu pendant quatre ans des enfants de 2 et 3 ans et je n'étais pas satisfaite : c'était frustrant et assez lourd à gérer de passer une grande partie du temps à habiller, déshabiller les enfants, les emmener aux toilettes, les faire goûter… Je trouvais également que le milieu manquait d'émulation. Aussi, quand j'ai lu un article de l'*Éducation Enfantine* (n° 1 septembre 1999) sur la classe Petits Grands, j'ai été emballée. J'ai commencé à réfléchir à la question en me disant qu'introduire des Moyennes Sections dans une telle classe permettrait de rechercher ensemble des équilibres de classe. Après un temps de réflexion commune, nous avons constitué des classes mixtes de PS/MS/GS. Cela a permis de mieux se répartir les PS, de séparer des élèves de GS assez turbulents ou qui ne s'accordent pas ensemble, de construire une **progression** sur le cycle plus facile à réaliser. Les enfants ont de plus le sentiment d'appartenir à une école et non à une seule classe." (Source : www4.ac-nancy-metz.fr/pasi/IMG/ 57EFaulquemont.pdf) ■

> **“ De telles classes font progresser les enfants, dans leur autonomie par rapport au travail, et dans leur faculté à l'autoanalyse de leurs compétences. ”**
> Eric Greff, Jean Kokyn, *Enseigner dans une classe à plusieurs niveaux*, Retz, 2007

→ **Apprendre et vivre ensemble / Autonomie / Différenciation / Équipe**

Pour aller plus loin

- Eric Greff, Jean Kokyn, *Enseigner dans une classe à plusieurs niveaux*, Retz, 2007.
- Geneviève Texier-Neveux, Martine Le Petit, Joëlle Rallet, *Des classes multi-âges à l'école maternelle : pour quels apprentissages ?* CRDP, 2007.
- eduscol.education.fr/experitheque/fiches/fiche11667.pdf

Musée de classe

Le musée de classe est une collection de productions et/ou d'œuvres classées sur critères. Pour les élèves, c'est un moyen de faire des relations entre leurs intérêts, leurs productions et les œuvres introduites par l'enseignant.

Contexte

Le musée de classe se construit autour d'une thématique et de trois composantes: le rassemblement d'œuvres et de productions, la collection d'images, le magasin de curiosité. Il permet aux élèves de vivre une approche à la fois sensible, cognitive et culturelle des œuvres fondée sur l'éducation du regard, et d'aborder la question muséologique (c'est quoi un musée?). Investir un espace musée dans la classe aide à faire le lien entre ce qui se regarde et ce qui se conserve. Un musée de classe vit au rythme de ce que les élèves apportent, des liens avec les pratiques créatives et les projets et des présentations qui en sont faites. Sa démarche s'inscrit dans l'appropriation d'une culture humaniste à travers l'idée d'œuvres et de collections.

Différentes formes de collections

Le musée d'œuvres est un regroupement dans un espace de la classe "dédié" de reproductions d'œuvres, d'objets d'art. Les enfants les trient selon des critères: couleurs, formes, techniques… Il sert à les familiariser avec des œuvres et des artistes par un contact fréquent. Par exemple, autour de la composante "or et argent" introduite par un projet sur les contes, on rassemble des reproductions de César, Klimt, Brancusi, Arman…

La réserve de photos, de cartes postales, rassemble tout un ensemble d'images qui sont choisies par les liens qu'elles ont avec un projet. Par exemple, pour un projet "calligraphie/écriture", on collectionne les images de la pierre de Rosette, d'une calligraphie arabe, d'une page de l'encyclopédie, d'un timbre sur Alechinsky…

Le magasin de curiosités est un cabinet de merveilles ramassées et apportées par les élèves. Au fil du temps, à travers des expériences sensibles, les enfants collectent et trient des objets qui ont une résonance particulière pour eux. Ces objets sont présentés, mis en exposition et commentés.

Objectifs

Le musée de classe apprend à voir pour mieux comprendre, dans l'interaction entre voir et dire. L'utilisation d'un lexique et d'une syntaxe adaptés construit le sens de l'œuvre. Il a pour vocation d'être un lieu:

- d'exposition,
- de conversation,
- de contemplation,
- d'observation,
- de questionnement.

Langage autour du musée de la classe

Lorsqu'un élève choisit une reproduction et la montre à la classe, il est amené à expliquer son choix. Il peut aussi constituer sa "petite collection" personnelle et l'exposer en justifiant son tri et les critères de ses choix. Le langage se met au service de l'observation pour décrire et dire ce qu'on ressent. Face à l'œuvre, on n'entre pas obligatoirement par la description; la perception et la compréhension globale permettent de parler de ce qui est ressenti.

Le recours au langage et au vocabulaire plastiques permet de nommer les éléments de composition: les couleurs, les lignes,

Comment créer mon musée de classe ?

Il faut aménager un coin qui soit libre d'accès à l'accueil et puisse fonctionner en atelier (activités de tri, de catégorisation).

Il recevra :

- des panneaux avec système d'exposition (aimants, gomme adhésive, push pin…) ;
- des cartes postales présentées dans des portfolios ou des boîtes de rangement, ou sous pochettes plastiques pour être manipulées facilement ;
- des boîtes-réserves d'images (publicité, vignettes, timbres…), des albums d'images découpées sur thème.

les éléments de la composition, ce qui est représenté, la lumière…

Une activité peut être menée dans un atelier dirigé sur la catégorisation. L'objectif est alors d'amener les élèves à découvrir des critères liés à un thème, à une technique, une couleur, à un genre.

L'école au musée

Les liens réciproques entre l'école et le musée sont inscrits dans le partenariat culturel. Les visites régulières dans les musées permettent aux élèves de découvrir et de connaître des lieux spécifiques de conservation des œuvres et d'apprendre à les fréquenter pour eux-mêmes. Il s'agit de les confronter avec les œuvres véritables, avec leurs caractéristiques réelles, ce que ne permettent pas les reproductions. Toute visite est préparée en amont et exploitée au moment du retour dans la classe. Les fiches d'aide à la visite mises à disposition des enseignants préparent les jeunes élèves à apprendre à observer et à conserver en mémoire le contexte de présentation. Visiter un musée est un événement marquant et ne se fait pas sans prendre de photos, ni conserver des traces de ce qui a été vu.

Éclairage

Les cinq sens

Une visite est organisée au musée de Brou (01). La classe de Grande Section est divisée en quatre groupes pour commencer la visite. L'enseignante a préparé durant la semaine du goût le travail de repérage sur les cinq sens : odorat, goût, toucher, ouïe, vue. Un parcours est proposé pour rechercher les œuvres de la collection permanente. Le 1er sens : la vue. L'enseignante a donné aux élèves six détails prélevés sur six tableaux qu'il faut retrouver. Chaque tableau retrouvé est identifié et photographié dans son ensemble. Le 2e sens est le goût. Une équipe part à la recherche d'une œuvre composée de citrons, de pêches, d'abricots, de cerises et de raisins. Celle-ci est identifiée et photographiée. Le 3e sens est l'ouïe. L'enseignante fait entendre des sons différents, bruits de basse-cour, combat de coqs, bruits de chiens. Les élèves retrouvent les œuvres qui contiennent les objets ou animaux identifiés. Elle procède de même pour les deux autres sens. De retour dans la classe, le musée est constitué avec la présentation du musée, les photographies des œuvres, les cartes postales, le parcours de découverte. ■

> « Les artistes permettent aux enfants de voir, de penser autrement leur environnement. »
>
> Max Parain, enseignant, école Le Mandinet, cité in "L'art à l'école", numéro spécial *Beaux-arts Magazine*, 2002

→ Culture / Éducation à l'image / Lexique / Sorties scolaires

Pour aller plus loin

- http://blogs.crdp-limousin.fr/23-glenic-maternelle/category/le-petit-musee-de-la-classe

Numérique

On appelle numérique à l'école les technologies de l'information et de la communication qui utilisent d'autres procédés que l'analogique. En maternelle, elles sont présentes essentiellement à travers des outils d'usage facile comme l'ordinateur, la tablette, l'appareil photo.

Contexte

Les enjeux éducatifs en maternelle

À l'école, les nouvelles technologies et le traitement numérique ont introduit une “culture numérique” au service des apprentissages. Le jeune enfant d'aujourd'hui possède des pouces d'une redoutable dextérité ; Michel Serres l'a baptisé “Petite poucette”. Les chercheurs américains l'appellent “digital native” pour signifier qu'il évolue et apprend dans un monde “numérisé”. Le plan numérique pour l'école lancé en 2015 par le ministère de l'Éducation prend en compte cette dimension nouvelle, dès l'école maternelle. Le numérique a sa place dans toute classe maternelle, mais pas comme un support qui viendrait “à la place de”. Il ne doit pas détourner les enfants de l'expérience corporelle et sensible, des sensations tactiles, olfactives, gustatives, visuelles, du contact avec les matières. Il ne doit pas être un frein à la production, à l'expérimentation, ni se limiter à la consommation de “bonbons numériques”, comme les appelle l'enseignante Véronique Favre sur son blog “doigtdecole”. L'enseignant doit mettre à la disposition de ses élèves les outils qui leur permettront d'apprendre en faisant, et de comprendre les apports de ces usages.

L'introduction des activités sur ordinateurs et tablettes permet l'appropriation d'un environnement informatique de travail : manipulation de la souris, manipulation des écrans des tablettes, consultation du contenu de dossiers par exemple les photos de la sortie à la caserne des pompiers, jeux sensori-moteurs (ex. utilisation de logiciels de tracés…). Les interactions machine/élève favorisent la communication orale entre les élèves, la coopération lors de l'utilisation de logiciels en binôme. Les échanges entre pairs favorisent la stabilisation de procédures par essais/erreurs. L'enseignant accède à la trace des activités conduites et peut valider les acquis individuels à partir de l'exploitation des réussites.

Le point de vue des scientifiques

L'académie des Sciences, dans son avis “L'enfant et les écrans” (2013) donne quelques recommandations. Pour l'enfant de 2 à 3 ans, il faut éviter l'exposition passive et prolongée devant un écran de télévision, sans présence humaine interactive et éducative. À partir de 3 ans, les jeux d'alternance virtuel/réel peuvent initier à une pratique modérée et autorégulée à condition que l'enfant soit invité à parler, à mobiliser en alternance son intelligence visuelle, spatiale et narrative. À partir de 4 ans, le jeu devant une console ou une tablette peut comporter des risques ; le temps d'usage doit être rigoureusement contrôlé et limité. Une “alphabétisation” est nécessaire pour apprendre aux élèves à exploiter au mieux les potentialités du numérique et en acquérir la maîtrise. L'école est tout à la fois dans sa mission de protection, de précaution, de prévention et d'éducation.

1 milliard

C'est le montant en euros voté en 2015 par l'Assemblée nationale pour les ressources du numérique éducatif et son équipement.

Jouer sur des écrans avec les enfants 2-6 ans
À travers la première pensée symbolique se jouent les débuts de la conscience explicite : les écrans sont les fenêtres d'un monde virtuel. Sur une tablette graphique, l'enfant peut intuitivement découvrir la simulation de l'environnement réel par une image numérique.
Des usages pédagogiques permettent d'éveiller et d'exercer les capacités d'attention visuelle sélective, de dénombrement, de catégorisation… Un logiciel d'apprentissage des associations entre phonèmes (sons) et lettres (graphèmes) comme Graphogame a un impact positif sur le cerveau des élèves de maternelle.
L'enseignant apprend à user alternativement du réel et du virtuel, à en jouer en faisant la part de l'un et de l'autre.

(Source : Avis de l'Académie des Sciences, L'enfant et les écrans, 2013.)

François Taddei, chercheur en biologie des systèmes à l'Inserm, propose que la France s'inspire de la “culture du questionnement” du système finlandais. À l'école de construire le métissage entre la culture traditionnelle du livre et la culture des écrans pour habituer les enfants à exercer une conscience réflexive de leur relation aux écrans et aux mondes virtuels. Il s'agit de leur apprendre à prendre du recul. L'écran est perçu comme un support autour duquel se développent diverses formes d'échanges ; l'école pourrait entraîner les enfants à un usage collaboratif par l'alternance entre un travail individuel et le travail en groupe face à un seul écran.

Éclairage

Faire de la photo en maternelle

Virginie, professeure en école maternelle à Vaucresson, a emprunté une mallette d'appareils photo numériques pour sa classe de Grande Section. Sa démarche s'inscrit dans le cadre du projet d'école “Image”, qui concerne les 6 classes de l'école. L'équipe pédagogique a travaillé sur la lecture active et critique des images. Différentes activités ont été menées tout au long de l'année pour aborder l'éducation à l'image, notamment les types et supports d'images et leurs fonctions, les notions de cadrage et d'échelle de plan, de prise de vues, la réalisation d'un film d'animation. Durant les mois de janvier/février, des photographies de la cour de l'école ont été prises pour percevoir des notions de cadre et d'échelle de plan. Les élèves, en petits groupes, ont pris leurs propres photos. Ils ont travaillé les compétences suivantes : percevoir et utiliser la notion de cadrage, acquérir un vocabulaire spécifique (gros plan, plan large, plan moyen…), verbaliser, argumenter ses choix. L'appareil photo numérique a été utilisé comme outil de découpage de l'espace visuel. (Voir www.creatice.ac-versailles.fr/spip.php?article430) ■

> **“Les livres seront bientôt obsolètes dans les écoles. Les élèves recevront un enseignement visuel. Il est possible d'enseigner tous les domaines de la connaissance humaine par le cinéma.”**
> **Thomas Edison, 1913**

→ **Culture / Éducation à l'image / Houdé / Prévention**

Pour aller plus loin

- Franck Amadieu, André Tricot, *Apprendre avec le numérique, mythes et réalités*, Retz, 2014.
- Jean-François Bach, Olivier Houdé, Pierre Lena, Serge Tisseron, *L'enfant et les écrans*, Le Pommier, 2013.
- www.gouvernement.fr/action/l-ecolenumerique
- www.education.gouv.fr/cid77084/direction-du-numerique-pour-l-education-dne.html
- www.educavox.fr/formation/les-ressources/9-ressources-numeriques-pour-enseigner-autrement
- www.doigtdecole.com

Observation

L'observation des élèves fait partie des gestes professionnels de l'enseignant de maternelle. Elle permet de recueillir des informations pour mieux connaître les élèves, repérer leurs points forts, identifier et caractériser des difficultés éventuelles. Elle permet à l'enseignant de réguler ses démarches et sert de point d'appui pour valoriser les compétences acquises.

Contexte

Principes d'observation

Le programme maternelle de 2015 promeut une évaluation positive qui repose sur une observation régulière de chaque enfant pour en affiner la connaissance. Il est essentiel de prendre comme référence les indicateurs de développement du jeune enfant. On l'observe dans des situations naturelles en choisissant diverses conditions dans lesquelles cette observation se déroule (moments, activités, groupe…). Durant la classe de Grande Section, en vue du bilan de compétences de fin de maternelle, l'observation se fait sur des aspects plus formels. Le langage est évalué de manière prioritaire en observant les prises de parole, les gestes en appui, les interactions, les types d'échanges, la durée des échanges, la transformation de l'oral en l'écrit, en qualifiant le vocabulaire et la syntaxe utilisés en production.

Principe d'interprétation

La question de l'interprétation des observations est importante pour préparer l'évaluation. Tout en notant des informations, il s'agit pour l'enseignant de conserver l'équilibre entre le repérage de ce qui appelle une attention particulière, et celui de la difficulté avérée pour laquelle il y aura à engager des démarches plus ciblées. La situation d'un enfant qui, ce jour-là, à ce moment-là, n'a pas été capable de répondre à la situation, de donner la réponse attendue, doit être reconsidérée. Il faut réitérer les prises d'indices avant de faire une interprétation.

Observer pour valoriser le parcours

À partir du moment où l'apprentissage est conçu comme un processus, pouvoir situer chaque élève dans une progression est essentiel. Dans le programme 2015, on insiste sur la nécessité d'amener l'enfant à porter un regard sur ses progrès (en les concrétisant dans un cahier de réussite, un carnet de progrès…). Ceci nécessite une organisation de la classe qui permette à l'enseignant, à certains moments, de libérer du temps pour observer de manière fine des comportements face à des situations: par exemple comment réagit tel élève lorsqu'il est face à un jeu où il lui est demandé de constituer des collections d'objets. Il écoute attentivement son discours pour situer ses modes de raisonnements.

Répondre à la diversité des profils

L'observation diagnostique est faite pour situer l'élève et constitue la "documentation" de l'enseignant. Il s'agit moins de repérer les difficultés rencontrées (diagnostic négatif) que de mettre en évidence ce que sait faire chaque enfant, par exemple savoir où il se trouve dans sa représentation du nombre pour sélectionner l'activité la plus adaptée à son parcours. Les élèves ne progressent pas au même rythme, le "déjà-là" n'est pas identique pour tous, il est donc nécessaire de différencier à partir de l'observation/analyse des besoins et compétences. L'enseignant constitue des groupes sur la base de deux ou trois types de profils observés. Des activités différentes pour deux ou trois groupes peuvent aisément être installées dans les pratiques habituelles de classe.

Savoir observer

Pour bien observer, l'enseignant doit :
- S'adapter et se laisser guider par les besoins de l'enfant, rechercher différentes formes d'entrée dans l'apprentissage, utiliser toutes les ressources de la classe.
- Expliciter à l'enfant ce qu'il est en train de faire, l'enfant doit savoir donner du sens à l'observation/relevé qui s'installe dans l'ordinaire de la classe.
- Choisir, déterminer les besoins prioritaires pour permettre à chaque enfant de progresser.
- Sécuriser et créer un climat de confiance, proposer des activités attrayantes, veiller au bien-être et à l'estime de soi pour donner confiance aux enfants.

Des outils adaptés

En maternelle, il est indispensable de disposer de grilles d'observation. Parmi les indicateurs proposés dans les documents Eduscol, sur les sites départementaux, l'enseignant utilise les outils qui touchent quatre grands domaines d'observation :
- corporel et instrumental, par rapport à la gestualité et l'environnement ;
- relationnel/affectif/social par rapport à lui-même, à des pairs, aux adultes ;
- cognitif, attention, mémoire, stratégies, sélection de l'information, conservation de l'information, raisonnement ;
- langage et communication, compréhension en réception, maîtrise en production,

En Grande Section, l'enseignant fait le point sur les apprentissages, il identifie à des moments précis de l'année, ce que sait faire un enfant en situation scolaire face à une tâche avec consigne.

Éclairage

Des activités pour observer leurs repères

L'enseignant veut savoir si des élèves sont capables de se repérer, s'ils utilisent à bon escient le vocabulaire des positions dans l'espace. Il s'appuie sur ce qu'il observe au cours d'un jeu dans la salle de motricité quand les élèves doivent se placer à droite, à gauche, devant, derrière un jalon. Le repérage haut/bas est plus difficile à construire et pourtant il est indispensable pour écrire sur une page lignée. Quand ils manipulent un livre, il leur demande de retrouver telle ou telle image qui se trouve à droite, en bas de la page… L'enseignant leur demande de dire où se situent des détails, des images sur une double page d'album. Il les questionne en constatant que le vocabulaire utilisé correspond à la bonne position. En fin de Grande Section, les élèves doivent savoir se situer sur un espace à deux dimensions, prendre des repères précis sur la page pour écrire de gauche à droite, du haut vers le bas de la page. ■

> **« On peut documenter des observations, les engranger, les noter méthodiquement et faire une sorte de "bilan de compétences", comme on le fait dans les centres pour adultes, avec des outils, mais sans volonté de standardiser les procédures et d'évaluer tout le monde à date fixe. »**
> Philippe Perrenoud, entretien avec Luce Brossard

→ Développement / Évaluation / Prévention

Pour aller plus loin

- www.education.gouv.fr/cid56600/le-langage-a-l-ecole-maternelle-publication-de-ressources-pour-faire-la-classe.html
- http://francois.muller.free.fr/manuel/observer/cadre.htm

Parents

Les parents des élèves sont membres à part entière de la communauté éducative depuis la loi d'orientation de 1989. Ils ont un double statut, co-éducateurs de leurs enfants et partenaires dans certaines conditions.

Contexte

Rôle et place des parents

En qualité de partenaires d'éducation, les parents sont étroitement associés à la scolarité de leur enfant. La responsabilité partagée entre l'école et la famille repose sur une information régulière et un dialogue permanent. En tant que membres de la communauté scolaire, les parents ont des droits: droit d'information et d'expression, droit de participation. Ils siègent dans la plupart des instances: conseil d'école, équipe éducative, conseil de ZEP... Ils bénéficient de la gratuité de l'enseignement. Ils ont également des devoirs: obligation d'assiduité scolaire, en matière de santé, de protection de l'enfant, de respect de la laïcité... Leur droit à l'information est garanti par des réunions en début d'année, au moins deux fois par an, et par une information régulière sur les acquis et les progrès de leurs enfants. Les conditions d'organisation du dialogue sont précisées lors de la première réunion du conseil d'école.

Aider les parents à comprendre l'école

Les parents des enfants qui rentrent pour la première fois à l'école apprennent dans le même temps leur rôle et leur "métier de parent d'élève". Les équipes enseignantes définissent des modalités de relations avec toutes les familles dans le souci d'une première scolarisation réussie. Elles portent une attention à la diversité des cultures, en veillant notamment à bien se faire comprendre par tous. Il est nécessaire que tous les parents comprennent le fonctionnement et les spécificités de l'école maternelle comme la place du langage, le rôle du jeu, l'importance des activités physiques et artistiques... C'est à cette condition qu'ils pourront jouer leur rôle de partenaires. Le carnet de liaison, les rendez-vous individuels apportent les informations, le carnet de suivi valorise les progrès des enfants. Le cahier de vie, quand il est proposé aux parents, permet de faire un lien concret entre la vie de l'école et la vie privée.

Co-éduquer en confiance

Dans la loi de refondation et le programme de 2015, les parents sont associés au travail de l'école. L'école construit des "passerelles" vers chaque famille. L'expérience de la séparation de l'enfant requiert l'attention de tous les enseignants, en particulier pour les plus jeunes. Dans un souci de transition, elle est préparée en amont et doit être progressive.

L'exercice conjoint de l'autorité parentale

La notion d'autorité parentale est définie dans l'article 371-1 du Code civil comme *"un ensemble de droits et de devoirs ayant pour finalité l'intérêt de l'enfant"*. Ils revêtent des aspects juridiques (ex.: fonction d'éducation, de surveillance à l'égard de l'enfant) et matériels. L'exercice conjoint de l'autorité parentale, ou coparentalité, est le régime de principe pour les parents, quelle que soit leur situation matrimoniale. Les parents exerçant conjointement l'autorité parentale sont coresponsables de leurs enfants. L'école doit entretenir avec les deux parents, même séparés, des relations de même nature, leur faire parvenir les mêmes documents (convocations, bulletins scolaires, etc.) et répondre à leurs demandes d'information ou de ren-

Conseils pratiques aux parents

La réussite de la scolarité de l'enfant est liée au dialogue qui s'établit entre l'école et les parents et à leur implication. Accompagner l'enfant, c'est :

- L'aider à se séparer sans souffrance et à investir l'univers scolaire.
- L'encourager dans sa découverte du monde et dans sa recherche d'**autonomie**.
- Développer son sens des responsabilités, lui apprendre le respect de lui-même et des autres ainsi que l'utilité des **règles de la vie** en collectivité.
- L'aider à acquérir une **hygiène** de vie (sommeil et alimentation équilibrés, hygiène corporelle, activités physiques, etc.) qui le rendra plus disponible pour le temps de l'école et les apprentissages collectifs.
- L'aider à différer la satisfaction de ses attentes selon la disponibilité des adultes.

En cas de questions, de difficulté ou seulement d'inquiétude, les personnels de l'école, enseignants, psychologues scolaire, personnels médicaux et sociaux (de l'Éducation nationale ou des collectivités locales) peuvent écouter et conseiller les parents.

dez-vous. La loi classe explicitement tout changement d'adresse comme un acte important pour l'enfant, ainsi que tout changement d'école. Le statut du "beau parent" est mieux reconnu.

Éclairage

Les entretiens individuels enseignant-parent(s)

Catherine Hurtig-Delattre, enseignante chevronnée et directrice d'une école maternelle, s'est emparée de la nécessité de tisser des liens avec les parents de ses élèves. Pour cela, elle a développé plusieurs dispositifs d'accueil et de dialogue. Les "entretiens individuels systématiques" correspondent à l'un des dispositifs institutionnalisés. Ce fonctionnement un peu contraignant est ouvert sur des perspectives d'alliance avec les parents. Deux fois dans l'année à dates fixées, chaque parent est invité à se rendre à l'école, à l'heure qui lui convient le mieux, pour une demi-heure d'entretien avec des objectifs explicites : faire connaissance en début d'année et faire le bilan à la fin de l'année. Les parents qui ne se présentent pas sont relancés jusqu'à ce que le rendez-vous se concrétise. Pour l'enseignante, la finalité est de tisser des liens, de constituer un "capital confiance" dans lequel puiser lorsqu'il y aura à gérer d'éventuelles situations délicates, se décentrer pour acquérir une autre vision de l'enfant, appréhender la diversité culturelle des familles et l'hétérogénéité de leurs rapports à l'institution scolaire. Enseignante en Petite Section (PS), Catherine Hurtig-Delattre conçoit son travail envers les parents comme fondateur de la relation enseignant-parent(s). (Source : http://collectif-cape.fr/auteur/catherine-hurtig-delattre) ■

“Le couple, ce n'est plus ce qui, avec deux, ne fait qu'un – parlant par la voix du mari, portant le nom du mari. C'est ce qui, avec un et un, fait deux. Ce qui suppose d'harmoniser deux voix différentes.”
Irène Théry, entretien à *Télérama*, 2011

→ Cahier de vie / Équipe / Règles de vie

Pour aller plus loin

- Sylvie Rayna, Marie-Nicole Rubio, Henriette Scheu, *Parents-professionnels : la coéducation en questions*, éditions Erès, 2010.
- http://eduscol.education.fr/pid28757/la-co-education-nous-vous-ils.html
- http://eduscol.education.fr/pid26667/mallette-des-parents.html
- www.ac-paris.fr/portail/jcms/p1_610272/disciplines-maternelle-portail
- www.education.gouv.fr/cid2659/les-parents-d-eleves.html

Partenariat

Le partenariat se définit comme une association active d'intervenants qui mettent en commun leurs efforts, leurs compétences au profit d'un objectif commun. Il implique une responsabilité partagée et une mise en adéquation de compétences et d'intérêts. L'école maternelle ne pourrait réaliser ses missions sans ses partenaires.

Contexte

Les partenaires interviennent aux côtés de l'école dans le respect des compétences de chacun. Il faut distinguer les partenaires institutionnels, et les partenaires que l'école sollicite pour l'aide qu'ils peuvent apporter à la réalisation de ses objectifs d'enseignement. Pour l'école primaire, il existe un partenariat spécifique avec les Délégués départementaux de l'éducation nationale (DDEN), qui siègent dans les conseils d'école et veillent en particulier aux questions matérielles, l'hygiène et la sécurité, essentielles en maternelle. L'école maternelle construit des passerelles entre la famille et l'école, le temps scolaire et le temps périscolaire. Elle joue un rôle pivot à travers les relations qu'elle établit avec les institutions de la petite enfance et avec l'école élémentaire.

Les associations complémentaires

Elles accompagnement les projets de l'école et peuvent intervenir aux côtés des enseignants à condition d'être agréées. Le Conseil national des associations éducatives complémentaires de l'enseignement public (CNAECEP) veille à la qualité du partenariat dans le respect des principes de l'École. Il délivre ou non son agrément et favorise la concertation entre le Ministère et ses partenaires. Parmi les intervenants les plus connus dans l'école, on peut citer la Ligue de l'enseignement, l'Office central de la coopération à l'école (OCCE), les CEMEA et FRANCAS qui forment les animateurs. La culture de l'école maternelle ne se serait pas développée sans l'implication de l'AGEEM, l'Association générale des enseignants d'école maternelle.

Les parents, partenaires d'éducation

Les parents qui siègent dans les instances locales et nationales peuvent appartenir à des fédérations. Deux d'entre elles jouent un rôle plus important au niveau national :
- la Fédération des conseils de parents d'élèves (FCPE), créée en 1947 pour "propager et défendre l'idéal laïque",
- la fédération des Parents d'élèves de l'enseignement public (PEEP), qui souhaite "opposer le pouvoir de la famille à celui de l'État éducateur".

Beaucoup de parents qui siègent au conseil des écoles, notamment dans les petites écoles, sont des parents "indépendants".

Éclairage

L'école dans son réseau

Pour faciliter sa bonne compréhension notamment auprès des parents, l'école maternelle d'Aigre présente sur son site Internet "le réseau de collectivités, de structures et d'associations sans lesquels elle ne pourrait fonctionner". Au titre des collectivités et partenaires institutionnels, le SIVOS d'Aigre (Syndicat intercommunal à vocation scolaire) s'occupe de (et finance) les bâtiments de l'école, leur entretien, leurs consommations, les investissements, mais aussi les fournitures scolaires et administratives, les équipements, le ménage, l'aide administrative ainsi que les ATSEM. Il finance les transports en car pour les sorties, et une partie des sorties et activi-

Les différents types de partenariat

- **Les partenaires internes à l'école :** la collaboration enseignant/ATSEM est un pivot de l'action éducative ; le médecin de l'éducation nationale, la PMI, l'assistante sociale interviennent dans les situations d'enfants plus "fragiles".
- **Les partenaires institutionnels "naturels" :** les collectivités locales, c'est-à-dire les communes, essentiellement financent des locaux, du matériel et du personnel.
- **Les partenaires institutionnels des autres ministères** pour des actions en compétences partagées, dans le cadre de prises en charge d'enfants (ex. centre médico-psycho-pédagogique) de projets contractualisés.
- **Les organismes externes :** culturels, socioculturels, scientifiques ou techniques ; les cellules éducatives et pédagogiques des musées sont souvent des partenaires de projets.
- **Les associations agréées** et/ou subventionnées par l'Éducation nationale, les associations européennes, les associations locales qui sont des interlocuteurs pour des actions de sensibilisation, des projets avec financement éventuel.
- **Les représentants du monde économique**, entreprises et organisations professionnelles dans le cadre de projets avec financement éventuel.

tés des enfants. La Communauté de Communes du Pays d'Aigre finance une partie des sorties scolaires et activités culturelles ou artistiques. Le Regroupement pédagogique intercommunal (RPI) permet de maintenir des classes élémentaires à niveaux multiples dans les trois petites communes voisines (les enfants effectuent leur scolarité en maternelle à l'école d'Aigre). Parmi les "autres partenaires", la Maison de la Petite Enfance joue un rôle dans la socialisation des enfants et leur préparation à l'école maternelle (une halte-garderie les jeudis de 9 heures à 18 heures, un lieu d'accueil parents-enfants les mardis et mercredis matins de 9 heures à 11 h 45, un relais d'assistantes maternelles les lundis et vendredis de 9 heures à 11 h 30). Les mamies conteuses, qui interviennent bénévolement environ une fois par mois auprès des enfants pour leur raconter des histoires, favorisent un lien inter-générationnel et sont porteuses d'une tradition orale. L'Association de Parents d'Élèves aide à financer des projets, des sorties, des acquisitions de matériel. Le Chemin du Hérisson, association pour l'accompagnement des gens du voyage en Nord Charente, favorise l'accès à la scolarisation des enfants du voyage. Une salle de spectacle d'une commune voisine (la Canopée, à Ruffec) est également mentionnée pour sa programmation active. (Source : http://blogs16.ac-poitiers.fr/aigre-mat/2013/04/04/les-partenaires-de-lecole-maternelle-2/) ■

« Le partenariat entre institutions suppose le constat de problèmes communs, le diagnostic de l'intérêt d'une action concertée, la définition d'objets cadrés dans le temps, la répartition claire des zones d'intervention et de responsabilités de chacun, des modalités de régulation de l'action en cours, le souci d'établir des procédures d'évaluation de l'action selon des critères acceptés par chacun des partenaires. »

Danielle Zay, *Dictionnaire encyclopédique de l'éducation et de la formation*, Nathan, 1998

→ Parents / Petite enfance / Sorties scolaires

Pour aller plus loin

- Dominique Glasman (dir.), *L'école réinventée ? le partenariat dans les zones d'éducation prioritaire*, L'Harmattan, 1992.
- www.education.gouv.fr/cid49902/lespartenaires
- www.education.gouv.fr/cid21129/lesassociations-agreees

Pédagogie

Du grec *paidos*, "enfant" et *gogia*, "conduire", la pédagogie est la "direction des enfants". Le terme désigne les méthodes d'enseignement et d'éducation. La pédagogie de l'école maternelle est spécifique puisqu'elle se conduit avec de jeunes enfants dont elle soutient le développement.

Contexte

L'art d'éduquer

Dans la Grèce antique, le pédagogue était l'esclave qui avait la confiance des maîtres pour accompagner l'enfant sur le chemin de l'école. À la fin du XIXe siècle, les pédagogues revendiquent pour la pédagogie un statut scientifique, en précisant que son but n'est pas de décrire ou d'expliquer, mais de diriger l'action. La pédagogie n'est pas seulement une pratique, elle est aussi une recherche méthodique sur les fins et les moyens de l'éducation. Elle se nourrit de connaissances scientifiques qui lui permettent d'élaborer des théories, et non des conseils, des directives ou des recettes. Elle a une double visée : améliorer une situation réelle et comprendre les déterminants psychologiques, historiques, sociaux… et les principes générateurs de l'action éducative. L'approche didactique en maternelle consiste à penser l'approche des savoirs en utilisant les médiations pédagogiques spécifiques de la petite enfance.

Une pédagogie adaptée à la petite enfance

Accueillir des jeunes enfants et leur permettre de devenir progressivement élèves demande une pédagogie adaptée à leur âge et aux "attendus" du programme. Elle se doit d'être à la fois contenante, créative, libératrice pour l'enfant, cohérente et explicite sur ses buts. Les démarches pédagogiques visent un développement harmonieux à travers les apprentissages qu'elles suscitent. Elles favorisent le sentiment d'appartenance, le bien-être et l'expression.

Pédagogie du *care*, culture de la bienveillance

L'école maternelle au regard du programme 2015 repose sur une posture bienveillante de l'enseignant. Elle s'inspire des approches internationales sur l'éthique du *care* appliquées à l'éducation des jeunes enfants. On y retrouve certaines composantes comme : être attentionné ; être attentif à repérer les besoins des enfants ; avoir la volonté/responsabilité de répondre à ces besoins ; acquérir des compétences pour répondre à ces besoins ; prendre en compte les sentiments des enfants, des parents.

Espaces et temps sont pédagogiques

Une partie de la pédagogie "maternelle" est prise en charge par l'aménagement des espaces. Selon les entrées des 5 domaines d'apprentissage, il offre aux enfants un milieu riche d'expériences pour agir, observer, manipuler, expérimenter, découvrir, de façon libre, autonome ou guidée. Du temps pour faire est laissé aux enfants. La pédagogie se réalise aussi grâce à une gestion du temps qui tient compte des rythmes spécifiques et évolutifs des enfants sur 3 ans, entre 3 et 6 ans.

Des manières de faire apprendre

Il y a trois manières de "faire classe" :

- **La classe :** le collectif-classe fonctionne sur un pilotage du groupe qui s'appuie sur une gestion efficace de la communication.
- **Les groupes :** susciter les apprentissages, c'est organiser la mise en activités dans des petits groupes d'interactions dont la configuration dépend des objectifs poursuivis (activités libres, autonomes, guidées).

Recommandations pour un aménagement porteur d'apprentissages

- Renforcer la lisibilité par un balisage explicite : dénomination de l'espace, règles d'accès, conseils de rangement.
- Soigner la qualité du matériel proposé.
- Établir des liens entre les apprentissages en cours et les possibilités d'action, de découverte des espaces aménagés.
- Faire évoluer les espaces en programmant leur installation sur une période limitée dans le temps.
- Introduire des objets ou des matériaux qui relancent l'attrait pour l'espace.
- Mener une réflexion en conseil des maîtres pour choisir les coins et espaces selon les niveaux et l'âge des enfants.
- Mutualiser le matériel au sein de l'école.

- **La personnalisation :** aider chaque enfant à apprendre exige que l'enseignant se rende disponible dans le cours de la journée pour des échanges personnalisés, notamment avec les enfants plus fragiles. Dans le programme de 2015, quatre familles de situations d'apprentissage sont indiquées. L'enseignant engage les enfants à jouer, réfléchir et résoudre des problèmes, s'exercer, se remémorer et mémoriser. La pédagogie du langage occupe une place centrale dans ces stratégies, son acquisition est déterminante pour la suite de la scolarité. L'accompagnement de l'enseignant est bienveillant, il encourage les productions orales en produisant des formulations en écho. Attentif à son propre langage, il offre des manières de dire ; lexique et syntaxe sont des modèles qu'il complexifie selon les progrès des enfants.

Éclairage

L'enseignant maître de parole, tuteur de langage

L'enseignant régule et dynamise la communication au sein de la classe, il veille à ce que les "parleurs" soient de plus en plus nombreux et efficaces dans leur prise de parole. Il veille à expliciter les tâches attendues pour permettre à chaque enfant de bien s'installer dans les situations. Il prend l'habitude d'annoncer ce qu'il va faire, ce que les élèves auront à faire, avec des mots simples. Par exemple : *"Je vais vous lire une histoire et vous allez m'écouter sans m'interrompre ; quand j'aurai fini, vous me direz ce qui vous a plu ou ce qui ne vous a pas plu dans cette histoire."* Autre exemple : *"Je vais vous lire un texte qui parle de la coccinelle pour savoir ce qu'elle mange ; je m'arrêterai à la fin de chaque paragraphe pour que vous puissiez poser des questions ; vous me direz ce que je dois noter pour conserver toutes les informations importantes."* ■

> **« Le cœur, la main, la tête, toutes les parties de l'enfant sont imbriquées, en interaction. Les conséquences de cette imbrication s'étendent jusqu'à l'âge adulte. »**
> Johann Pestalozzi. *Comment Gertrude élève son enfant*, 1801

→ **Aménagement des espaces / Bienveillance / Maternelle / Socialisation**

Pour aller plus loin

- Catherine Gueguen, *Pour une enfance heureuse, repenser l'éducation à la lumière des dernières découvertes du cerveau*, Robert Laffont, 2014.
- Dir. Jean Houssaye, *La pédagogie : une encyclopédie pour aujourd'hui*, ESF Éditeur, 2013.
- Sylvie Rayna, Gilles Brougère, Véronique Francis, Catherine Bouve, *Accueillir et éduquer la petite enfance*, INRP, 2005.
- www.ac-paris.fr/portail/jcms/p1_375896/l-ecole-maternelle-a-paris

Petite enfance (ailleurs)

Dans les publications internationales, on appelle petite enfance (*Early Childhood*) la période qui précède l'âge de la scolarité obligatoire. Celle-ci varie selon les pays, la petite enfance couvre de manière générale la période qui va de 0 à 6 ans.

Contexte

Des politiques "petite enfance"

L'amélioration du bien-être des jeunes enfants est une préoccupation croissante des organisations internationales. Les pays de l'Union européenne ont tous une politique d'Éducation et d'accueil des jeunes enfants (EAJE). Elles sont orientées par la notion d'intérêt de l'enfant. Il s'agit de prendre en charge ses besoins pour l'aider à grandir, des besoins d'ordre physiologique, psychologique, cognitif, affectif et social. Les prises en charge diffèrent également en fonction de l'âge, le seuil des deux ans se présentant comme une étape dans son développement. Les approches à dominante sanitaire et médicale soutiennent un bon développement physiologique ; santé, hygiène et bien-être sont essentiels. Les approches plus scolaires recherchent la performance pour préparer les apprentissages fondamentaux du parler/lire/écrire/compter.

Des orientations différentes

Tous les pays d'Europe sans exception ont mis en place, sous une forme ou une autre, des services d'EAJE dotés de subventions publiques et accréditées, qui s'adressent aux enfants d'âge préscolaire. Pour certains, ces structures sont gratuites et l'obligation est faite à l'État d'accueillir les enfants en âge préscolaire (France, Belgique). Différentes conceptions existent entre le modèle du "jardin d'enfants" où les enfants sont répartis en petits groupes encadrés par des éducateurs spécialisés, et le projet scolaire piloté par un enseignant. Cependant, les recommandations générales de l'OCDE se rapprochent souvent de celles des jardins d'enfants qui donnent priorité à l'épanouissement de l'enfant. Deux notions émergent : le soin (care dans sa forme angliciste) et l'éducation. Dans les pays anglophones on parle de *early education and care* ; dans les pays francophones, le terme de *care* est remplacé par celui d'accueil ou de garde. Dans les pays hispanophones, on utilise l'expression la *primera infancia*, la prime enfance. Certains pays comme l'Italie, la Belgique, la France ont fait le choix de "préscolariser" les enfants de moins de 6 ans, avec des offres scolaires qui répondent à une forte demande sociale. En Italie, des municipalités ont développé un accueil intégré entre 0 et 6 ans, selon des modalités pédagogiques en rupture avec l'école élémentaire.

Les modèles et les programmes

L'acculturation aux pratiques quotidiennes des adultes comme moteur des apprentissages constitue l'approche dominante des structures éducatives. Des pédagogues comme Pestalozzi, Dewey, Froebel, Montessori, et Pauline Kergomard (fondatrice de la maternelle en France), voient les établissements préscolaires comme le prolon-

6 ans

C'est l'âge moyen de la scolarité obligatoire en Europe. Il est plus tôt en Irlande du Nord et au Luxembourg (4 ans) et plus tard dans les pays scandinaves, hors Norvège (7 ans).
(Source : www.mission-maternelle.ac-aix-marseille.fr)

gement de la cellule familiale. Après les années 1980, les constructivistes, puis les socioconstructivistes plaident pour une action structurée de l'enseignant, qui encadre et pilote des situations actives d'apprentissages. En Europe, au Japon, au Québec des curricula existent au niveau national. En l'absence de programmes nationaux aux États-Unis, les enseignants du préscolaire ont une grande marge d'autonomie. Bien que cela relève de la compétence de chaque État, l'État fédéral peut intervenir en direction de l'éducation préscolaire pour garantir une place à chaque enfant dans une structure collective.

Divers métiers de la petite enfance

Il existe une diversité entre les pays sur la formation, le recrutement, et la répartition par enfant des professionnels "petite enfance", l'évolution récente tend à une professionnalisation croissante. Les pays disposant d'établissements intégrés privilégient en général un encadrement relevant du secteur éducatif, les personnels reçoivent une formation universitaire. La tendance actuelle en Europe est d'une part à une élévation du niveau de formation des personnels, qu'ils soient ou non enseignants, et d'autre part à une scolarisation accrue voire obligatoire des enfants entre 3 et 6 ans. Aux Pays-Bas, depuis 1985, l'école est obligatoire à 4 ans et une seule profession exerce dans ce qui est considéré être "l'école de base". Le Royaume-Uni a un cadre d'emploi pour les personnels (*Early Years professionals*) équivalent à celui des enseignants qualifiés, mais avec une formation professionnelle différente.

Éclairage

Les services d'accueil de la petite enfance à Lohja, Finlande

Lohja est une commune bilingue située au sud de la Finlande, ses services sont proposés en finnois et en suédois. En expansion, elle compte 37 000 habitants, un peu moins de 3 200 enfants en dessous de l'âge scolaire. Environ 43 % de ces enfants ont une place dans une structure d'accueil municipale. 68,6 % des enfants de 6 ans fréquentent une structure d'accueil à l'enfance en plus de l'enseignement préscolaire. 99 % de ces enfants fréquentent l'enseignement préscolaire. Lohja a 15 crèches municipales, 2 crèches privées, 6 structures d'accueil familial collectives, 63 assistantes maternelles municipales, et environ 100 privées. L'intervention précoce est l'une des principales missions d'accueil de la petite enfance. Quand un enfant a besoin de soutien, une intervention précoce a plus d'impact sur sa qualité de vie. L'intervention précoce demande une bonne coopération entre les différents acteurs, la médecine préventive, les infirmières, les enseignants, les parents. ■

> **« L'éducation est aussi un cri d'amour pour l'enfance, pour la jeunesse que nous devons accueillir dans nos sociétés, avec toute la place qui leur revient, dans le système éducatif certes, mais aussi dans la famille, dans la communauté de base, dans la nation. »**
> Jacques Delors, *L'éducation, un trésor est caché dedans*, Rapport à l'UNESCO, 1998

→ Besoins des enfants / Développement / Maternelle / Protection de l'enfance

Pour aller plus loin

- http://unesdoc.unesco.org/images/0011/001159/115930f.pdf
- www.ladocumentationfrancaise.fr/var/storage/rapports-publics/034000070.pdf
- www.unaf.fr/IMG//pdf/dossier_d_analyse_petite_enfancedv_07janv2013.pdf

Plurilinguisme

Le plurilinguisme est défini par le Conseil de l'Europe comme la capacité d'un individu à utiliser plus d'une langue. Le fait que des enfants qui arrivent à l'école maternelle ne connaissent que la langue de leurs parents n'est pas considéré comme un déficit mais une richesse, car elle constitue le socle sur lequel va se faire l'apprentissage du français.

Contexte

On a longtemps considéré le plurilinguisme comme un obstacle à l'apprentissage de la langue enseignée à l'école. Il n'y a pas si longtemps, on déconseillait aux parents de parler leur langue maternelle à la maison. Or, pour un grand nombre de parents, le français n'était pas suffisamment maîtrisé, ce qui a eu pour conséquence de donner aux enfants des outils langagiers approximatifs, à la fois dans leur langue maternelle, et dans la langue de scolarisation. La cohabitation de deux langues (la langue maternelle et le français) n'est plus, aujourd'hui, considérée comme un handicap à l'acquisition d'une nouvelle langue. Au contraire, à la suite des recherches actuelles sur le plurilinguisme (*cf.* Marie-Rose Moro et l'association DuLaLa), on sait que la langue maternelle est le socle sur lequel l'enfant s'appuiera pour apprendre une nouvelle langue. La circulaire n° 2012-141 du 2 octobre 2012 sur l'organisation de la scolarité des Élèves allophones nouvellement arrivés (EANA) confirme la nécessité d'un accompagnement spécifique en termes d'apprentissage de la langue de l'école, mais aussi en termes d'accueil et de valorisation des langues maternelles, pour les enfants comme pour leur famille.

Le cadre européen

L'intérêt du plurilinguisme s'inscrit dans le contexte politique, social et culturel de la construction de l'Europe, afin *"d'améliorer la communication entre Européens de langues et de cultures différentes parce que la communication facilite la mobilité et les échanges et, ce faisant, favorise la compréhension réciproque et renforce la coopération"*. Le plurilinguisme n'est ni une superposition ni une juxtaposition des langues utilisées, mais une richesse de compétences.

L'enfant plurilingue à l'école maternelle

Aujourd'hui, l'enseignement des langues prend appui sur la langue d'origine pour développer chez l'apprenant une attitude positive envers sa propre langue, afin de ne pas la dévaloriser au profit de la langue de scolarisation et afin d'éviter les blocages ou les rejets identitaires. La démarche recommandée est "l'éveil aux langues" qui assure 3 fonctions :

- l'accueil des langues des enfants dans leur diversité et leur spécificité afin de surmonter les décalages entre la langue de la maison et la langue de l'école ;
- la structuration des connaissances méta langagières comme moteur de l'acquisition et du raisonnement ;
- la légitimation des langues des enfants, égales en dignité, afin de valoriser la conscience identitaire du sujet.

75

C'est le nombre de langues pratiquées en France (en incluant celles des Dom-Tom et les langues de l'immigration).
(Rapport Cerquiglini, 1999)

Le rôle de l'enseignant

Une langue étrangère ne s'acquiert par dans un "bain de langue", elle s'apprend. L'enseignant de maternelle doit mettre en place les conditions nécessaires à l'apprentissage du français, langue seconde pour les enfants plurilingues. Il est, en premier lieu, attentif aux comportements des enfants qui peuvent inquiéter par leur mutisme. Il devra prendre en compte le besoin d'un temps d'adaptation pour les laisser prendre leurs repères. Mais ces temps d'observation silencieuse sont souvent des temps d'écoute en réception et en compréhension, avant que le langage en production ne se réalise. Il mettra en place des situations:

- motivantes, pour déclencher le désir d'échanges et ancrées dans le réel, en utilisant le support de l'environnement sensoriel et concret pour pouvoir manipuler, toucher, en insistant sur les situations de la vie quotidienne, et dans les coins-jeux;
- de sollicitations en petit groupe où l'enfant sera encouragé, valorisé, et en individuel pour vérifier sa compréhension. On insistera sur la reformulation et sur les relances;
- d'étayage et de stimulation, en ayant des objectifs langagiers ciblés à partir de supports tels que les marottes des albums de jeunesse racontés en classe, à partir de photos du vécu en situation (lors des activités physiques, par exemple). L'usage des imagiers, des cartes pour trier, catégoriser, sont indispensables.

Éclairage

L'arbre polyglotte: prendre conscience de sa biographie linguistique

Sur l'arbre polyglotte, les enfants vont devoir coller une fleur composée des pétales colorés représentant les langues qu'ils parlent, qu'ils comprennent, qu'ils ont entendues, ou vues écrites. Sur chaque pétale sont écrits des mots dans la langue qu'ils connaissent. La réalisation de la fleur correspond à la biographie langagière de chaque enfant. Cette activité ne s'adresse pas seulement aux enfants allophones mais à tous les enfants. Les fleurs créées sont présentées aux autres et engagent la discussion. Fariza présente sa fleur composée de 3 pétales. L'enseignante valorise les langues représentées: "Tu te rends compte, Fariza, tu parles le berbère avec ton papa, l'arabe marocain avec ta maman, et le français à l'école, tu en connais des langues!" Ruiz n'a que deux pétales sur sa fleur: il a collé le pétale de la langue qu'il parle, le français, et le pétale de la langue qu'il a entendue chez sa grand-mère, le portugais, mais qu'il ne parle pas. Il interpelle Fariza: "Tu as plus de pétales que moi." L'enseignante met en valeur toutes les langues des enfants et les invite à coller leur fleur sur l'arbre polyglotte. Le lendemain, l'arbre est présenté aux parents qui reconnaissent leur langue maternelle sur les fleurs. (D'après les travaux de Marie-Odile Maire Sandoz.) ■

> **« Avoir plusieurs langues, est ce que c'est une chance? [...] En fait nous faisons une "hiérarchie des langues" et nous méconnaissons l'importance et le statut de la langue maternelle. Bien apprendre sa langue maternelle, c'est ce qui conditionne notre rapport au langage. La langue maternelle est donc précieuse »**
> Marie-Rose Moro, TEDxCEWomen, juin 2015

→ Accueil / Différenciation / Langage oral

Pour aller plus loin

- Christine Helot, *Du bilinguisme en famille au plurilinguisme à l'école*, L'Harmattan, 2007.
- www.dunelanguealautre.org/
- http://eduscol.education.fr/pid28783/scolariser-les-eleves-allophones-et-les-enfants-des-familles-itinerantes.html
- www.marierosemoro.fr

Posture éducative

On appelle posture éducative les manières d'être, les modes de relation que l'enseignant adopte pour accueillir l'enfant et sa famille à l'école. Cette posture professionnelle est déterminée par les objectifs éducatifs définis par le programme, et mise en œuvre à travers un certain nombre de gestes, de principes et de valeurs.

Contexte

L'évolution du contexte sociétal

Des évolutions technologiques, les modes et rythmes de vie, une culture de l'immédiateté, la précarisation de familles, les flux migratoires, les nouvelles parentalités influencent l'environnement éducatif des jeunes enfants. Le rôle de l'enseignant en maternelle s'en trouve modifié selon les enjeux précisés dans le programme de 2015. La circulaire n° 2009-098 publiée en 2009 présente les spécificités de la pédagogie en maternelle. Elles sont fondées sur des relations de bienveillance avec les enfants, sur lesquelles le programme de 2015 insiste à plusieurs reprises. Le bien-être de l'enfant est au cœur de l'action de l'école.

Posture et gestes professionnels

L'enseignant est le plus souvent la première référence adulte pour l'enfant, à l'extérieur de sa famille. La responsabilité éducative de l'enseignant repose sur ses attitudes en tant qu'adulte référent qui complète l'éducation familiale, et en tant qu'organisateur des apprentissages pour soutenir le développement de chacun. Il aide les enfants à rentrer, à comprendre et à s'approprier la culture scolaire. Ses gestes professionnels sont résumés dans six grands domaines, chacun d'entre eux mobilisant plusieurs compétences du référentiel de compétences:

- la maîtrise de la communication orale dans la classe,
- le pilotage des activités et des apprentissages,
- le choix des méthodologies de validation et de valorisation des progrès,
- l'attention aux différences et besoins individuels et la diversification pédagogique,
- la collaboration avec les partenaires de l'école et les parents,
- la capacité à analyser son action professionnelle.

Pour faire apprendre, il recourt à cinq familles de situations: jouer; résoudre des petits problèmes, raisonner; s'exercer pour réussir; mémoriser, se remémorer.

Une réflexion internationale

Des recherches internationales et des analyses d'expériences professionnelles autour de la petite enfance ont fait apparaître des conceptions nouvelles d'éducation. En 2002, une liste de 40 objectifs alliant connaissances, compétences et valeurs a été adressée aux gouvernements. Elle définit de nouvelles professionnalités qu'on qualifie de "démocratiques". Elles consistent à prendre appui sur les démarches enfantines qui sont prises en compte comme des compétences reconnues par l'enseignant (travaux sur les

10

C'est le nombre de compétences professionnelles édictées dans le Référentiel. Elles concernent quatre grands domaines: les valeurs de la République, les thèmes d'éducation transversaux, les gestes professionnels et les connaissances liées au parcours des élèves.

(Rapport Cerquiglini, 1999.)

Quelques conseils pour assurer le bien-être de chaque enfant

S'adresser au moins une fois par jour à chaque élève individuellement.
Ménager des moments de convivialité dans la classe.
Ne pas oublier de pratiquer l'humour (pas l'ironie), les petits y sont très sensibles.
Introduire des surprises pour aiguiser la curiosité des enfants.
Stimuler l'imaginaire et la créativité.
Avoir un discours rassurant, bienveillant, encourageant.
Avoir une pédagogie et des objectifs lisibles et compréhensibles par tous.
Être attentif aux réactions de chacun.
Laisser du temps et de l'espace pour jouer, vivre, rêver, se reposer.

children skills) Elles impliquent la révision de pédagogies verticales, l'adoption d'approches participatives et la construction d'une culture forte de la petite enfance. Elles mettent en évidence la notion d'enfants influents sur leur milieu d'accueil.

Créer du lien

L'école doit aussi se préoccuper de la permanence des liens affectifs chez les jeunes enfants. Sa fonction est d'aider l'enfant à se séparer en toute confiance. Il doit se sentir le même, quelles que soient les personnes qui l'entourent et les lieux dans lesquels il évolue. La confiance dans la continuité de ses liens avec les parents absents est essentielle. Il pressent les frontières qu'il ne connaissait pas encore, entre sa mère, ses parents et les professionnels de l'école, celles de son corps dans l'espace scolaire, de son intimité, de son monde intérieur confronté au milieu, aux autres. L'école l'accompagne dans ses questionnements de “petit humain” qui se découvre et explore le monde.

Éclairage

La posture éducative des écoles de Reggio Emilia (Italie)

Dans la pédagogie de l'écoute développée à Reggio Emilia (village du Nord de l'Italie), les enseignants ont une vision forte des capacités de chaque enfant. Celui-ci est considéré comme compétent et porteur de *cent langages*, qui sont autant de façons d'exprimer sa personnalité, son potentiel et ses talents. La relation enseignant/enfant est fondée sur la confiance et les encouragements ; les échanges sur les enfants sont nombreux au sein de l'équipe pédagogique et avec les familles. Les apprentissages sont vécus comme un voyage continu. Les valeurs mises en avant sont la bienveillance et les interactions d'écoute et de dialogue. Une place essentielle est accordée à l'environnement, intérieur, extérieur, considéré comme inducteur d'expériences. Les espaces, conçus comme 3e éducateur, éveillent et stimulent les 5 sens. L'ouverture sur la nature, la rencontre des personnes et des lieux de la région sont exploités comme supports de connaissance. La documentation de l'élève est un outil d'apprentissage privilégié. L'équipe et les enfants eux-mêmes observent leur travail et le documentent. Les “souvenirs du présent” mis en valeur forment un lien entre les enfants, les familles et l'équipe pédagogique. ■

> **“ Il n'est de bonne pédagogie qui ne commence par éveiller le désir d'apprendre. ”**
> François de Closets

→ **Bienveillance / Pédagogie / Petite enfance / Valeurs**

Pour aller plus loin

- www.decet.org
- www.ocde.org

Prévention

La prévention à l'école maternelle consiste à repérer, à aller "au-devant" des effets qui vont ralentir ou empêcher les apprentissages. En apportant une attention à chaque enfant, en relevant des signes d'alerte, en s'adaptant et en répondant aux besoins observés, il s'agit d'éviter l'apparition et l'installation de difficultés graves, de troubles.

Contexte

Le rôle de l'école maternelle est de compenser les inégalités et de prévenir les difficultés. Elles peuvent résulter de troubles ou de déficiences intellectuelles, troubles sensoriels, troubles spécifiques du langage. Elles peuvent être liées à des perturbations des fonctions dites supérieures (attention, mémoire, raisonnement), à des situations de fait extérieures à l'école (rapport à la langue, dégradation de l'environnement éducatif), à des troubles du comportement et de la relation.

La prévention de l'illettrisme

Dès l'école maternelle, prévenir l'illettrisme c'est apporter des réponses adaptées aux facteurs de vulnérabilité pour assurer les acquis de base. Le travail de fond sur la langue orale prépare l'accès à l'écrit ("oral scriptural"). Il se fait à partir d'objectifs prioritaires comme développer un apprentissage méthodique du vocabulaire et de la syntaxe, stimuler la mémoire de l'enfant avec l'apprentissage par cœur de chansons, de textes courts. Prévenir l'illettrisme, c'est aussi s'intéresser aux acquis culturels des élèves, notamment ceux qui sont d'origine étrangère. Leurs réussites dans les domaines moteurs ou de création sont des appuis pour développer leurs compétences langagières.

Prévenir les troubles du langage

La dyslexie et les troubles associés du langage oral et écrit peuvent perturber toutes les activités scolaires, pas seulement en français. Rencontrer les parents et leur conseiller d'en parler à leur médecin qui pourra prescrire un bilan chez un orthophoniste ou un psychomotricien afin d'évaluer le niveau des difficultés de l'enfant, est une première étape. Le cas échéant, une prise en charge est envisagée. Dès que l'enfant bégaie de manière répétée, il s'agit d'une "urgence", et dans tous les cas, il faut envoyer consulter un médecin qui adressera éventuellement l'enfant en orthophonie. La grande majorité des bégaiements sont des troubles passagers qui guérissent spontanément mais, comme on ne sait pas chez quel enfant le trouble deviendra permanent, il faut le prendre en charge. Le plus souvent, avant l'âge de quatre ans, une simple guidance parentale suffit à éliminer ce trouble de façon définitive.

La prévention des conduites à risques

L'école maternelle a la mission importante d'apprendre à de jeunes enfants à vivre ensemble en intégrant et en comprenant les règles du groupe. Plusieurs déterminants étayent les démarches pédagogiques : le rôle joué par les phénomènes d'affiliation et les pairs, la qualité de l'environnement et le climat scolaire, l'estime de soi et la capacité d'adaptation face à des événements imprévus

4,1 %

C'est le taux de jeunes de 17 ans se déclarant en "grande difficulté" face à la lecture, 9,6 % se disant "en difficulté".

(Source : évaluations menées dans le cadre de la Journée Défense et Citoyenneté, 2012)

Dyslexie : quelques signes d'alerte

En Petite Section : L'enfant ne communique pas avec les autres ou le fait surtout par gestes. Il s'isole, se montre agressif ou très agité. Il parle mais est inintelligible pour tout autre que ses proches.

En Moyenne Section : Il n'utilise pas les articles, ne conjugue pas les verbes, etc. La mémoire immédiate est limitée (rythmes, comptines, histoires courtes…). Une certaine maladresse gestuelle est observée.

En Grande Section : Il ne possède pas tous les sons de la langue, fait des confusions sur des sons proches (ch/s ; tr/cr, l, r, pr, pl, etc.). Il ne dispose pas d'un langage informatif, ne peut pas raconter ce qu'il veut dire. La mémoire immédiate auditive est insuffisante, il ne retient que la dernière syllabe d'une phrase ou en mélange plusieurs. La mémoire visuelle est insuffisante. Il ne sait pas bien nommer les principales parties du corps, le dessin du bonhomme est peu structuré. Il ne se repère pas bien dans le temps, ne reconstitue pas la chronologie d'une histoire en images. Il y a une confusion d'orientation des signes, des lettres : haut/bas, droite/gauche, u/n, q/p, d/b, o/a, l/h, f/t. Lettres ou chiffres sont tracés à l'envers, par exemple dans le sens des aiguilles d'une montre pour les (o).

et des situations nouvelles. Des méthodes d'intervention basées sur le développement de compétences psychosociales existent (par exemple le *coping*, terme anglais qui se traduit par "faire face", stratégie d'ajustement de conduites). L'enfant ne subit pas passivement les situations stressantes, il s'entraîne, par des jeux de rôles, à communiquer, à prendre une attitude ouverte en gérant ses émotions.

Éclairage

Désamorcer par le dialogue

Une enseignante de Petite Section témoigne de sa relation avec des parents pour apporter de l'aide à un enfant. S. est arrivé en septembre à l'école. Il était assez passif, très observateur de tout mais ne parlait pas. Il semblait se comporter comme un petit qui n'a jamais connu de relations au sein d'une collectivité. Il frappait facilement ceux qui s'approchaient de lui, ne prêtait pas les objets, et se mettait quelques fois à hurler dans la cour de récréation. Il s'est blessé plusieurs fois parce qu'il a pris des risques. Les autres enfants lui rendaient les coups, et cherchaient à lui prendre les jeux qu'il avait en main. Le parent est venu voir l'enseignante et a engagé le conflit. Après des échanges houleux, enseignante et parent ont pu parler du comportement de l'enfant et de leurs inquiétudes. L'enfant a accepté que la psychologue scolaire vienne l'observer dans la classe. Une équipe éducative a été constituée. Il est maintenant pris en charge par un service de soins. Il va mieux, il commence à communiquer avec des mots. Il a trouvé sa place dans la classe. ■

> **“L'enfant en échec scolaire, c'est l'enfant désajusté dans une salle de classe, qui ne comprend pas vraiment ce qu'on lui dit ou ce qu'on lui demande, qui ne se comporte pas "comme il faut", qu'on sanctionne beaucoup plus fréquemment que les autres.”**
> Entretien avec Bernard Lahire, "La fabrication sociale d'un individu", laviedesidees.fr, 2009

→ **Développement / Différenciation / Handicap / Langage oral**

Pour aller plus loin

- http://eduscol.education.fr/cid52525/vocabulaire-ecole-maternelle.html
- www.inpes.sante.fr/10000/themes/sante-ecole/index.asp
- www.yapaka.be/files/page/rapport_recherche_jeux_role_maternelle.pdf

Primaire

On désigne par école primaire le niveau de scolarité qui couvre l'école maternelle et l'école élémentaire. C'est le premier degré de l'enseignement et la première étape du parcours scolaire des élèves. Il doit assurer la maîtrise des instruments fondamentaux de la connaissance.

Contexte

Petite histoire de l'école

L'école française s'est construite au XIXe siècle selon deux ordres distincts : l'ordre primaire installé au sein de chaque département et l'ordre secondaire géré depuis le ministère par le relais des inspections générales. Chacun a ses enseignants et chacun sa culture pédagogique ; une école du peuple cohabite avec une école des notables.

L'école primaire s'organise en service public avec les lois Ferry, la loi de gratuité (1881), l'obligation d'instruction et son corollaire, la laïcité (1882). En 1889, ils deviennent fonctionnaires d'État. L'organisation actuelle date de la mise en système des établissements dans les années soixante. La prolongation de l'obligation scolaire jusqu'à 16 ans (1959) aboutit à l'installation du collège unique (1975) et à l'introduction de la logique des cycles.

Une communauté d'éducation

L'école maternelle appartient au système éducatif dont elle est le niveau de base. Elle est le premier lieu collectif d'éducation et de transmission de savoirs. Les écoles sont dirigées par des directeurs, qui ne sont pas des chefs d'établissement. Les enseignants travaillent sous leur responsabilité mais il n'est pas leur supérieur hiérarchique ; c'est l'inspecteur de la circonscription qui a cette autorité. Les enseignants de maternelle ont les mêmes Obligations réglementaires de service (ORS) que tous les professeurs des écoles (circulaire 2013-019 du 4 février 2013). 27 heures dont 24 hebdomadaires d'enseignement à tous les élèves et 3 heures hebdomadaires en moyenne annuelle pour des tâches diverses, soit 108 heures annuelles. L'organisation des 108 heures annuelles de service est précisée dans un tableau élaboré en équipe et adressé à l'inspecteur pour validation.

Les enseignants ont le choix de leurs démarches pour mettre en œuvre le programme officiel. Leur liberté s'exerce dans le cadre du programme. Des attendus de fin de cycle leur fournissent des jalons pour construire la progressivité des apprentissages sur 3 ans.

Un cycle à part entière

La loi pour la refondation de l'École du 8 juillet 2013 fait évoluer le principe du socle. Par son nouveau programme, l'école maternelle devient, en quelque sorte, le "socle du socle", un cycle à part entière qui introduit les finalités du nouveau socle. Une nouvelle carte d'identité est définie (Code de l'éducation, article L321-2). À la fin du parcours du cycle 1, la synthèse des acquis des élèves permet de démarrer les apprentissages du cycle 2, qui correspond à l'entrée au CP. Le fait de repenser l'école maternelle comme un cycle unique

6 788 800

C'est le nombre d'élèves du premier degré à la rentrée 2014. Il y a 25,8 élèves par classe en moyenne dans le pré-élémentaire, 23 élèves par classe en moyenne dans l'élémentaire.
(Source : MENESR-DEPP)

exprime la volonté de redonner aux élèves du temps pour apprendre.
Ces nouveautés pédagogiques traduisent la recherche d'une approche équilibrée, qui vise à résoudre des tensions antérieures entre une "école du laisser grandir" et une école "primarisée". L'école maternelle concilie deux "modèles" de référence : une approche dite développementale, centrée sur l'enfant pour des apprentissages dits indirects ou incidents (modèle "nordique") et des interventions plus marquées de l'enseignant animé par des intentions didactiques précises, pour favoriser des apprentissages voulus et structurés (modèle français).

De nouveaux rythmes

En septembre 2013, la réforme des rythmes scolaires a modifié les horaires de l'école ; 180 jours de classe sur 24 heures hebdomadaires sont proposés, contre 144 jours auparavant. Cette organisation du temps répond à des objectifs pédagogiques et doit permettre aux enfants de mieux apprendre à l'école. Il s'agit de mieux utiliser la disponibilité des enfants le matin et d'optimiser la succession des matinées pour des temps d'apprentissage plus réguliers. En maternelle, les nouveaux rythmes ont amené les équipes à réorganiser les emplois du temps, en fonction de la cadence de la nouvelle semaine, de planifier la progressivité annuelle selon cinq périodes. L'aménagement des espaces a permis de ménager des temps de respiration dans les classes de Petits, grâce à des "espaces de repli sur soi" et d'isolement. Les coins de jeux ont été revus comme des espaces d'appropriation pour des petits groupes en activités libres, autonomes. Une évaluation des incidences réelles sur les apprentissages conduira les équipes à revoir certaines dispositions pour qu'elles s'adaptent mieux au jeune âge des enfants de maternelle.

Éclairage

La liaison GS/CP

Cette liaison articule la maternelle à l'élémentaire et accompagne la transition vers les apprentissages du cycle 2. La question de l'autonomie de l'enfant, de sa capacité à organiser son travail scolaire est centrale dans le passage entre les deux écoles. La réussite passe par la mise en place d'actions pédagogiques, de rencontres et d'une communication régulière entre tous les acteurs : enseignants, parents, enfants. Des écoles instaurent une sorte de tutorat individuel entre les élèves de GS et de CP à partir du troisième trimestre : accueil de deux élèves de GS dans la classe de CP en fin d'année. En fin d'année, les GS invitent la classe de CP à venir répondre à leurs questions. Tout au long de l'année, des moments de lecture-plaisir ont permis aux deux classes de mieux se connaître. Les parents des futurs élèves de CP sont réunis en fin d'année. Les enseignants des deux écoles ont élaboré et présentent un livret d'accueil pour le CP. Les parents peuvent visiter les locaux, l'équipe de l'élémentaire explique les objectifs du suivi à la maison, et leur rôle auprès des enfants pour que le "passage" se déroule bien. ■

> **« Être autonome, c'est pouvoir se consoler tout seul. »**
> Bianca Zazzo, *De l'école maternelle à l'école élémentaire, un grand passage*, 1984

→ Maternelle / Rythmes scolaires / Transitions

Pour aller plus loin

- http://eduscol.education.fr/cid46787/l-ecole-primaire.html
- www.education.gouv.fr/cid195/les-chiffres-cles.html

Programmations (progressions)

Les programmations sont des outils pour préparer la classe afin de s'adapter aux rythmes des élèves, tout en offrant un enseignement en conformité avec les programmes. Elles constituent des repères qui permettent d'ordonner et de hiérarchiser les apprentissages. Elles assurent la cohérence et la continuité dans le parcours des élèves.

Contexte

Un cadre général

Les programmations font partie des outils professionnels exigés pour tous les enseignants (*cf.* compétence P3 du Référentiel de compétences des professeurs). Préparer sa classe permet d'organiser et de planifier son enseignement en conformité avec les attendus institutionnels. La réflexion en équipe est indispensable pour répartir une programmation des activités par niveau de classe, afin d'offrir aux enfants un parcours d'apprentissage équilibré, dans chaque domaine. Elle aide les enseignants à planifier leur enseignement, par périodes sur l'année, mensuelles, hebdomadaires ou journalières.

Un cadre général

Les programmes de l'Éducation nationale constituent le cadre à l'intérieur duquel l'enseignant va élaborer ses programmations. S'appuyant sur la liste des connaissances et des compétences, organisées pour l'école maternelle en cinq domaines d'apprentissage, il conçoit des outils répondant à des besoins précis pour mieux anticiper, réguler, ajuster sa pratique, au service des élèves.

Des outils avec des logiques différentes

La programmation consiste en l'organisation des contenus d'apprentissage sur une durée déterminée, une projection des activités sur la semaine, le mois ou l'année scolaire découpée souvent en 5 périodes. Chaque période correspond en principe à un intervalle entre les vacances scolaires.

Quelques principes pour élaborer une programmation

- Repérer les principaux domaines du programme pour avoir une idée précise des connaissances à construire pour chacune des notions. Travail en équipe.
- Choisir des projets de classe, intégrés dans le projet d'école, pour couvrir les différents domaines du programme.
- Respecter une logique par niveau de classe ou par année scolaire.
- Mettre en cohérence contenus, compétences et activités.
- Évaluer le temps consacré à chaque partie programmée. Ordonner les sujets choisis pour les répartir selon les périodes. Assurer un équilibre dans les activités.
- Programmer tout en préservant de la souplesse : évaluer pour réguler.

La programmation ne tient pas compte du cheminement différencié des élèves. Elle renvoie à une logique temporelle soumise à une unité de temps. En cela, elle se distingue de la progression qui renvoie à une logique didactique : c'est l'organisation d'une suite graduelle de savoirs (organisation selon un ordre progressif de difficultés). La progression tient compte des rythmes et progrès des élèves. La notion de difficulté croissante conditionne l'organisa-

10 à 15 h

C'est le temps moyen par semaine nécessaire à un enseignant débutant pour préparer sa classe.

Programmation : Écouter de l'écrit et comprendre-Découvrir la fonction de l'écrit					
Périodes	1	2	3	4	5
Attendus en fin de Petite Section	S'initier oralement à la langue écrite en écoutant des histoires lues par l'enseignant	Ranger les albums à leur place appropriée : dans des caisses dont le codage est lisible, ou devant une photocopie de leur couverture.	Reconnaître les supports d'écrits utilisés en classe : albums de jeunesse, imagiers, documentaires, chansons, comptines, recettes, listes	Identifier les personnages d'une histoire : les nommer, repérer les intrus, jouer avec les marottes des boîtes à histoire.	Reformuler à l'aide d'illustrations : images séquentielles d'un album, images projetées, photos des activités vécues en classe.
	Utiliser et s'approprier un coin-lecture/la bibliothèque de classe.	Utiliser correctement le livre : le tenir à l'endroit, tourner les pages sans déchirer.	Reconnaître son prénom écrit en majuscule d'imprimerie.	Retrouver une page photocopiée d'un album.	Commencer à produire des écrits par la dictée à l'adulte.
				Retrouver un détail sur une page d'un album.	

tion didactique d'une progression car elle se construit autour d'une unité de sens.

À partir des programmations et progressions, l'enseignant bâtit ses séquences. Elles constituent un ensemble continu de séances (ou discontinus quand la situation d'apprentissage est proposée une fois par semaine, ou par mois, telle qu'une activité de graphisme, par exemple), articulées entre elles dans le temps. Elles sont organisées autour d'une ou plusieurs activités, en vue d'atteindre des objectifs fixés par les programmes. Les séances s'organisent autour d'un objectif et des attendus spécifiques à atteindre et correspondent à une unité de temps à l'intérieur d'une séquence. Le cahier journal contient le compte rendu chronologique des activités prévues par l'enseignant et réalisées effectivement. Cet outil lui permet de réajuster et de réguler sa pratique, en s'appuyant sur le bilan qu'il effectue à la fin de la journée.

Éclairage

Un exemple de programmation en PS

L'enseignant de Petite Section a programmé pour les 5 périodes de l'année, les attendus associés à l'objectif "Écouter de l'écrit et comprendre", dans le domaine "Mobiliser le langage dans toutes ses dimensions, l'écrit". Il construit pour chacun des objectifs, une programmation annuelle qui lui permet de planifier, à long terme, les activités proposées aux enfants. Sa projection sur l'année, à partir de ces objectifs, l'aide à mieux accompagner la construction de ces compétences chez les enfants (*cf.* tableau). ■

> **« Dans toute activité complexe, confrontée à l'imprévu, à des urgences, à l'incertitude, à la résistance du réel et des acteurs, mieux vaut abandonner l'idée qu'un plan bien conçu suffit. Il faut à la fois s'en donner un et admettre que son sort sera assez souvent d'être mis en échec par les événements. »**
> Philippe Perrenoud, "Gérer le temps qui reste : l'organisation du travail scolaire, entre persécution et attentisme", Université de Genève, 2000.

→ **Emploi du temps / Programmes / Référentiel**

Pour aller plus loin

- Geneviève Meyer, *Cheminement en maternelle*, Hachette éducation, 2010.

Programmes

Les programmes définissent les missions de l'école, les horaires des enseignements et orientent les priorités des contenus à enseigner. Un programme spécifique est défini pour l'école maternelle.

Contexte

Une émanation directe de l'État

L'État, par l'intermédiaire du ministère de l'Éducation Nationale, de l'Enseignement Supérieur et de la Recherche, est le responsable exclusif de l'élaboration et de la mise en œuvre du contenu des enseignements et des programmes scolaires, dont il contrôle l'application. Il définit l'organisation des cursus scolaires, des filières, ainsi que les modalités de l'orientation des élèves, et en assure la gestion. Il détient de ce fait la maîtrise totale des compétences pédagogiques. La décision de renouveler ou de créer un programme relève du ministre de l'Éducation nationale. Jusqu'en 1989, la conception des programmes appartenait uniquement à l'Inspection générale. Après la loi d'orientation de 1989, l'élaboration des programmes relevait du Conseil national des programmes (CNP). Depuis 2013, c'est le Conseil supérieur des programmes (CSP) qui élabore les textes avant de les soumettre à la signature du ministre. Chaque nouveau programme est publié dans le Bulletin Officiel de l'Éducation Nationale.

Les programmes revêtent un caractère obligatoire pour les enseignants. Des documents ressources, aujourd'hui publiés sous format numérique (sur le site Eduscol) accompagnent les programmes pour guider les enseignants dans leur mise en œuvre. Les programmations élaborées par les enseignants leur permettent d'organiser la progressivité des apprentissages. L'Inspecteur de l'éducation nationale vérifie la conformité des enseignements au regard des programmes à travers une évaluation individuelle.

Une apparition récente pour l'école maternelle

En 1908, les premiers "Programmes et instructions" définissent l'objet et la méthode de l'école maternelle. Les Instructions de 1921 traduisent le projet de Pauline Kergomard, inspectrice générale nommée par Jules Ferry, visant l'épanouissement de l'enfant dans sa globalité. Le nouveau statut de l'école maternelle et les programmes qui en résultent marquent une évolution pour inciter à plus d'activités physiques.

Il faut attendre la circulaire d'août 1977, texte d'orientation, pour que les finalités, les objectifs et les méthodes préconisées soient redéfinis. La pédagogie est centrée sur l'enfant, acteur de ses apprentissages. Elle souligne le triple rôle de la maternelle : éducatif, propédeutique et de gardiennage. L'affectivité, le corps, la musique et l'expression artistique sont les domaines prédominants. Les hommes sont autorisés à exercer à l'école maternelle. Le texte d'orientation de 1986 confirme la triple mission de l'école maternelle : scolariser, socialiser, faire apprendre et exercer. Les apprentissages donnent la priorité aux activités physiques.

En 1995, les premiers programmes officiels depuis 1921 organisent les enseignements en 5 domaines d'activité, le domaine du "Vivre ensemble" étant la priorité. En 2002, et en 2008, les enseignements sont

1908

C'est la date de publication des premiers textes programmatiques pour l'école maternelle.

organisés en 6 domaines d'activité. Le langage est la priorité affichée dans les deux programmes ("le langage au cœur des apprentissages" et "s'approprier le langage").

Un nouveau programme en 2015

La loi du 8 juillet 2013 pour la refondation de l'École donne une nouvelle mission à l'école maternelle. Organisée en un cycle unique, elle porte deux ambitions essentielles. Elle prépare progressivement les enfants aux apprentissages qui seront dispensés à l'école élémentaire en respectant le rythme de chacun. Elle participe, dès le plus jeune âge, à la réduction des inégalités, en particulier en matière de langage. "Apprendre ensemble et vivre ensemble" est l'enjeu essentiel du programme de 2015, qui établit les bases de la construction d'une citoyenneté respectueuse des règles de la laïcité, ouverte sur la pluralité des cultures dans le monde ainsi que les conditions de l'égalité filles et garçons. Ce programme réaffirme la place du jeu, comme modalité d'apprentissage spécifique du jeune enfant. Il se décline en 5 domaines d'apprentissage: "Mobiliser le langage dans toutes ses dimensions (l'oral et l'écrit)", "Agir, s'exprimer, comprendre à travers l'activité physique", "Agir, s'exprimer, comprendre, agir à travers les activités artistiques", "Construire les premiers outils pour structurer la pensée", "Explorer le monde".

Éclairage

Exemple d'évolution de la place d'un domaine dans les textes officiels

La place accordée au langage oral dans les programmes témoigne de l'évolution des ambitions affichées pour l'École, en particulier pour son rôle déterminant dans la réussite scolaire. C'est autour des années 1990 que se posent de manière cruciale la lutte et la prévention contre l'illettrisme. La maîtrise du langage à l'école devient la priorité pour compenser les inégalités. Dans le texte d'orientation de 1977, le domaine "le langage oral" est placé en avant dernière position, avant le développement cognitif et après les domaines "l'affectivité, le corps, la musique, l'expression plastique et l'image". À partir des programmes suivants, il change de dénomination mais figure parmi les premiers domaines d'activité ou d'apprentissage. "Les Activités de communication orales et écrites" sont placées en second après les activités physiques, dans le texte d'orientations de 1986. Les premiers programmes de 1995 placent le domaine "Apprendre à parler et à construire son langage", en seconde position après le "Vivre ensemble". À partir du programme de 2002, le langage est la priorité de tous les domaines. Il s'intitule "Le langage au cœur des apprentissages", puis "S'approprier le langage". Dans le nouveau programme de 2015 "Mobiliser le langage dans toutes ses dimensions" est le premier des 5 domaines d'apprentissage qui organisent les enseignements. ■

> « Faire progresser tous les élèves, c'est la finalité du nouveau programme de l'école maternelle [...]. Il assure les premiers pas de chaque enfant sur les chemins de la connaissance, et d'abord celle de notre langue, tout en développant son attention aux autres et posant les bases de son plein épanouissement. »
> Najat Vallaud-Belkacem, *Lettre aux parents d'élèves*, septembre 2015

→ Kergomard / Maternelle / Pédagogie / Programmations

Pour aller plus loin

- Antoine Prost, *Histoire générale de l'enseignement et de l'éducation en France*, Tome IV, Perrin, 1981.

Projet

Le projet est un ensemble finalisé d'activités et d'actions planifiées sous la responsabilité d'un adulte ou d'une équipe et qui répond à des besoins dans des délais fixés. Inscrit dans une pratique de pédagogie active, le projet donne du sens aux apprentissages.

Contexte

Présent dans de nombreux champs professionnels, le terme de "projet" fait son apparition dans les textes officiels vers les années 1970. À la suite du mouvement de l'Éducation nouvelle, la **pédagogie** s'empare de ce terme par volonté d'accroître l'efficacité de l'acte éducatif. C'est au début du XXe siècle que John Dewey (1859-1952), philosophe américain spécialisé en psychologie et en pédagogie, développe la théorie du *learning by doing* (apprendre en faisant), devenant ainsi un des précurseurs de "la pédagogie de projet". En France, **Célestin Freinet** (1896-1966) donne une visée utilitaire au travail effectué en classe. Il préconise "le tâtonnement expérimental" en rendant les enfants actifs. Germaine Tortel, inspectrice des écoles maternelles (1896-1975), à partir des principes de sa "pédagogie d'initiation", promeut la pédagogie de projet en incitant les élèves à l'expression spontanée artistique, verbale et corporelle. Elle insiste sur les visées éducatives de l'action collective.

La pédagogie de projet se caractérise par :

- Un sujet d'étude motivant pour l'élève, dont la question de départ suppose un problème à résoudre.
- Un travail en **équipe** des élèves, assistés par l'enseignant.
- Une **autonomie** guidée des élèves dans la détermination du sujet, de la démarche et de la réalisation.
- Une démarche anticipée, en partie planifiée par l'enseignant.
- Une production concrète attendue, valorisée socialement, accessible au public.

La pédagogie de projet, la démarche de projet

L'école maternelle, qui a (sur)vécu sans textes officiels de 1908 à 1977, s'est largement emparée de ces pratiques de pédagogie active. Les inspectrices des écoles maternelles, les associations telles que l'AGEEM (Association générale des enseignants des écoles maternelles), les publications comme *Éducation enfantine* ont amplement contribué à impulser des dynamiques de réflexion et d'actions pédagogiques par la diffusion des travaux de chercheurs, d'échanges de pratiques et d'expériences. Plus que l'école élémentaire, la maternelle a su s'inspirer de démarches plaçant l'enfant au centre des dispositifs d'apprentissage. Les modalités organisationnelles telles que le fonctionnement de la classe en **ateliers** ou le travail en groupe procèdent de cette nécessité de rester au plus près des processus d'apprentissage des jeunes enfants. Aussi, on évoquera des démarches de projet spécifiques à l'école maternelle, plus qu'une pédagogie de projet qui se référerait à une idée, ou à un pédagogue : l'école maternelle s'est construite, avec la liberté d'action qui lui était offerte, en puisant dans des outils et des conceptions pédagogiques

1990

C'est l'année où a été institué le caractère obligatoire du projet d'école (circulaire n° 90-039 du 15 février 1990).

Les projets institutionnels

La loi d'orientation de juillet 1989 institutionnalise le projet d'école, qui est un document contractuel entre les enseignants et les autres membres de la communauté éducative. L'objectif est l'amélioration des résultats des élèves en s'appuyant sur les particularités locales. La mobilisation de l'équipe pédagogique est sollicitée pour articuler les objectifs et contenus des programmes nationaux avec les besoins identifiés de l'école : le but est de placer l'enfant au centre du système éducatif en personnalisant son parcours. Le projet, adopté en conseil d'école, est transmis par voie hiérarchique à l'inspecteur d'académie. L'institution promeut non seulement les projets institutionnels, mais aussi la pédagogie de projet. Dans tout projet, il y a des étapes à respecter : l'analyse de la situation, l'identification du problème à résoudre, le choix de la stratégie adoptée, la planification et la hiérarchisation des étapes, la distribution des tâches, la mise en œuvre, l'évaluation.

correspondant à une certaine vision du jeune enfant prônant son épanouissement et le développement de ses capacités.

Différence entre thème et projet

L'école maternelle a toujours cherché à fédérer le groupe autour d'un projet de travail commun. Pendant longtemps, elle a proposé des "thèmes" tels que : les saisons, les fêtes rythmant la vie scolaire (carnaval, le spectacle de fin d'année) pour mobiliser les enfants en donnant du sens aux apprentissages. La distinction entre le thème et le projet se situe dans la question de départ qui implique de résoudre un problème. Par exemple, pour un travail autour des animaux, le thème serait d'identifier et de recenser les habitats des animaux, alors que le projet répondrait à la question : "Où vivent les animaux en hiver ?"

Éclairage

Un exemple de projet en Grande Section

Le projet porte sur la problématique suivante : "Où vivent les animaux en hiver ?"

Les enfants sont en recherche :

- Ils émettent des hypothèses. Les animaux vivent dans des grottes, sous la terre, dans les arbres, dans des maisons, des cabanes.
- Ils vérifient leurs propositions en se documentant à la bibliothèque, en prélevant des informations, en découpant des photos.

L'enseignant projette des films documentaires pour enrichir leurs connaissances.

L'enseignant organise des sorties au zoo, dans des parcs animaliers.

- Les enfants confrontent leurs hypothèses avec la réalité : ils réalisent des affichages avec des photos, des dessins.

Ils fabriquent des habitats en utilisant des matériaux qu'ils sélectionnent.

Le projet appartient aux enfants : l'enseignant est le régulateur des actions. Il ne devance pas les propositions, il les accompagne en ajustant leur faisabilité. ■

> « Un projet oblige à coopérer, donc à développer les compétences correspondantes [...] les élèves prennent conscience de l'importance d'une intelligence collective ou distribuée, de la capacité d'un groupe, s'il fonctionne bien, de se fixer des buts qu'aucun individu ne peut espérer atteindre seul. »
>
> Philippe Perrenoud, *Apprendre à l'école à travers des projets : pourquoi ? Comment ?*, Université de Genève, 1999.

→ Freinet / Maternelle / Pédagogie / Posture éducative

Pour aller plus loin

- Marc Bru, Louis Not, *Où va la pédagogie du projet ?*, Éditions Universitaires du Sud, 1987.

Propreté

Le terme propreté renvoie à un ensemble d'aptitudes acquises par le jeune enfant qui lui permet de contrôler les sphincters de la vessie et des intestins. En principe, les enfants sont propres lorsqu'ils entrent à l'école maternelle à 3 ans.

Contexte

Accompagner le processus de propreté

Aujourd'hui, l'attitude éducative respectueuse du développement de l'enfant a remplacé les conduites plus rigides des années 1920-1930. La démarche prônée par le Professeur Brazelton, pionnier dans la recherche sur les compétences des bébés, est devenue la norme qui consiste à accompagner ce processus de propreté : on n'apprend pas à un enfant à être propre, il devient propre par un processus d'acquisition qui nécessite entre 3 et 6 mois de stabilisation.

Quelques repères permettent d'identifier le moment au cours duquel l'enfant est prêt à cet apprentissage. Lorsqu'il peut descendre et monter un escalier de manière alternée, lorsqu'il est capable de pédaler sur un tricycle, lorsque la préhension fine d'un outil scripteur s'installe et se détache de l'empaume, lorsque le langage se développe et qu'apparaît le pronom "je", on peut supposer que l'enfant pourra être activement associé au processus de propreté. Cela étant, il demeure indispensable de respecter les étapes de l'évolution propre au rythme de chaque enfant, en adoptant des attitudes de sollicitations, d'encouragements et de félicitations. Il n'est pas inutile de rappeler que cet apprentissage se réalise au sein de la famille. Cette étape structure de manière significative les adaptations éducatives entre les parents et l'enfant qui correspond à un temps d'évolution fort, permettant la croissance physique et psychique de l'enfant tout autant que le fait de "faire grandir" les parents dans leur parentalité.

L'accueil à l'école et la propreté

L'inscription des enfants à l'école maternelle n'est pas conditionnée, dans les textes, à l'acquisition de la propreté, même si elle fait partie des dispositions importantes pour l'accès à l'école. La circulaire n° 2014-088 relative au règlement type départemental du 9 juillet 2014 précise que tout enfant âgé de 3 ans au 31 décembre de l'année civile doit pouvoir être accueilli dans une école maternelle ou une classe enfantine si sa famille en fait la demande. On retrouve toutefois, dans les règlements-types académiques, la mention suivante dans la rubrique "admission" : *"Les enfants dont l'état de santé et de maturation physiologique constaté par le médecin de famille est compatible avec la vie collective en milieu scolaire peuvent être admis à l'école maternelle ou dans une classe maternelle."* L'école maternelle n'a pas vocation à enseigner l'apprentissage de la propreté.

Le passage aux toilettes collectif : un moment éducatif passé de mode ?

Le passage de la vie familiale à la vie collective peut entraîner une régression dans ce domaine et pour de nombreux enfants, le passage collectif aux toilettes est inadéquat, pouvant provoquer des réactions d'évitement liées à l'absence d'intimité de ces moments collectifs. Toutefois, si ces passages

40 %

C'est le pourcentage d'enfant n'ayant pas acquis le contrôle nocturne à 3 ans, il est de 80 % à 2 ans.

Les conditions de la propreté

La propreté nécessite d'atteindre une maturité à différents niveaux:

- La maturité physiologique: elle est liée à la maîtrise du sphincter anal (à partir de 18/21 mois). Pour maîtriser le besoin d'uriner, l'enfant doit contrôler le sphincter vésical (autour de 2 ans), qui nécessite une conscience active.
- La maturité des nerfs sensitifs: elle correspond à la sensation de "plein", préalable à la nécessité de faire ses besoins qui est ressentie vers de 2 ans.
- La maturité intellectuelle: l'enfant doit comprendre de lui-même la relation logique réunissant la sensation (envie de faire ses besoins), le pot et le résultat de la sensation initiale (urines, matière fécale).
- La maturité affective: elle correspond au désir de grandir de l'enfant, et à sa capacité à comprendre ce que ses parents attendent de lui.

collectifs pour les plus petits permettent de structurer ce temps d'éducation, ils doivent progressivement diminuer pour laisser à l'enfant l'occasion d'exprimer ses besoins individuels. Les passages collectifs ne sont pas justifiés pour les enfants de Moyenne et Grande Section. L'école maternelle insiste également sur le fait que ces temps doivent occuper une place équilibrée au sein des enseignements. La problématique de l'hygiène doit faire l'objet d'une réflexion au sein de l'équipe d'école afin de mettre en œuvre des organisations qui conduisent à une réelle autonomie physique et au respect de l'intimité de chacun. Les parents doivent y être associés, notamment au moment où ils accompagnent leur enfant, lors du temps d'accueil.

L'accueil des enfants de moins de 3 ans

La loi pour la refondation de l'École de 2013 permet, dans le cadre de l'Éducation prioritaire, de favoriser l'accueil et la scolarisation des enfants de moins de 3 ans. Dans ce dispositif, certaines conditions doivent être réunies pour réussir cette première scolarisation. Parmi celles-ci, la confiance établie avec les parents pour les impliquer dans la scolarité de l'enfant, le respect des rythmes spécifiques du jeune enfant, la souplesse d'un accueil adapté et aménagé, ainsi que le respect des étapes de son développement, sont des éléments essentiels.

Éclairage

Une acquisition progressive

Abdou entre à l'école à 2 ans et 7 mois. Il est propre le jour, mais souvent, se réveille "mouillé" après la sieste. En accord avec les parents, l'école propose dans un premier temps, en collaboration avec l'ATSEM, de faire porter une couche-culotte à Abdou l'après-midi. Lorsqu'on aura observé que la couche reste propre durablement, on se met d'accord pour la lui retirer et passer à l'étape de la propreté acquise, par le dialogue constant avec la famille qui respecte les mêmes règles à la maison. ■

> **« Il ne faut pas "mettre la pression" sur les enfants pour la propreté par rapport à la rentrée scolaire, sinon, vous allez les bloquer vraiment [...]; il ne faut pas que les enfants fassent un rapport entre la maîtrise de leurs sphincters (sphère intime) et l'apprentissage des connaissances (sphère cognitive). »**
> Edwige Antier, www.edwigeantier.org/questions-reponses/sujet/proprete/

→ Accueil / ATSEM / Autonomie / Développement / Hygiène

Pour aller plus loin

■ Tony Berry Brazelton, *Points forts, tome I: De la naissance à 3 ans*, Le Livre de Poche, 1999.

Protection de l'enfance

La protection de l'enfance consiste à prévenir les difficultés auxquelles les parents peuvent être confrontés dans l'exercice de leurs responsabilités éducatives, à les accompagner et à assurer, le cas échéant, une prise en charge partielle ou totale des enfants.

Contexte

La protection de l'enfant incombe d'abord aux parents, qui exercent "l'autorité parentale", c'est-à-dire "un ensemble de droits et de devoirs ayant pour finalité l'intérêt de l'enfant" (art. 371-1 Code civil). Elle est régie par la loi n° 2007-293 du 5 mars 2007, et par la Convention relative aux droits de l'enfant du 20 novembre 1989 (ratifiée par la France le 7 août 1990). La loi n° 2000-197 du 6 mars 2000 (modifiant le Code de la santé publique) renforce le rôle de l'école dans la **prévention** et la détection des faits de mauvais traitements aux enfants. L'école a pour devoir de protéger les enfants maltraités, les mineurs en danger dont elle a connaissance. Elle agit en prenant en compte leurs **besoins** fondamentaux, physiques, intellectuels, sociaux et affectifs. L'article 40 du Code de procédure pénale fait par ailleurs obligation à tout fonctionnaire dans l'exercice de ses fonctions de signaler tout crime ou délit dont il aurait connaissance. La non-dénonciation d'une maltraitance malgré l'obligation peut être punie de 3 ans d'emprisonnement et de 45 000 € d'amende.

Les enfants à protéger

La loi du 5 mai 2007 réformant la protection de l'enfance renforce le rôle de prévention de l'école maternelle. Elle peut détecter le plus précocement possible les situations à risques, aux moments essentiels du **développement** de l'enfant. Des bilans systématiques par la PMI et une observation attentive et régulière des enseignants sont efficaces. L'enseignant peut être confronté à de la maltraitance physique (griffes, marques de coups...), psychologique (brimades, menaces...), à caractère sexuel ou à des négligences lourdes (manque de soin, nourriture...). Lorsque le jeune enfant vit des situations dont l'impact émotionnel dépasse ses capacités d'intégration psychologique, il a besoin de savoir qu'il est soutenu à l'école. Des signes d'alerte appellent la vigilance. L'enfant à protéger peut présenter différents symptômes, par exemple de la tristesse, de l'inhibition ou de la passivité, une agitation associée à de l'agressivité, une grande quête affective, un désinvestissement des activités. Aucun indicateur seul n'a de valeur en soi, l'enseignant doit relever et analyser ses observations et les partager avec les professionnels de proximité, en évitant de rester seul face à une situation.

Les modalités d'alerte à l'école

Le décret n° 2013-994 du 7 novembre 2013 définit l'information préoccupante que tout enseignant doit rédiger et transmettre en cas de suspicion fondée sur des indices recueillis : *"C'est une information transmise à la cellule départementale pour alerter le pré-*

119

C'est le numéro d'urgence national gratuit, accessible 24 h/24. Le "GIP Enfance en danger" regroupe l'Observatoire national de l'enfance en danger (ONED) et le service national d'accueil téléphonique "119 Allô Enfance en danger".

Éléments de guidance à destination des professionnels émetteurs de l'information préoccupante

1. L'enseignant qui souhaite alerter la cellule départementale de l'existence d'un danger ou d'un risque de danger pour un enfant doit argumenter sa saisine avec des informations précises, telles que: l'environnement de l'enfant, les ressources et capacités des parents.

2. S'il identifie un besoin de procéder à une évaluation plus précise de la situation, ou bien d'assurer une protection immédiate à l'enfant, il procède à la transmission rapide de ses observations à la cellule départementale, y compris en rapportant les paroles de l'enfant telles qu'elles ont été prononcées.

3. Il n'agit pas seul; le travail de réflexion est partagé dans le cadre de discussions professionnelles au sein de l'équipe, avec la directrice, le directeur, le médecin et le psychologue scolaires, l'assistante sociale le cas échéant... Sauf intérêt contraire de l'enfant (protection immédiate), l'école dialogue avec la famille et l'informe de la transmission d'une information préoccupante à la cellule.

sident du Conseil général sur la situation d'un mineur, pouvant laisser craindre que sa santé, sa sécurité ou sa moralité sont en danger ou risquent de l'être ou que les conditions de son éducation ou de son développement physique, affectif, intellectuel et social sont gravement compromises ou risquent de l'être."

Le partage des informations à caractère secret

Il est encadré par des dispositions législatives (article 226-14 du Code pénal et article L.226-2-2 du Code de l'action sociale et des familles). Les membres des équipes éducatives travaillent en étroite collaboration dans le respect de la déontologie. Ils peuvent obtenir aide et conseils auprès des conseillers sociaux et de santé. Dans cette mission de protection, la collaboration avec l'ensemble des partenaires en charge de la protection de l'enfance (conseils généraux, justice, police, hôpitaux...) est essentielle.

Éclairage

Renforcer la prévention en formant les enseignants

Le renforcement de la prévention est assuré par des séances de sensibilisation à l'enfance maltraitée et notamment sur les violences intrafamiliales à caractère sexuel (article L 542-3 du Code de l'éducation). Lors de journées de formation sont abordées les connaissances sur la Convention internationale des droits de l'enfant, les risques que les enfants peuvent encourir dans la vie quotidienne, les différentes formes de maltraitance qu'ils peuvent subir. Les personnels sociaux et de santé sont les interlocuteurs de référence des enseignants. Ils apportent des conseils, de l'information et peuvent intervenir en conseil d'école. La vigilance des équipes éducatives au contact quotidien avec les enfants et leurs parents, facilite une intervention précoce. ■

> **« L'enfant maltraité est celui qui est victime de violences physiques, d'abus sexuels, de cruauté mentale, de négligences lourdes ayant des conséquences graves sur son développement physique et psychologique. »**
> Définition de l'ODAS (Observatoire décentralisé de l'action sociale)

→ Droits de l'enfant / Posture éducative / Prévention

Pour aller plus loin

- Collectif, *Le Guide de la protection de l'enfant*, ESF éditeur, 2009.
- www.allo119.gouv.fr
- www.education.gouv.fr/cid49632/la-protection-de-l-enfance.html

Raisonner (réfléchir)

Raisonner est une opération mentale qui sollicite les gestes d'attention, de perception, d'évocation pour accéder à la compréhension. La verbalisation est nécessaire pour que les enfants prennent conscience de ce qu'ils apprennent. C'est une fonction exécutive de haut niveau.

Contexte

Questionner, réfléchir

Raisonner sur une situation peut être un acte complexe pour certains enfants qui sont attirés par le "faire". Apprendre à raisonner fait partie des activités intellectuelles développées par l'école maternelle, dans tous les domaines d'apprentissage. Elle intervient dans les activités de compréhension, de planification, de catégorisation, de tri, de prise de décision, d'explication, d'argumentation. Sur des situations telles que se demander comment ça marche, l'enseignant formule des questions ouvertes pour mettre les enfants en réflexion. Ils réfléchissent, convoquent des connaissances, recoupent des expériences, font un inventaire des "possibles". Après un temps de tâtonnement et de manipulations, ils sont invités à faire des essais de réponse. Ces activités cognitives de haut niveau sont fondamentales pour leur donner l'envie d'apprendre et pour les rendre autonomes intellectuellement. L'enfant apprend à adopter un autre point de vue que le sien et la confrontation avec la pensée logique lui donne le goût du raisonnement.

Janet Wilde Astington, dans son ouvrage *Comment les enfants découvrent la pensée*, dit que les enfants doivent être capables de parler de ce qu'ils comprennent. Certains peuvent comprendre, mais sans parvenir à l'expliquer. Il ne faut donc pas se hâter de conclure trop vite si l'enfant ne répond pas aux questions.

Apprendre à penser

C'est par l'expérimentation active sur son entourage que l'enfant prend conscience des causes et des effets, de la même façon qu'un scientifique qui met en place une expérience. Les réactions avec l'environnement sont d'abord concrètes, effectuées par tâtonnements puis l'enfant commence à élaborer des pensées, des raisonnements. La représentation permet l'élaboration d'une réflexion imagée, basée non plus sur le monde extérieur mais sur une manipulation d'images mentales. Ce seront les applications de ces images mentales au milieu extérieur qui feront évoluer les expérimentations et permettront de développer la réflexion. Sans la représentation, il n'y a pas de capacités logiques abstraites ni de raisonnement grâce à des images mentales. Un des moyens pour essayer de mieux saisir le chemin suivi par la pensée de l'enfant est de le faire verbaliser. Il comprend qu'en réfléchissant, il peut trouver une méthode efficace pour accomplir sa tâche avec succès. Pierre Higelé, dans son ouvrage *Construire le raisonnement chez les enfants*, propose la question "comment?" qui porte sur quelque chose d'observable. Par ses questions, l'enseignant fait apparaître le cheminement de la pensée de l'enfant. Il est alors dans sa fonction de tuteur en signalant des caractéristiques déterminantes : il doit lui faire remarquer quelles actions sont essentielles à la réussite.

Résoudre des problèmes

Un problème se caractérise par une situation initiale avec un but à atteindre. Lorsque l'enfant doit résoudre un problème, il comprend que la solution n'est pas disponible d'emblée, mais possible à

La démarche de raisonnement sur un problème

Action

expériences sensibles et mentales/manipulations

↓

Recherche

↓

Formulation

mettre en mots/décrire/faire des hypothèses

↓

Mise en commun

↓

Validation

argumenter/discuter/prouver

↓

Entraînement

↓

Institutionnalisation

stabilisation des savoirs/définitions

(Source : groupe départemental Mathématiques et Sciences, académie de Lyon)

construire. Le problème proposé par l'enseignant doit devenir celui de l'élève, qui devra identifier la situation et le but à atteindre. Il devra construire une suite d'actions ou d'opérations matérielles, symboliques pour atteindre ce but. L'enseignant met les enfants en situation de résolution des problèmes : plaisir du jeu, de l'action, de l'exploration, manipulation, tâtonnement sont convoqués.

Éclairage

Mettre le couvert

La situation se passe dans le coin-cuisine de la classe, avec un groupe de 5 élèves de Moyenne Section. L'enseignante est en séance dirigée. Elle dit : "Nous avons des invités pour le goûter d'anniversaire de Bella, la poupée : 4 amis sont invités". Les élèves doivent préparer la table de la fête pour que chaque convive puisse partager le gâteau. Il faut prévoir une assiette pour le gâteau et un bol pour la crème. Ils disposent d'un panier pour transporter les couverts et dresser la table. La première étape consiste à faire l'inventaire des objets nécessaires pour chaque convive : assiette, verre, couverts (cuillère, fourchette, couteau), bol et serviette de table. L'inventaire du matériel disponible est fait. Est-ce qu'il y a assez de matériel ? Que manque-t-il ? La table est dressée, l'enseignante précise que chaque invité doit avoir des couverts de même couleur, mais que le bol et l'assiette doivent être de couleur différente pour faire une jolie table. Après des essais et des discussions, la table est mise. ■

> **« Pour un esprit scientifique toute connaissance est une réponse à une question. S'il n'y a pas de question, il ne peut y avoir de connaissance scientifique. Rien n'est donné, tout est construit. »**
> Gaston Bachelard, *La formation de l'esprit scientifique*, Librairie philosophique J. Vrin, 1934

→ **Dénombrer / Expérimenter / Explorer / Jouer pour apprendre / Situation d'apprentissage**

Pour aller plus loin

- Janet Wilde Astington, *Comment les enfants découvrent la pensée*, Retz, 2016.
- Catherine Duserre, *Les objets, mode d'emploi, j'ai besoin, tu fabriques, ça marche*, Nathan, 2007.
- Pierre Higelé, *Construire le raisonnement chez les enfants*, Retz, 1997.

Récréation

La récréation est un temps de pause accordé à l'enfant dans sa journée d'école, pour se détendre, se distraire dans un lieu dédié. La récréation, considérée comme un temps éducatif à part entière, permet à l'enfant de renouveler ses capacités d'attention mobilisées pendant les temps de classe.

Contexte

La récréation marque une rupture dans la succession des activités proposées dans les classes, pensées pour des apprentissages structurants. La nécessité d'une cour de récréation est apparue au XIXe siècle. Dès 1866, Victor Duruy prescrit une pause, un moment de détente pour chaque demi-journée de classe. Jules Ferry désigne cette pause comme étant une récréation pour permettre à l'enfant d'aller aux toilettes, de se détendre.

L'organisation des récréations, leur durée, leurs horaires sont réfléchis par l'équipe pédagogique qui définit les rôles de chaque adulte dans l'école en référence au règlement intérieur de l'école.

Le Rapport n° 2011-108 sur l'école maternelle de l'IGEN (2011) rappelle que l'école maternelle n'a pas d'horaires affectés aux domaines d'activité. La durée des récréations est donnée de manière indicative dans l'arrêté du 25 janvier 2002 relatif aux horaires : 15 minutes à l'école élémentaire, compris entre 15 et 30 minutes à l'école maternelle. Ce n'est pas tant l'activité de récréation qui est questionnée à l'école maternelle, que sa nécessité, notamment pour les plus petits, qui, après la sieste, n'ont pas obligatoirement besoin d'une "pause" entre les activités proposées.

Un temps d'éducation

Le programme de 2015 distingue les temps éducatifs des temps d'apprentissage : *"L'accueil, les récréations, l'accompagnement des moments de repos, de sieste, d'hygiène sont des temps d'éducation à part entière. Ces moments, nécessaires et réguliers, sont aussi porteurs d'apprentissage et ne peuvent être totalement opposés aux temps de la classe"*. Le Rapport de l'IGEN relève que le modèle scolaire emprunté à l'école élémentaire faisant alterner les temps de travail absorbant dont il faudrait se défatiguer avec des temps de pause, doit être interrogé : *"Si les enfants apprennent autrement que par des leçons ou des exercices mais à partir d'expériences de toute nature, doit-on considérer que la « récréation » – au sens actuel du terme – est nécessaire et ce moment de vie en extérieur est-il vraiment d'une autre nature que les temps d'activités en classe de ce point de vue ?"* De même, pour de nombreux enfants de Petite et Moyenne Section, la récréation est source d'inquiétude et de stress, car liée à un collectif mal supporté : les enfants ne s'y sentent pas toujours en sécurité.

Le rôle des adultes

Les adultes ont une mission de surveillance mais aussi d'éducation pendant les récréations (décret n° 90-788 du 6 septembre 1990 et circulaire n° 97-178 du 18 septembre 1997). Ils sont disponibles, à l'écoute des enfants et en observation active. Si leur rôle est d'abord d'assurer

15 à 30 min

C'est le temps consacré par demi-journée à la récréation, incluant déshabillage/habillage, déplacements et passage aux toilettes.

la sécurité des enfants, ces temps peuvent être mis à profit pour encourager les jeux collectifs et de coopération, où l'on veille à la mixité des genres et à la prévention des conduites de harcèlement. Le service de surveillance, organisé en conseil des maîtres pour assurer une alternance des adultes, dépend de la configuration des lieux, de la taille des groupes et de l'âge des enfants. Aucune norme n'existe en matière d'encadrement minimum selon le nombre d'enfants ; toutefois, il est d'usage qu'il y ait au moins 2 adultes dans la cour à des endroits précis pour intervenir en cas d'accident. Les ATSEM peuvent prendre part à ces temps, en assurant le suivi des déplacements aux toilettes, en offrant une présence rassurante.

L'organisation des récréations

L'organisation des récréations au sein d'une école doit s'inscrire dans une réflexion globale d'aménagement des rythmes de l'enfant, du respect de l'alternance des activités de grande et de moindre vigilance, du respect des besoins de mouvement des enfants, mais aussi de calme et d'isolement. Elles se situent dans un lieu ouvert, la cour/abritée ou non, ou fermé, le préau.

La sortie et le retour en classe impliquent que les temps d'habillage et de déshabillage, accompagnés par l'enseignant et l'ATSEM soient intégrés aux temps de récréation. Ils permettent des échanges privilégiés et encouragent l'autonomie. Les déplacements, s'ils doivent se faire dans le calme, sont aussi gérés et structurés : "le petit train" est à éviter. Les règles de vie dans la cour sont explicites et visibles pour tous les élèves. Elles font l'objet de rappels réguliers.

Les récréations peuvent s'organiser en plusieurs services distincts pour les petits et les plus grands.

L'aménagement

Il se conçoit au sein de l'équipe. L'installation de structures à grimper, de balançoires, de bacs à sable est soumise à des normes de sécurité strictes. Lorsque celles-ci sont autorisées, il est évident que cela apporte une richesse de stimulations pour les enfants. Les jeux tels que vélos, les marelles tracées au sol permettent également une variété d'activités. Les lieux délimités, des petites cabanes permettent d'offrir aux plus craintifs des espaces rassurants.

Éclairage

Un service de tutorat

Aurélien, en Moyenne Section, pleure avant chaque récréation ; malgré les paroles rassurantes de la maîtresse, il refuse d'y aller lorsqu'elle n'est pas de service dans la cour. Un service de tutorat est alors proposé en conseil de maîtres : dorénavant, et pendant tout le premier trimestre, chaque élève de Grande Section est le tuteur d'un élève de Petite ou Moyenne Section. Il a la responsabilité d'aller le chercher en classe, de l'aider à l'habillage, de l'encourager à prendre part aux jeux collectifs, de prendre soin de lui. ■

> **« Dans la cour de récréation, les enfants apprennent à vivre ensemble et mettent en place des règles sociales [...]. Les enfants découvrent le plaisir du jeu collectif mais apprennent aussi qu'il suppose des efforts pour être et agir ensemble. »**
> Julie Delalande, *La récré expliquée aux parents*, Audibert, 2003.

→ Besoins des enfants / Règles de vie / Rythmes scolaires / Sécurité /

Pour aller plus loin

■ Julie Delalande, *La cour de récréation. Pour une anthropologie de l'enfance*, Presses universitaires de Rennes, 2001.

Référentiel (de compétences)

Le Référentiel de compétences professionnelles définit les objectifs et la culture commune à tous les professionnels du professorat et de l'éducation. Ces compétences s'acquièrent et s'approfondissent au cours d'un processus continu, débutant en formation initiale et se poursuivant tout au long de la carrière par l'expérience professionnelle accumulée et par l'apport de la formation continue.

Contexte

Une stratégie européenne

Le premier Référentiel de compétences professionnelles pour les enseignants (2007) s'inscrit dans le contexte de la construction de l'Espace Européen de l'Enseignement Supérieur, tout comme le Socle commun de compétences et de connaissances élaboré pour les élèves à cette même période (en 2006). Il est établi dans le cadre de la "Stratégie de Lisbonne" et du "Processus de Bologne" dans lesquels la France s'est engagée. La responsabilité que représente la formation des maîtres est alors confiée par l'État aux Instituts universitaires de formation des maîtres (IUFM). La réforme de la Mastérisation adoptée le 2 juillet 2010 entraîne l'augmentation du niveau de qualification des enseignants recrutés dorénavant à Bac +5 au lieu de Bac +3. Les IUFM deviennent des composantes à part entière de leur université de rattachement. Les étudiants sont évalués sur l'ensemble des compétences du Référentiel.

La loi pour la refondation de l'École de 2013 intègre un nouveau Référentiel, par l'arrêté du 1er juillet 2013 qui se fonde sur la définition de la notion de "compétence", contenue dans la recommandation 2006/962/CE du Parlement européen. Les étudiants reçoivent une formation dans les Écoles supérieures du professorat et de l'éducation (ESPE). Ce Référentiel s'adresse à l'ensemble des personnels de l'éducation, à l'intérieur duquel sont précisées des compétences communes (14 au total) ou spécifiques pour chacune des catégories (professeurs, documentalistes, conseillers principaux d'éducation). La première compétence appliquée à tous est de "Faire partager les valeurs de la République".

L'enseignant expert de la pédagogie et de la didactique

Le Référentiel dresse le profil de l'enseignant expert, devant former des élèves dans un environnement mondialisé, multiculturel, en constante évolution et surtout marqué par le numérique. La prise en compte des concepts fondamentaux relatifs au développement de l'enfant et aux mécanismes d'apprentissage, ainsi que les résultats de la recherche dans ces domaines sont attendus de tous les enseignants.

Des spécificités pour les enseignants exerçant à l'école maternelle

Si la polyvalence constitue la base du métier d'enseignant, le nouveau Référentiel accorde de manière plus précise, dans chacun des cinq domaines, une place particulière à l'exercice du métier en maternelle. Sont déclinées alors des spécificités relatives à l'accompagnement des jeunes enfants dans leur parcours de formation.

Ainsi, dans la compétence P2, il s'agira d'*"offrir un modèle linguistique pertinent pour faire accéder tous les élèves au langage de l'école"*. À la compétence P3, relative à la construction de situations d'apprentissage, l'enseignant de maternelle devra *"tirer*

Les 5 domaines de compétences

P1. Maîtriser les savoirs disciplinaires et leur didactique.
P2. Maîtriser la langue française dans le cadre de son enseignement.
P3. Construire, mettre en œuvre et animer des situations d'enseignement et d'apprentissage prenant en compte la diversité des élèves.
P4. Organiser et assurer un mode de fonctionnement du groupe favorisant l'apprentissage et la socialisation des élèves
P5. Évaluer les progrès et les acquisitions des élèves

parti de l'importance du jeu dans le processus d'apprentissage et maîtriser les approches didactiques et pédagogiques spécifiques aux élèves de maternelle, en particulier dans les domaines de l'acquisition du langage et de la numération". La compétence P4, qui organise les modalités de fonctionnement d'un groupe afin de favoriser l'apprentissage et la socialisation, précise qu'à l'école maternelle, il faut :

- Savoir accompagner l'enfant et ses parents dans la découverte progressive de l'école, de ses règles et de son fonctionnement, voire par une adaptation de la première scolarisation.
- Adapter, notamment avec les jeunes enfants, les formes de communication en fonction des situations et des activités (posture, interventions, consignes, conduites d'étayage).
- Gérer le temps en respectant les besoins des élèves, les nécessités de l'enseignement et des autres activités, notamment dans les classes maternelles et les classes à plusieurs niveaux.
- Gérer l'espace pour favoriser la diversité des expériences et des apprentissages, en toute sécurité physique et affective, spécialement pour les enfants les plus jeunes.

Éclairage

Tirer parti de l'importance du jeu et gérer l'espace pour favoriser la diversité des expériences

Le nouveau programme de 2015 insiste sur l'importance du jeu comme modalité d'apprentissage spécifique des jeunes enfants. La compétence experte de l'enseignant de maternelle s'affirme lorsqu'il conçoit l'aménagement de sa classe de manière à offrir aux enfants de multiples occasions d'exercer leur besoin de jouer, nécessaire à leur développement. Il fait en sorte qu'en jouant, l'enfant construise des savoirs, d'abord de manière libre, majoritairement en Petite Section, puis, de façon plus structurée en Moyenne et Grande Section. En proposant par exemple, dans le coin-magasin, un espace ordonné composé de nombreux jouets de marchande, il favorise : les interactions langagières entre pairs (entre le marchand et l'acheteur), la catégorisation par tri d'objets, l'approche de la notion de mesure (faire la différence entre litre, kilo, euros), la compréhension de la fonction de l'écrit (faire des listes de courses), la construction du nombre (une boîte de 12 œufs, c'est le double de 6). ■

« Enseigner est un métier qui "s'apprend". Et j'ajouterais : "qui s'apprend tout au long de la vie" dans un processus subtil de développement progressif et intégré de savoirs, de savoir faire et de savoir être. »
Florence Robine, directrice de la DGESCO, 2013

→ Développement / Maternelle / Pédagogie / Posture éducative

Pour aller plus loin

■ Christian Chauvigné, Yves Lenoir (dir.), "Les référentiels en formation", *Recherche & Formation*, n° 64, 2010.

Règles de vie

On appelle règles de vie à l'école maternelle, la liste des comportements attendus de la part de chaque enfant, qui définissent la vie et les relations de la communauté scolaire. Elles sont élaborées sur la base des droits et des devoirs, explicitées aux élèves et/ou rédigées avec eux.

Contexte

Les règles de vie sont constituées de règles collectives qui comportent des droits (s'exprimer, jouer, apprendre, faire des erreurs…) et des obligations (attendre son tour, partager des objets, ranger…). À travers l'analyse des situations de vie, l'enseignant amène les enfants à comprendre pourquoi les règles sont importantes pour organiser et structurer le cadre de vie et d'apprentissage. Elles sont écrites sur une affiche de présentation. Elles sont explicites et stables, parce qu'elles représentent en quelque sorte la loi de la classe. Elles deviennent des références qui permettent de construire le sentiment d'appartenance. L'appropriation des règles passe par la réitération de situations, et le rappel lors de situations de transgression. Pour intégrer profondément des comportements, le jeune enfant doit les expérimenter. L'apprentissage se fait par des situations vécues et encadrées par l'enseignant qui donne du sens, en les verbalisant, aux actes. Il adopte une attitude à la fois souple et rigoureuse dans la régulation du climat de classe, dont il est garant.

Les règles de vie portent en général sur les droits et devoirs des enfants, le respect des autres et du matériel, la gestion des lieux collectifs, le temps de récréation, l'entraide et la solidarité, les règles de prise de parole…

Le contrat éducatif et social de l'école

En Grande Section, les règles sont élaborées avec les élèves et constituent des incitations permanentes au respect des autres, du cadre. Elles sont écrites à la forme affirmative, en évitant la litanie d'interdits. Avant de demander aux élèves de les élaborer, l'enseignant explicite le projet éducatif de l'école, il définit les droits, devoirs, statuts et responsabilités des uns et des autres à l'intérieur du groupe, selon des valeurs de référence. Il parle du règlement intérieur de l'école qui représente la loi et s'impose à tous. Si cela n'est pas explicite, les enfants vont devoir deviner ou interpréter ce qui plaît ou déplaît à l'enseignant, ce qu'il tolère ou non…, qui relève de l'arbitraire de la personne. Or, ce qui est en jeu, c'est la compréhension de ce que c'est qu'être élève. Élaborer des règles, c'est définir les règles du jeu social à l'intérieur de la classe et prendre des décisions quant à l'application de ces règles.

Le conseil d'enfants

Pour développer la participation active des élèves, un conseil d'enfants peut être mis en place au sein de l'école. Il repose sur une pédagogie de la prise de parole qui aide les enfants à "oser dire". Il est composé par des enfants de chacune des classes, délégués, qui représentent leur classe. Lors de ce conseil mensuel souvent piloté par la directrice/le directeur, chaque délégué s'exprime au nom de sa classe pour exposer, faire des propositions, trouver des solutions. Il y a débat, puis l'animateur du débat consigne les conclusions qui deviendront le compte rendu distribué à chaque classe. On peut commencer par réunir les délégués des Moyens et des Grands en invitant toute la classe des Petits à assister. De cette façon, ils comprennent mieux ce que les délégués

Posture de l'enseignant

Les questions qui se posent à l'enseignant sont liées à l'équilibre à trouver entre liberté individuelle et intérêts du groupe, protection des enfants et développement de l'initiative et de l'autonomie.

L'enfant est titulaire des libertés fondamentales et doit pouvoir les exercer. L'adulte en est le garant.

↓

L'exercice des libertés ne peut se faire qu'avec des obligations et des limites justifiées dont l'adulte est le garant.

L'enfant a le droit d'être protégé. L'adulte a l'obligation de garantir sa protection, sa sécurité.

↓

L'usage des libertés doit être restreint, dans l'intérêt de chaque membre du groupe et dans l'intérêt collectif.

vont faire à cette réunion. Le cahier de suivi permet de conserver des traces des débats qui assurent la mémoire de la vie de l'école. Au conseil, on peut aussi faire des propositions pour améliorer la vie. Par expérience, il est arrivé qu'une action relatée par les élèves de l'école maternelle soit adoptée par ceux de l'école élémentaire. C'est une initiative qui permet de comprendre et d'apprendre qu'on peut parler au nom des autres et non en son nom propre. Lorsque les enfants d'école maternelle constatent que leurs propositions sont retenues et appliquées, ils prennent conscience de la valeur accordée à leur parole.

Éclairage

Rédiger les règles de vie

L'enseignant introduit le débat avec ses élèves à partir de questions : Les règles de vie, qu'est ce que cela peut-être ? Dans quels espaces de l'école est-il important d'avoir des règles communes ? Pourquoi doit-on respecter des règles à l'école ? Il affiche une grande image qui montre des comportements d'enfants à l'école. Les élèves observent et disent ce que font certains enfants, ce qu'il ne faut pas faire en classe, dans l'école et pourquoi. Les comportements qui ne sont pas corrects sont marqués d'une croix. L'enseignant écrit sur une fiche la liste des comportements compatibles avec le groupe et les comportements qu'il ne faut pas valider. Dans une nouvelle séance, les enfants jouent avec des cartes qui reprennent des comportements. L'enseignant lit l'album : *Moi j'adore, la maîtresse déteste*, d'Élizabeth Brami. Il mène un débat réglé sur les thèmes abordés par l'album. Les élèves fabriquent un jeu de domino avec les illustrations de l'album. ■

« L'entrée dans la vie scolaire est une épreuve car cette communauté fonctionne avec des règles et des modes de communication spécifiques, que l'enfant va devoir décrypter et s'approprier »
Marie-Thérèse Zerbato-Poudou, guide de réflexion, Congrès AGEEM, 2016

→ Apprendre et vivre ensemble / Droits de l'enfant / Éducation citoyenne / Valeurs

Pour aller plus loin

- Sylvain Connac, *Apprendre avec les pédagogies coopératives. Démarches et outils pour l'école*, ESF Éditeur, 2013.
- www.lamaitresseaime.fr/domino-moi-j-adore-la-maitresse-deteste-a48595370
- www.occe.coop/federation/publications/indexphpoptioncomcontentavie warticleaid346

Regroupement

Le regroupement des enfants offre diverses unités de structuration de la classe et de mise en œuvre des situations pédagogiques pour répondre à des objectifs d'apprentissage.

Contexte

Le choix des modes de regroupement induit des modes d'apprentissage et répond à des objectifs sociocognitifs. Tout au long de la journée, l'enseignant doit scander le temps de classe par des regroupements qui permettent de faire vivre la communauté, tout en ménageant des activités plus individuelles. Il y a une interaction forte entre les apprentissages et les alternances des modes de groupement, les choix opérés par l'enseignant ont des impacts directs sur le fonctionnement du groupe, la nature des relations, la prise en compte de parcours différenciés, les scénarios pédagogiques. La mise en groupe s'appuie sur des règles: la durée, les échanges, les consignes de gestion matérielle… Apprendre à jouer des rôles au sein d'un groupe aide les enfants à construire des compétences sociales et civiques. Il est nécessaire de faire régulièrement des bilans au sein du groupe-classe. La journée doit aussi offrir des tâches tout à fait individuelles comme les moments d'exercices, d'écriture, de jeux sur tablette, peinture… Ils sont indispensables pour ménager aux jeunes enfants des temps de repli sur soi, d'extraction du poids du groupe.

Le groupe-classe

Le groupe-classe est l'unité de base du collectif. Il réunit tous les enfants autour de l'enseignant à certains moments clés de la journée. Il leur permet de construire le sentiment d'appartenance en tant que membres du groupe. Au cours des moments dits de ritualisation, l'enseignant instaure le cadre scolaire par des scénarios d'appropriation et de participation; les bilans et les synthèses de projet en font partie. Ce sont des occasions de partages culturels: reprise à l'unisson de chansons, de comptines, de poèmes, lecture d'histoires ou heure du conte. Le regroupement de tous (jusqu'à 30 individualités) n'est pas un moment où se travaillent les compétences de langage. La durée de ce temps "artificiel" pour de jeunes enfants dont la préoccupation majeure est d'agir, doit être raisonnable. Au-delà de 10 minutes d'attention, les petits s'agitent ou s'évadent par la pensée. En Grande Section, une participation des enfants aux échanges collectifs permet de tenir une attention de qualité d'au moins 20 minutes.

Diverses formes de mise en groupes

Si on entre par la nature de l'activité, les regroupements des élèves sur une tâche (maximum 5 à 6) sont présentés comme "atelier", "coin-jeu", "espace-livre" pour permettre aux élèves de les identifier. Le regroupement peut se faire par libre choix, par affinité lors de temps de transition comme l'accueil du matin, de récupération comme la récréation. Les activités sont alors autonomes. Il peut aussi être dirigé par l'enseignant qui constitue les groupes selon les objectifs qu'il poursuit. Le choix peut s'appuyer sur l'hétérogénéité ou au contraire privilégier des regroupements de besoin, comme dans le cas du soutien apporté en activités pédagogiques complémentaires (APC).

Le guidage de l'enseignant

L'enseignant conserve une attention au groupe, vérifie la part individuelle aux activités et tâches collectives. Il planifie

L'installation du coin-regroupement	
Objectif	**Mise en œuvre**
Permettre un usage souple de l'espace	Proposer du matériel polyvalent et mobile
Favoriser l'attention collective	Anticiper l'orientation par rapport à la source de lumière naturelle, la place de l'enseignant, le confort, un espace suffisant pour chacun des enfants assis.
Favoriser l'harmonie relationnelle entre les enfants	Réfléchir à la disposition, les enfants doivent se voir. Une installation en cercle favorise la convivialité.
Construire des repères	Prévoir un affichage lisible et fonctionnel, classé par fonction. Manipulation d'informations à la portée des enfants. Des frises d'organisation de la journée, un planning des activités de la semaine…
Maintenir l'intérêt des enfants	Faire évoluer les écrits, gérer l'obsolescence et renouveler les supports en fonction de l'évolution des projets. Introduire régulièrement des surprises, via la marotte de la classe.

et organise les éventuelles rotations. Il responsabilise les élèves par des bilans de fonctionnement rapportés aux consignes et règles des activités. Son intervention permet de rappeler le cadre de la communauté. La confiance accordée n'exclut pas l'observation, la vigilance de l'enseignant. Il peut suspendre une activité si des élèves se révèlent perturbateurs. Il repère les causes (conflit entre élèves, tâche trop difficile ou trop facile et vite réalisée, ennui…). Il décide du niveau sonore acceptable. Le bruit, au moment où l'activité engendre de l'excitation, des discussions entre les élèves, est inévitable. Les élèves doivent apprendre à réguler le niveau de leurs échanges pour qu'il reste tolérable. Il faut rappeler cette exigence pour permettre aux élèves de l'intégrer et d'apprendre dans une ambiance calme et productive.

Quid des groupes de couleurs ?

Il n'est pas toujours facile de modifier des pratiques. L'héritage de traditions réifiées pèse encore sur les démarches, beaucoup d'enseignants jouent l'alternance en passant de l'organisation en grand groupe aux petits groupes dits "de couleur "qui sécurisent l'enseignant mais figent l'évolution des élèves et le développement des interactions productives.

Éclairage

L'inscription dans un groupe

L'inscription se fait dans le tableau à double entrée en plaçant son étiquette-prénom dans la colonne de l'activité matérialisée par un symbole et le nom de l'activité. Le contenu, la tâche et les consignes ont été présentés au groupe par l'enseignant. Chaque inscrit repère le lieu et les règles de son activité. Les élèves peuvent choisir de s'inscrire de manière libre, dans une proposition d'activités, atelier modelage, coin "garage"… Les élèves savent qu'ils ne pourront changer de groupe sans l'accord de l'enseignant. ■

> **« Le groupe devient un lieu où les relations entre les personnes fonctionnent de telle manière qu'elles permettent, par confrontation, de dégager un concept, d'améliorer un travail individuel, de prendre conscience de phénomènes complexes. »**
> Philippe Meirieu, "Pourquoi le travail en groupe des élèves ?", www.meirieu.com

→ Ateliers / Coins-jeux / Vivre ensemble

Pour aller plus loin

- Philippe Perrenoud, *L'organisation du travail, clé de toute pédagogie différenciée*, ESF, 2012.
- http://ww2.ac-poitiers.fr/ia17-pedagogie/spip.php?article1091

Rituels

Les rituels regroupent toutes les activités qui se répètent de manière régulière chaque jour ou de façon plus espacée. Ces activités partagées collectivement fournissent aux enfants des repères dans le temps et dans l'espace.

Contexte

Rituels ou activités repères

Pratiques codifiées de caractère sacré ou symbolique, les rites désignent l'ensemble des règles et cérémonies en usage dans une religion ou dans une société. Le rituel, quant à lui, s'applique à la codification par écrit d'un rite. C'est donc par glissement de sens que ces situations qui reviennent régulièrement à l'école maternelle sont appelées "rituels". Pour éviter la connotation prêtant à confusion du terme, on trouvera parfois mentionnées l'expression "activités repères". Pour se démarquer de l'école élémentaire, l'école maternelle a élaboré une pédagogie spécifique avec le souci de s'adapter aux compétences des jeunes enfants et de ne pas opérer de rupture brutale avec la famille. L'alternance entre les dispositifs pédagogiques tels que le grand groupe et les ateliers, les espaces de jeux et d'activités dirigées permettent, à travers des moments routiniers, de construire et sécuriser le groupe tout en réglant les attitudes et les comportements. Les rituels s'inscrivent dans ces pratiques pour offrir aux enfants les bases d'une structuration spatiale et temporelle. Ils participent à l'entrée des enfants dans le monde social et culturel.

Les enjeux des rituels

Toutefois, à force de répétition et sans réelle recherche de problématisation, les rituels pourraient finir par perdre le sens des intentions poursuivies. Le Rapport de l'IGEN n° 2011-108 sur l'école maternelle (octobre 2011) dénonce du reste à propos de certaines situations rencontrées *"[...] des activités vides de sens et d'enjeux qui entretiennent une fiction de posture scolaire qui ne doivent pas leurrer"*. Il semblerait que souvent, ces rituels donnent l'illusion de situations didactiques qui n'en sont pas, ou du moins, dont les enseignants n'en précisent pas suffisamment les objectifs. Le Rapport de l'IGEN constate que les rituels sont inscrits dans tous les emplois du temps, juste après la rubrique "l'accueil du matin".

Le programme de maternelle de 2015 reprend ce terme de "rituel" tout en soulignant son importance dans le domaine d'apprentissage "Explorer le monde, Stabiliser les premiers repères temporels". Il est précisé que : *"Pour les plus jeunes, les premiers repères temporels sont associés aux activités récurrentes de la vie quotidienne d'où l'importance d'une organisation régulière et de rituels qui marquent les passages d'un moment à un autre. Ces repères permettent à l'enseignant d'« ancrer » pour les enfants les premiers éléments stables d'une chronologie sommaire et de leur proposer un premier travail d'évocation et d'anticipation en s'appuyant sur des événements proches du moment présent."* Ces moments réguliers occupent donc une fonction structurante dans le processus de construction du rapport au temps chez les enfants. Néanmoins, ils n'auront d'intérêt que s'ils allient objectifs pédagogiques pour l'enseignant et apprentissages pour les enfants en les faisant évoluer à travers une progressivité réfléchie en équipe, de la Petite à la Grande Section.

Rituels sociaux et activités ritualisées

On pourra ainsi classer les rituels selon 2 catégories :

La fonction structurante des rituels

Le bébé dès la naissance, est marqué par la rythmicité et la régularité: rythme de l'alternance veille-sommeil, régularité des repas et des soins, mais aussi rythme des présences/absences des adultes référents. Ce qui va conditionner son adaptation à l'environnement, plus qu'une présence permanente, est l'assurance d'une continuité psychique et émotionnelle garantie par le parent privilégié, y compris à travers les ruptures nécessaires la croissance psychique. Les activités routinières qui règlent les premiers échanges associées à des conduites ritualisées mettent en confiance et construisent chez les enfants "la capacité à être seul", comme le dit Winnicott (*De la pédiatrie à la psychanalyse*, Payot, 1969).

- Les rituels sociaux. Ils construisent les bases du "vivre ensemble" d'un fonctionnement collectif: les règles de la politesse, lever le doigt pour demander la parole, attendre son tour, l'organisation des déplacements à l'intérieur de l'école.
- Les activités ritualisées. Poursuivant des objectifs didactiques, on les retrouve en général lors du premier regroupement du matin pour effectuer le comptage des élèves présents et absents, l'inscription de la date et la tenue d'un calendrier, le suivi du déroulement de la journée en photos, l'inscription des responsables du jour. Toutefois, pour éviter la répétition monotone imposée au grand groupe, ces activités peuvent être déléguées à un enfant responsable nommé la veille, qui procède, dès son arrivée, à toutes ces tâches. Il transmet alors au groupe réuni les informations obtenues qui seront discutées pour validation.

Éclairage

Une activité ritualisée constructive

Après l'accueil s'ouvre le moment des rituels avec une comptine dite collectivement à voix faible. L'enseignante demande ensuite d'identifier les absents. Elle conduit un très bref temps – qui paraît habituel – pour fixer l'attention des enfants (fermer les yeux, les ouvrir, regarder vers une partie précise du tableau). Elle insiste: "Vous suivez le chemin avec les yeux, je le suis avec le doigt" et balaie le tableau des étiquettes des présents de gauche à droite et de haut en bas pour marquer le sens de la lecture. [...] On ne note pas d'attitudes de distraction et de diversion. Ces enfants ont déjà des postures d'élèves. ■

“Le rituel ne se définit que par le partage du sens, d'un sens défini par des règles explicites.”
Anne-Marie Gioux, *Première école, Premiers enjeux*, Hachette éducation, 2000

→ **Accueil / Culture / Emploi du temps / Pédagogie / Socialisation / Vivre ensemble**

Pour aller plus loin

- AGEEM, *Rites et rituels à l'école maternelle*, coll. "Les outils de l'AGEEM", 2006.
- Sophie Briquet-Duhazé, Fabienne Quibel-Périnelle, *les rituels en maternelle*, coll. Vivre à la maternelle", Nathan, 2009.
- Catherine Dumas, *Construire des rituels à la maternelle*, coll. "Des situations pour apprendre", Retz, 2009.

Rythmes scolaires

On entend par rythmes scolaires, l'organisation du temps scolaire qui vise à mieux répartir les heures de classe sur la semaine, en articulant les temps familiaux, scolaires et périscolaires afin de répondre aux besoins des enfants.

Contexte

La réforme des rythmes scolaires

La réforme des rythmes scolaires, inscrite dans la loi de 2013 pour la refondation de l'École, vise à favoriser la réussite de tous à l'école, en étant plus respectueuse des rythmes d'apprentissage et de repos des enfants. Le temps scolaire, réparti sur 5 journées au lieu de 4, offre un meilleur équilibre des temps pédagogiques, en diminuant la journée scolaire. Ces nouveaux rythmes sont en vigueur depuis septembre 2013.

Les outils et dispositif d'accompagnement

Le Projet éducatif territorial (PEDT) est un outil pour la mise en œuvre de la réforme des rythmes scolaires (décret n° 2013-77), ayant vocation à articuler temps scolaire et activités périscolaires. Il formalise une démarche permettant aux communes et aux groupements de communes de proposer à chaque enfant un parcours éducatif cohérent et de qualité avant, pendant et après. Le PEDT consacre une politique globale du temps de l'enfant puisqu'il s'agit de bien penser la continuité, la cohérence et la complémentarité des temps éducatifs pour éviter leur simple juxtaposition. Il implique des concertations régulières entre les enseignants, les personnels des communes, les associations, les parents. Les ATSEM sont sollicitées pour leurs compétences spécifiques dans le domaine de la petite enfance. L'Aménagement des rythmes éducatifs (ARE) est un dispositif d'actions partenariales entre l'État et les collectivités territoriales pour penser et aménager le temps éducatif de l'enfant. Ces deux instances sont engagées d'un point de vue des dotations financières pour participer à l'encadrement des activités des enfants à travers le recrutement d'animateurs, d'associations, et la mise en place de moyens, comme le transport, les équipements sportifs ou artistiques.

Les temps de l'enfant

Les études mettent en évidence l'influence des variations liées aux rythmes biologiques sur l'activité intellectuelle, physique et émotionnelle des jeunes enfants. Ces activités fluctuent selon les rythmes de la journée, de la semaine en fonction des phases de repos ou de vigilance des enfants. Il s'agit de prendre en compte ces facteurs pour réduire les tensions liées à la fatigue de l'enfant et instaurer une meilleure qualité de vie, y compris à l'école maternelle.

Les temps faibles :

- À partir de 8 h 30, quand le réveil a lieu entre 6 h 30 et 7 heures, il faut 30 à 60 minutes pour que les enfants trouvent un niveau de vigilance leur permettant de développer leur attention et leur réceptivité.
- Entre 12 h 30 et 14 heures, la dépression de la vigilance corticale, indépendante de la prise alimentaire, impose un temps de repos chez les plus jeunes enfants. La sieste

15

Pour un enfant de 5-6 ans, la durée maximale d'attention soutenue est en moyenne de 15 minutes consécutives.

Des journées scolaires trop longues, des résultats dégradés

1. Les écoliers français ont le nombre de jours d'école le plus faible des 34 pays de l'OCDE : 144 jours contre 187 jours en moyenne. Leurs journées sont plus longues et plus chargées que la plupart des autres élèves dans le monde :
- un volume horaire annuel d'enseignement très important, qui s'élève à 864 heures par an contre 774 heures à 821 heures en moyenne – selon l'âge des écoliers – au sein de l'OCDE ;
- depuis 2008, une semaine particulièrement courte avec 4 jours d'école par semaine, contre 5 voire 6 dans la plupart des pays européens ;
- une année scolaire concentrée sur seulement 36 semaines.

2. La dernière enquête menée par l'étude PIRLS (Progress in International Reading Literacy Study) centrée sur la maîtrise de la lecture auprès d'élèves de CM1 révèle la situation dégradée de l'école en France : avec un score de 520 points, la France n'arrive qu'en 29e position sur 45 pays, en deçà de la moyenne européenne (étude menée en 2011, résultats rendus publics en 2012).

doit suivre immédiatement le repas. Pour les plus grands, un temps calme peut être proposé à ceux qui en ont besoin.

Les temps forts :
- Vers 9 heures-9 h 30, la vigilance est au maximum et dure jusqu'à 11 heures-11 h 30. La capacité des élèves à mobiliser les processus cognitifs se situe à ce moment-là.
- Après 15 heures et jusqu'à 16 h 30, on observe à nouveau une remontée de la vigilance.
- Après 16 heures-16 h 30, on constate une augmentation du métabolisme, de la force musculaire et une optimisation des coordinations motrices.

C'est l'alternance des activités, cognitives, physiques et artistiques, l'alternance des regroupements collectifs, individuels ou en petits groupes qui assure l'équilibre de la journée de l'enfant.

Éclairage

Un exemple d'organisation de PEDT sur 9 demi-journées
- De 8 h 30 à 11 h 30, le temps scolaire est réservé aux activités de langage, d'écrit, de dénombrement ou d'exploration. 30 minutes de récréation sont prévues.
- De 11 h 30 à 13 h 30, la pause méridienne inclut 30 minutes d'Activités pédagogiques complémentaires (APC) animées par les enseignants auprès des enfants de Moyenne et Grande Section. Les enfants de Petite Section font une sieste.
- De 13 h 30 à 16 h 30, les lundis et jeudis, le temps scolaire est réservé aux activités artistiques et physiques, aux activités de réinvestissement des apprentissages.
- De 15 heures à 16 h 30, les mardis et jeudis, des activités péri-éducatives sont offertes aux enfants (modelage, théâtre de marionnettes, jeux de société...) ■

« En aménageant la matinée pour que les temps familiaux, préscolaires, scolaires et non scolaires se succèdent et s'imbriquent sans rupture, stress, peur, inquiétude, appréhension, anxiété ou angoisse, on fournit aux enfants un cadre de repères prévisibles et rassurants. »
Hubert Montagner, Lettre ouverte à Madame La ministre, décembre 2014.

→ Développement / Partenariat / Programmes

Pour aller plus loin

- François Testu, *Rythmes de vie et rythmes scolaires : aspects chronobiologiques et chronopsychologiques*, Elsevier Masson, 2008.
- www.education.gouv.fr/pid29074/rythmes-scolaires.html

Scolarisation des moins de 3 ans

La scolarisation des enfants de moins de trois ans est optionnelle et conditionnée. Depuis la circulaire n° 2012-202 de décembre 2012, elle est présentée comme un moyen efficace de favoriser la réussite scolaire, en particulier pour des enfants dont le milieu éducatif, social, culturel ou linguistique est éloigné de la culture scolaire.

Contexte

Dans l'école française, les enfants de 2 à 6 ans ne sont pas soumis à l'obligation d'instruction. Ils sont le plus souvent accueillis à l'école maternelle au nom du droit à l'éducation. Les plus jeunes le sont dans la limite des places disponibles. De 1990 à 2001, le taux d'accueil des 2 ans est resté stable, autour de 35 %. Depuis 2002, il est en baisse continue, se situant autour de 12 % de la classe d'âge, en particulier dans le public. Il accuse également de fortes disparités géographiques, les académies de Rennes et Lille scolarisent plus de 60 % de ces enfants. Des études (Jean-Paul Caille, *Éducation et formation*, septembre 2001) montrent qu'une scolarisation précoce pour des enfants de milieux "fragiles" est un atout pour réussir leur entrée dans les apprentissages scolaires.

Favoriser la réussite scolaire

Depuis 2013, la scolarisation précoce est installée en priorité dans les secteurs défavorisés, que ce soit dans les zones urbaines, rurales et de montagne ou dans les départements et régions d'outre-mer. La réussite de cette prise en charge s'appuie sur une réflexion menée en commun entre l'Éducation nationale et les communes. Elle exige la prise en compte du développement physique, moteur, affectif et social de l'enfant et des besoins liés à son âge. Elle implique des relations de confiance nouées avec les parents, condition indispensable à une intégration réussie. Les questions d'organisation, disposition des locaux et équipement, conditions d'encadrement, distribution des sections dans les classes de l'école, déroulement de la journée relèvent d'une concertation menée au sein de l'équipe de l'école.

Un projet éducatif et pédagogique spécifique

Il n'y a pas d'indications dans le programme 2015 pour cette année supplémentaire d'école. Un document ressource publié sur Eduscol définit les conditions d'accueil des familles en insistant sur la réussite de la première séparation. La personnalisation des réponses aux besoins physiologiques, affectifs, sociaux, sensoriels, relationnels, moteurs et cognitifs implique une organisation de classe "sur mesure". L'aménagement d'un environnement sécure et ouvert aux besoins moteurs, une gestion souple du temps, la disponibilité de l'enseignant pour chaque enfant, la coopération avec l'ATSEM et les parents, un langage d'étayage et d'explicitation sont des conditions pour aider les enfants à entrer dans la logique scolaire. La qualité du projet s'appuie sur la collaboration avec les mairies et les services de la petite enfance (CAF, PMI…). Il peut

11,8 %

C'est le pourcentage d'enfants de 2 à 3 ans scolarisés au plan national en 2014. Le taux a augmenté pour la première fois à la rentrée 2013 en raison d'un changement de politique éducative. Le taux atteint 20,8 % dans les zones d'éducation prioritaire.

10 principes pour la mise en place de dispositifs d'accueil et de scolarisation des enfants de moins de trois ans

1. Un accueil différé au-delà de la rentrée scolaire est possible, en fonction de la date anniversaire de l'enfant.
2. Une adaptation des locaux et un équipement en matériel spécifique sont définis en accord avec la mairie.
3. La structure accueille en priorité des enfants du secteur de l'école où elle est implantée.
4. Le projet éducatif et pédagogique est inscrit au projet d'école.
5. Il est présenté aux parents. Un travail avec les partenaires locaux concernés est déterminant.
6. Il prévoit explicitement les modalités d'accueil et de participation des parents à la scolarité de leur enfant.
7. Les horaires d'entrée et de sortie le matin et l'après-midi sont assouplis ; un temps significatif de présence est conservé.
8. Les enfants de moins de trois ans sont comptabilisés dans les prévisions d'effectifs de rentrée.
9. Les enseignants reçoivent une formation, qui peut être commune avec les ATSEM.
10. Les formateurs qui accompagnent ces dispositifs suivent une formation adaptée au niveau départemental ou académique.

servir de point d'appui pour concevoir la toute première rentrée à l'école maternelle, en particulier pour le fonctionnement des premiers mois en Petite Section.

Éclairage

Investir les espaces

Christine Dechamps, enseignante à la maternelle Présentation à Paris (11e), a réalisé des aménagements pour l'accueil des moins de 3 ans. Sa classe est située au troisième étage de l'école. Elle dispose d'une terrasse (sécurisée) sur laquelle s'ouvre directement sa classe. Elle l'a équipée avec un tapis antichute et une petite maison. Elle a ajouté des bacs à sable, du matériel d'EPS de type grosses briques pour faire des constructions, des porteurs et des trottinettes. Les enfants peuvent manipuler des ballons, disposent de tapis pour faire des jeux de construction dehors quand le temps le permet. Un bac à eau, un toboggan, une balançoire complètent l'installation. La terrasse devient une extension de la classe. Elle a investi tous les espaces disponibles, y compris le couloir en le sécurisant. Les enfants peuvent se déplacer dans des petites voitures, traîner ou faire traîner des chariots, des poussettes… ■

> **« Aujourd'hui on est certain de deux choses, la petite enfance est un âge au cours duquel il faut prendre particulièrement soin des enfants, car on est aux fondements de la création de l'humain, de la personnalité et de l'équilibre psychologique d'un être. D'autre part, on découvre tous les jours de nouvelles capacités chez les enfants, leur intelligence, leur compréhension, l'évolutivité dans leur développement s'ils sont bien traités et si on leur parle. »**
> Sylviane Giampino, in *Revue Diversité*, n° 170, octobre 2012

→ **Besoins des enfants / Prévention / Socialisation**

Pour aller plus loin

- *Éducation et accueil de la petite enfance : permettre aux enfants de se préparer au mieux au monde de demain*, Communication de la commission européenne, 17 février 2011.
- http://cache.media.education.gouv.fr/file/82/32/5/DEPP_EetF_2012_82_Conditions_scolarisation_facteurs_reussite_scolaire_237325.pdf
- http://eduscol.education.fr/cid91999/la-scolarisation-des-enfants-moins-trois-ans.html
- www.ac-paris.fr/portail/jcms/p1_800525/pourquoi-et-comment-accueillir-les-enfants-de-moins-de-trois-ans-a-lecole-maternelle

Sécurité

La sécurité à l'école rassemble tous les aménagements, les situations, les installations, les dispositifs qui préservent les enfants des risques ou dangers pouvant porter atteinte à leur intégrité physique ou morale. Cette responsabilité est soumise à des obligations réglementées.

Contexte

L'école est à la fois un lieu et un service dont la mission est d'éduquer, d'enseigner et de garantir la sécurité des enfants qui lui sont confiés. L'école doit aussi préserver contre les intrusions ou les sorties intentionnelles ou non.

Les équipements, l'entretien, les consignes de sécurité

La sécurité des locaux. Depuis les lois de Jules Ferry, les établissements du premier degré relèvent de la compétence de la commune, qui est propriétaire des locaux. La commune doit en assurer *"la construction, les grosses réparations, l'équipement, l'entretien et le fonctionnement"* (article L. 212-4 Code de l'éducation). Le maire est responsable de la mise en sécurité des bâtiments, en tant que gestionnaire de l'école. Le maire est aussi garant de la sécurité des élèves aux abords de l'école, de l'autorisation d'utilisation des locaux.

Les aménagements, l'équipement des locaux, le matériel. Soumis aux normes homologuées concernant les Établissements recevant du public (ERP), tous les équipements entrant dans la conception et l'installation d'une école doivent répondre à l'usage et aux besoins d'une collectivité de jeunes enfants. Les sols par exemple doivent faire l'objet d'une vérification constante pour amortir les chocs fréquents des enfants de cet âge. Les lits dédiés à la sieste obéiront aussi à des normes de sécurité précises. La volumétrie, l'acoustique, l'éclairage, le chauffage sont assujettis à des normes de construction.

L'usage des locaux. L'ensemble des locaux scolaires est confié durant le temps scolaire au directeur d'école (circulaire n° 2014-088 du 9 juillet 2014 Règlement type départemental). Conformément aux dispositions de l'article L 411-1 du Code de l'éducation, le directeur d'école doit veiller à la bonne marche de l'école : il surveille régulièrement les locaux, terrains et matériels utilisés par les élèves afin de déceler les risques apparents éventuels et prendre les mesures de signalement appropriées en cas de risque constaté.

L'accès aux locaux scolaires. Il est de droit pour les personnels exerçant dans l'établissement, les personnels d'inspection et les usagers, mais soumis à l'autorisation du directeur d'école pour toute personne étrangère à l'école.

Les consignes de sécurité (circulaire n° 84-319 du 3 septembre 1984). Elles doivent être précises, lisibles, mises à jour et affichées sur supports fixes et inaltérables (affichage obligatoire). Les exercices d'évacuation sont obligatoires dans les établissements d'enseignement. Trois exercices sont prévus annuellement. Le personnel de l'école doit participer à des exercices d'instruction organisés et doit également être

2000

C'est le nombre d'enfants de moins de 6 ans qui sont victimes chaque jour d'accidents domestiques. Ce chiffre alarmant impose non seulement une vigilance dans la surveillance mais aussi une éducation à la maison dont l'école prend le relais.

entraîné, une fois par an, au maniement sur feux réels des extincteurs des types et marques présents dans l'établissement.
Le registre de sécurité, est un document obligatoire dans lequel sont répertoriés les renseignements indispensables permettant d'assurer la sécurité et de consigner les exercices relatifs aux mises en œuvre. Le directeur d'école, responsable unique de sécurité, peut saisir la commission locale de sécurité dès qu'il constate des dysfonctionnements. Chaque école met en place un plan particulier de mise en sûreté face aux risques majeurs (PPMS) dont les modalités de mise en œuvre sont prévues par la circulaire n° 2015-205 du 25 novembre 2015.

La surveillance

L'institution scolaire assume la responsabilité des élèves qui lui sont confiés (circulaire n° 2014-089 du 9 juillet 2014 modifiée par la circulaire n° 97-178 du 18 septembre 1997). Il lui appartient de veiller à ce qu'ils ne soient pas exposés à subir des dommages et qu'ils n'en causent pas à autrui. Cette responsabilité s'étend à l'intérieur des locaux scolaires ainsi qu'à l'extérieur dès lors que des enseignements s'y déroulent. Elle concerne l'ensemble des personnes exerçant une action éducative. La surveillance des élèves durant le temps scolaire doit être continue et leur sécurité doit être constamment assurée, en tenant compte de l'état de la distribution des locaux et du matériel scolaires et de la nature des activités proposées. Les services de surveillance sont répartis entre les maîtres lors du conseil des maîtres et inscrits sur un tableau affiché pour tous.

L'éducation à la sécurité

Le nouveau programme de 2015 pour l'école maternelle prévoit dans le domaine d'apprentissage "Explorer le monde du vivant, des objets, de la matière" une éducation à la sécurité. À travers les activités proposées par l'enseignant, les enfants sont amenés à observer, formuler des interrogations plus rationnelles, construire des relations entre les phénomènes observés, prévoir des conséquences, identifier des caractéristiques susceptibles d'être catégorisées, et en particulier à prendre *"conscience des risques liés à l'usage des objets, notamment dans le cadre de la prévention des accidents domestiques"*.

Éclairage

Marion, enseignante de Moyenne Section organise dans sa classe un atelier pour reconnaître les produits et objets dangereux utilisés à la maison, afin de prévenir les risques. Le jeu consiste en plusieurs photos à associer à des codes normés indiquant la toxicité, la dangerosité ou pas. La verbalisation aide à vérifier la compréhension des élèves : comment reconnaît-on un produit ou un objet dangereux ? Où se trouvent-ils à la maison ? Qui a le droit de s'en servir ? Quels sont leurs usages ? Pourquoi ne faut-il jamais les ingérer ou les utiliser ? ■

> **« Avant 10 ans, l'enfant [...] n'interprète pas toujours correctement les informations visuelles et auditives qu'il reçoit ; ses difficultés perceptives associées à une impulsivité et une égocentricité fortes ainsi qu'à un imaginaire souvent puissant, l'exposent davantage au risque d'accident. »**
> Fondation MAIF, *Badaboum : grandir et devenir autonome*, 1993

→ **Aménagement des espaces / Prévention / Règles de vie**

Pour aller plus loin

- http://cache.media.eduscol.education.fr/file/ecole/19/8/GUIDE_MATERNELLE_270198.pdf

Se repérer

Se repérer signifie pour l'enfant identifier le cadre dans lequel il évolue, les personnes, les lieux, le temps, et en comprendre les règles.

Contexte

Des règles pour grandir

Pour grandir, un enfant a besoin de repères dans ses expériences et au cours des moments qu'il vit. Ils lui assurent permanence, régularité et stabilité. Ils n'excluent pas les changements. C'est parce qu'il y a un cadre cognitif et affectif sur lequel il peut s'appuyer et qui le contient, que l'enfant peut investir la nouveauté.

Les enfants ont besoin d'identifier les différentes personnes présentes dans l'école, ainsi que de connaître leurs rôles et fonctions. Lors de la réunion du début d'année, les adultes de référence selon les temps (scolaires, périscolaires) sont présentés : ceux qu'ils voient à l'arrivée du matin, ceux avec qui ils vont manger, etc. Ils savent qui est le directeur et ce qu'il fait. De la même manière, les lieux sont identifiés, la signalétique de l'école facilite l'appropriation par tous. Par exemple, sur chaque porte figure le nom du lieu, sur les portes des classes le nom de l'enseignant et de l'ATSEM, voire leurs photos sont posées à mi-hauteur. En début d'année, il peut être utile que des repères soient matérialisés au sol, des flèches de couleur ou des pieds, pour guider les enfants vers les toilettes, la bibliothèque, le hall de sortie, la cour de récréation. Pour les petits, les symboles et codages doivent être présentés et expliqués par une visite découverte des lieux en début d'année.

Comprendre le sens de l'école et des activités

L'enfant a besoin progressivement de construire des attitudes d'élève, trop d'élèves agissent sur un mode occupationnel et confondent faire et apprendre. Ils ne saisissent pas que la tâche à accomplir est reliée à des objectifs d'apprentissage et que des activités intellectuelles sont nécessaires pour l'effectuer. Pour s'engager dans une activité, ils ont besoin de comprendre les buts à atteindre et le sens de la tâche. Par ailleurs, les règles liées aux lieux, aux personnes et aux temps des activités posent le cadre et précisent les limites de ce qui est possible, impossible et nécessaire. Elles sont des supports de construction et de socialisation, à condition d'être stables et explicites, régulièrement rappelées aux enfants.

Les repères d'espace et de temps

Dès leur naissance, par l'exploration, les enfants perçoivent intuitivement certaines dimensions spatiales et temporelles de leur environnement immédiat. L'un des objectifs de l'école maternelle est de les amener progressivement à considérer le temps et l'espace comme des dimensions relativement indépendantes des activités en cours, et à commencer à les traiter comme telles. En Petite Section, l'enfant apprend à ranger les objets de la classe, avec l'aide de sa photographie, ou de sa silhouette à l'endroit où il doit être rangé. En Moyenne Section, il explore et s'approprie l'espace de l'école. Il apprend à localiser les objets selon leur lieu, un cerceau dans la salle de motricité, un ustensile de cuisine dans la cuisine, En Grande Section, il explore l'espace proche de l'école et la situe dans son environnement. On parle de quartier, de lotissement, de village. Des sorties dans l'environnement sont l'occasion de prendre des photos de bâtiments, de panneaux, du nom des rues, des numéros de maisons… observés lors de

Indicateurs de repères d'espace et du temps		
Âge	Espace	Temps
2 à 3 ans	Devant/derrière - sur/sous - dedans/dehors - grand/petit - haut/bas	Maintenant - bientôt - hier (passé) - tout à l'heure - demain vite - doucement/ lentement
4 ans	À côté - loin de - près - autour - couché - debout - rond - carré - peu/beaucoup	Plus grand - plus vieux - nuit/jour
5 ans	Contre - partout - droit - entier - rectangle	Saisons : printemps/été/automne/hiver
6 ans	Droite/gauche (sur lui) - penché - au milieu - épais/mince	Les jours de la semaine

la visite. Il repère sur un plan les lieux identifiés, la poste, le parc de jeux, la boulangerie… Il replace les photos sur le plan.

Les repères de temps se construisent en passant du temps vécu, perçu au temps représenté. Le temps court, celui d'une activité et le temps long, la succession des jours dans la semaine, précèdent l'appréhension du temps historique. Les activités récurrentes de la vie quotidienne sont marquées par les passages ritualisés qui ancrent la chronologie. L'évocation et l'anticipation des événements se font par le langage sur différents supports de représentation, calendriers, frises chronologiques…

Les marques temporelles dans le langage situent le propos par rapport au moment de l'énoncé, hier, tout à l'heure, plus tard, demain… Les relations d'antériorité, de succession, de postériorité sont traduites par les formes verbales, avant, pendant, après que, en même temps que. La notion de durée commence à se mettre en place de manière subjective vers quatre ans. Des instruments (sablier) et des dispositifs (affichages).

Éclairage

La perception du temps à travers des instruments de mesure

Une enseignante de GS a adressé un message aux parents pour savoir si les enfants pouvaient apporter à l'école des objets qui mesurent le temps. Elle a récolté et exposé des minuteurs, des réveils, des sabliers, des chronomètres, des montres, des pendules et un cadran solaire. Elle a décidé de construire des sabliers avec deux bouteilles en plastique par enfant, du scotch et du sable. Les élèves ont aussi expérimenté du sel, du sucre, du riz… Ils ont constaté des effets selon la nature de la matière mise dans les bouteilles, la grosseur du trou entre les deux bouteilles collées l'une au-dessus de l'autre, la taille des bouteilles. Il a été décidé finalement de fabriquer le sablier avec du sable coloré en utilisant les bouchons troués avec une perceuse par l'enseignant. ■

“Tout rapport au savoir est aussi rapport à soi-même : à travers "l'apprendre" […] est toujours en jeu la construction de soi et son écho réflexif l'image de soi.”
Bernard Charlot, *Du rapport au savoir, éléments pour une théorie*, 1997

→ **Aménagement des espaces / Règles de vie / Rituels**

Pour aller plus loin

- Maryse Métra, Anne-Claire Maisonnet, *L'odyssée du temps*, tome 1 et 2, Sceren/CRDP Lyon, 2012.
- http://groupes-premier-degre-36.tice.ac-orleans-tours.fr/eva/sites/groupes-premier-degre-36/IMG/pdf/Liste_Jeux_espace_Blois4_ecole_maternelle.pdf

Se séparer

Être capable de se séparer suppose pour l'enfant d'avoir une confiance suffisante en soi et en l'autre. Un attachement sécurisant vis-à-vis des adultes de l'école conditionne sa capacité de nouer des relations sereines avec ses pairs.

Contexte

Entrer dans un monde nouveau

L'épreuve de la séparation permet de comprendre le fonctionnement émotionnel et social de l'enfant avant 6 ans en ce qui concerne la tolérance aux frustrations, la résistance et la capacité d'effectuer des apprentissages. L'entrée à l'école n'est pas toujours la première séparation, mais symboliquement elle représente l'entrée dans un monde à dimensions nouvelles. L'expérience de séparation peut activer des angoisses d'abandon ou de perte. Au moment de l'arrivée à l'école, la séparation doit être souhaitée par les parents, l'enfant doit sentir qu'ils l'estiment capable de cela et qu'eux-mêmes peuvent le faire aussi, c'est-à-dire lui faire confiance.

À l'école, l'enfant ne choisit pas ses pairs, il les subit. Il doit construire, selon Christine Passerieux, un "je" distinct, singulier, pour s'émanciper de sa dépendance à ses parents et aller vers les autres.

Accompagner les transitions

Différents objets de liens, comme le cahier de vie, les objets "voyageurs" entre la maison et l'école, vont aider l'enfant à prendre de l'autonomie sans douleur. Le "doudou" a une place dans les classes de petits, notamment au moment de l'accueil et de la séparation avec les parents. Cette expression, qui redouble le mot "doux", assez récente dans la langue, désigne l'objet qui rassure l'enfant dans les moments de peur ou de tension. Les enseignants abordent la question des doudous et des tétines lors des réunions préparant à la première rentrée à l'école. Cet objet transitionnel décrit par Winnicott joue le rôle d'interface entre la réalité extérieure et la réalité intérieure de l'enfant. En apprenant à intégrer la réalité du monde dans son propre fonctionnement, il est en mouvement vers l'autonomie. Rassuré, il accepte d'être seul, puis d'entrer en relation avec d'autres, des objets, des personnes, de l'inconnu qu'il découvre. Il construit sa propre ère d'imagination, son potentiel créatif trouve son expression dans diverses activés.

Ritualiser les moments-clé

Au moment de l'arrivée en classe le matin, on observe diverses attitudes : un enfant s'accroche aux bras de sa mère ou de son père, un autre suce son pouce, caresse ses cheveux, s'accroche à son doudou, dit plusieurs fois au revoir à sa maman avant de lâcher sa main. Des espaces et un temps de transition permettent à l'enfant de se détacher en douceur. En prenant en charge des responsabilités – mettre à jour le calendrier, préparer du matériel, nourrir les animaux… –, les enfants adoptent des comportements autonomes. Des jeux libres, des activités de dessin dans le carnet individuel, des interactions autour de jeux sur la tablette, favorisent le passage du milieu familial au cercle scolaire.

Les enfants qui ont déjà effectué le travail de séparation à la garderie du matin vont tout de suite jouer dans les ateliers que l'enseignant a préparés, les autres ont tendance à retenir leur mère ou leur père.

Bien vivre la première rentrée

L'arrivée de l'enfant à l'école s'inscrit dans un projet, celui des parents qui décident de

Différents types d'attachement

Mary Ainsworth propose le concept de "base de sécurité". Elle a mis au point un protocole d'observation de la séparation/retrouvailles entre la mère et l'enfant qui lui permet de décrire trois types d'attachement:
- "Sécure", le plus fréquent, considéré comme la norme: l'enfant proteste lors de la séparation et accueille avec plaisir sa mère au moment de son retour;
- "Insécure", qui se décline en deux situations;
- "insécure-évitant": l'enfant paraît peu affecté par la séparation et évite la proximité avec sa mère lors des retrouvailles;
- "Insécure ambivalent ou résistant": l'enfant montre de la détresse lors de la séparation mais mélange contact et rejet lors de la réunion avec sa mère.

lui permettre de découvrir un autre univers. Le premier rendez-vous d'inscription est important, le directeur se rend disponible pour accueillir individuellement les parents avec l'enfant, qui est un interlocuteur à part entière.

Les échanges portent sur l'enfant, ses habitudes, ses goûts, et sur ce que signifie fréquenter l'école. En juin, l'école propose une période d'adaptation au cours de visites, d'un moment de classe le matin pendant l'accueil par exemple. Le but est de faire connaissance avec les adultes de l'école, de repérer les lieux et de découvrir les attraits d'un bel environnement (les coins-jeux, le toboggan et les tricycles de la cour). Il est recommandé de remettre alors le guide des parents, un livret d'accueil de l'enfant avec des dessins et des photos de l'école, pour que l'idée soit reprise durant les vacances. En septembre, la rentrée est échelonnée pour permettre aux familles de vivre calmement ce moment fort. Le premier jour de l'enfant doit être le plus rassurant possible pour tout le monde. Tout au long de la journée, l'enseignant explicite ce qui se passe, ce qui va se passer. Il nomme les lieux, veille à la sécurité des premiers déplacements vers les toilettes ou la cour de récréation, qui sera investie à un moment où les autres classes seront rentrées.

Éclairage

Laisser les objets de la maison

L'école est un lieu de découvertes, d'exploration, d'apprentissages, où l'enfant joue, fait de la peinture, développe sa motricité, échange avec l'autre. Il doit accepter de laisser momentanément ses objets de maison sans que cette séparation provoque chez certains un blocage. Les adultes doivent faire preuve de doigté et de persuasion. Dans une classe de Petite Section, il a été décidé que le matin, après avoir quitté son parent, les enfants déposent "totottes" et "doudous" dans la boîte personnelle où se trouvent aussi les chaussons de rythmique et des mouchoirs. Si un moment de tristesse ou un malaise passager survient, l'enfant trouve aide et assistance auprès de ses amis. Après le déjeuner, au moment de la sieste, chaque petit reprend son bien, pour pouvoir dormir paisiblement. ■

“ L'attachement est un équilibre entre les comportements d'attachement envers les figures parentales et les comportements d'exploration du milieu. ”

John Bowlby, *Attachement et perte*, PUF, 1978

→ Autonomie / Cahier de vie / Rituels / Transitions

Pour aller plus loin

- John Bowlby, *Attachement et perte*, PUF, 1978.
- Donald W. Winnicott, *La capacité d'être seul*, Éditions Payot & Rivages, 2012.

Situation d'apprentissage

La situation d'apprentissage est un ensemble de conditions et de mises en œuvre susceptibles d'amener l'élève à construire des connaissances. La situation d'apprentissage se construit en fonction d'objectifs à atteindre et de compétences à acquérir pour les élèves.

Contexte

L'apprentissage est un ensemble de mécanismes menant à l'acquisition de savoir-faire, de savoirs ou de connaissances. On identifie 4 grandes modalités spécifiques d'apprentissage pour les jeunes enfants: en jouant, en s'exerçant, en résolvant des problèmes, en mémorisant et en se remémorant.

Un scénario conçu par l'enseignant

La mise en œuvre d'une situation d'apprentissage est une sorte de scénario pédagogique conçu par l'enseignant, comprenant un déroulement, une durée pour chaque étape, l'anticipation du matériel, l'organisation pédagogique la mieux adaptée. L'entrée dans les situations se fait par l'action. Pour construire une situation d'apprentissage, il faut:

- Identifier les objectifs.
- Clarifier les contenus et les modalités d'organisation qui sont au service des compétences à acquérir ou des attendus.
- Envisager le nombre de séances nécessaires pour installer la notion.
- Anticiper les pratiques de différenciation.
- Prévoir les supports, la durée.
- Prévoir les modalités d'évaluation et de réinvestissement.

La séquence d'apprentissage, comme un processus

Pour apprendre, il ne peut y avoir de mises en œuvre de situations isolées: c'est par la répétition, l'entraînement que les notions se stabilisent, que les habiletés cognitives, sensorielles, motrices se développent. Les essais, les erreurs, le tâtonnement sont inhérents à l'apprentissage. La séquence d'apprentissage correspond à l'organisation d'une suite de situations réfléchies, planifiées, progressives.

Une séquence se déroule en plusieurs phases, donnant lieu à la mise en place d'une ou plusieurs situations d'apprentissage:

1. Phase de découverte/appropriation: l'enfant découvre ce qui est attendu; la motivation, la curiosité intellectuelles sont stimulées.

2. Phase de problématisation/recherche: l'enfant, dans cette situation, s'interroge, fait des essais, expérimente, manipule, se trompe, recommence.

3. Phase de conceptualisation/structuration: cette phase est centrale pour installer la notion. Que doit-on retenir?

4. Phase d'entraînement/systématisation/remédiation: cette phase permet d'automatiser des conduites mentales pour intérioriser et stabiliser les notions à acquérir.

5. Phases d'évaluation: elle permet de constater les progrès.

6. Phase de réinvestissement: par le transfert ou le réinvestissement, on vérifie si la notion est installée de manière durable.

La fiche de préparation

C'est l'outil professionnel qui formalise la conception d'une situation d'apprentissage. Elle met en évidence l'activité de l'enseignant au regard de celle de l'élève. L'enseignant note la formulation des consignes. Il envisage le dispositif pédagogique le mieux adapté à la situation (en grand groupe, en petit groupe, en individuel).

Une trame de fiche de préparation				
Étapes	**Activité du PE**	**Activité de l'élève**	**Organisation pédagogique**	**Différenciation**
1. Phase de découverte-appropriation	Présente la situation. Explique. Donne du sens. Formule les consignes. Fait reformuler. Donne les critères de réussite.	Découvre la situation. Reformule. Dit s'il a compris ou pas. Questionne.	En grand groupe	Étayages prévus : langagiers, choix des supports, étayages par des pairs
2. Phase de recherche	Observe. Note les procédures, les démarches. Encourage, valorise. Verbalise et fait verbaliser.	Manipule. Émet des hypothèses. Essaie, recommence, tâtonne. Verbalise. S'interroge, questionne.	En petit groupe, en individuel ou en binôme	Aides apportées : outils, questions de l'enseignant, encouragements.
3. Phase d'institutionnalisation et de mise en commun	Aide à la mise en mots. Aide à la validation. Relance. Fait la synthèse pour aider à formuler ce qu'il faut retenir.	Expose. Présente. Argumente. Formule ce qu'il faut retenir.	En grand groupe	Aide à la formulation.
4. Phase d'entraînement	Note l'évolution des acquis. Propose des supports différents.	Essaie, recommence.	En individuel	
Bilan				

Éclairage

Une situation d'apprentissage en Petite Section : la toilette des poupées

Cette situation proposée à un petit groupe de 6 enfants d'une durée de 30 minutes s'inscrit dans le domaine "Mobiliser le langage dans toutes ses dimensions, l'oral". Des bassines remplies d'eau, des poupées, des gants de toilette, des serviettes, du savon, des peignes, du shampoing sont installés par l'enseignante et l'ATSEM. Cette séance correspond à une phase de découverte et d'appropriation du matériel et des actions. Elle se déroule en plusieurs étapes : la présentation du matériel, le but de l'activité énoncée aux enfants, la manipulation et les interactions, le temps de restitution en grand groupe. Par des interactions fréquentes avec les enfants, l'enseignante verbalise le nom des objets, en précisant les verbes employés. Elle soutient l'activité et fait reformuler : avec quoi va-t-on laver les poupées ? Comment faut-il faire ? L'enseignante emploie un vocabulaire approprié : il faut frotter, utiliser le gant, le savon, rincer, essuyer. Maintenant que les poupées sont propres, il faut les rhabiller.

Cette situation renvoie les enfants à un vécu commun familier, dont le lexique pourra être réinvesti. (À partir du DVD Les apprentissages en maternelle, SCEREN-CNDP.) ■

> **“Transmettre des savoirs […], c'est créer des situations qui provoquent une activité mentale de haut niveau, obligeant l'apprenant à se confronter à des obstacles et, pour les surmonter, à dépasser l'état de ses connaissances.”**
> Philippe Perrenoud, *Qu'est-ce qu'apprendre ?*, Enfance & Psy, n° 24, 2004

→ Maternelle / Pédagogie / Posture éducative

Pour aller plus loin

■ Christine Passerieux, *La maternelle. Première école, premiers apprentissages*, Chroniques Sociales, 2009

Socialisation

La socialisation est un processus par lequel on apprend et intériorise des modèles culturels, les normes et les valeurs qui permettent de s'intégrer dans la société. La mission de l'école maternelle est d'adapter les enfants à la culture scolaire et à ses attentes.

Contexte

La famille, premier agent de socialisation

La famille transmet à l'enfant, très tôt, le langage et les codes sociaux les plus élémentaires (apprendre à manger correctement, remercier, saluer), mais aussi les valeurs et les normes qui l'aideront ensuite à développer des relations sociales. Ainsi, la famille, premier agent socialisateur fondé sur des liens affectifs puissants, va imprimer durablement les rapports sociaux entre les individus. D'autres influences vont façonner l'individu, notamment dans un processus interactif entre soi et les autres, ce que permet l'école.

Le rôle de l'école maternelle dans le processus de socialisation

L'entrée à l'école maternelle correspond, pour l'enfant, à une rupture dans les rapports aux autres, aux savoirs, aux lieux qui ne sont plus de l'ordre du familier. Ils invitent l'enfant à construire d'autres relations basées sur la satisfaction de besoins différés : attendre son tour avant de parler, demander la permission pour…, attendre qu'une place se libère pour participer à une activité. L'enseignant pose des limites tout en s'adressant à l'enfant de manière bienveillante. L'école est un lieu social distinct des autres dans ses formes et dans ses modalités socialement codées : ce n'est pas un milieu naturel, mais un lieu institutionnel et culturel. L'école maternelle s'inscrit dans le parcours scolaire de l'élève. Le mode de fonctionnement de l'école est régi par "la forme scolaire" qui conditionne l'activité de l'enfant. L'acquisition des savoirs relève d'une activité partagée, socialement élaborée, dont l'enseignant est l'organisateur.

Comment l'école adapte l'enfant aux exigences de la vie sociale

Il ne suffit pas d'être inscrit à l'école pour devenir un élève. "Apprendre ensemble et vivre ensemble" est l'enjeu essentiel de l'école maternelle développé dans le programme de 2015. Se construire comme personne singulière au sein d'un groupe, c'est découvrir le rôle du groupe dans ses propres cheminements. La sensibilité aux expériences morales telles que le sentiment d'empathie, les notions de juste ou d'injuste, savoir questionner les stéréotypes, se développent à travers les situations concrètes de la vie de la classe. C'est également à travers la maîtrise progressive de la langue que l'enfant va s'insérer dans un groupe tout en devenant autonome : la communication est un agent primordial de la socialisation et de l'autonomie. La vie en collectivité nécessite un apprentissage où l'enseignant aura un rôle prépondérant de médiateur des conflits, d'accompagnement à la construction de règles de vie commune. Aujourd'hui, pour

804 653

C'est le nombre d'enfants de 3 ans inscrits en maternelle à la rentrée 2014. Depuis vingt ans, la totalité des enfants âgés de 3 ans et plus est scolarisée.

(Source : Repères et références statistiques, 2015)

comprendre la fonction de l'école, il ne s'agit plus seulement de "faire", mais également de comprendre "comment faire" et "pourquoi faire". C'est à travers cette visibilité explicitée de "la chose scolaire" que progressivement, l'enfant va devenir élève.

Le rôle de l'enseignant

L'enseignant met en œuvre dans sa classe de multiples situations pour favoriser la socialisation des enfants, parmi lesquelles on peut identifier trois modalités importantes :

- **L'organisation de la classe :** il installe dans la classe des espaces de regroupement pour fédérer le groupe. Il prévoit des espaces qui facilitent les interactions entre pairs par imitation. Il construit avec les enfants un tableau des responsabilités pour garantir l'équité et le tour de rôle de chacun. Il élabore avec eux des repères communs pour faciliter l'organisation de la vie en groupe (colliers pour gérer les flux dans les coins-jeux, inscriptions sur des tableaux pour savoir qui va participer à un atelier), des règles de vie commune se construisent.
- **Les rituels scolaires :** ils jouent un rôle essentiel à l'école maternelle. Ils posent des cadres de fonctionnement collectif qui offrent à chaque enfant un espace pour trouver sa place afin de devenir élève, c'est-à-dire membre d'un groupe réuni pour apprendre. Les rituels liés à l'accueil du matin, à l'appel où l'on note présents et absents, à la date que l'on écrit ensemble, les bilans d'activités faits en grand groupe, sont autant de moments langagiers fédérateurs. Les temps éducatifs identifiés tels que la récréation, la cantine, la sortie (longtemps appelée "l'heure des mamans", à l'heure où beaucoup de papas se présentent !) marquent et rythment la vie de la société scolaire.
- **Apprendre avec les autres pour devenir soi-même :** l'enseignant organise des jeux collectifs pour susciter entraide et coopération. Réaliser une composition artistique collective, apprendre à résoudre des conflits, apprendre à partager non seulement le matériel mais aussi son point de vue, sont autant de situations qui permettent d'apprendre des autres pour se construire en tant que personne singulière au sein d'un groupe.

Éclairage

Un rituel pour apprendre à se saluer

Tous les matins, lorsque les enfants de PS se retrouvent au coin-regroupement, l'enseignant a instauré le rituel suivant : on chante ensemble la comptine "Bonjour lundi, comment va mardi, Très bien Mercredi. Je viens de la part de Jeudi, dire à Vendredi qu'il se prépare Samedi pour le voyage de Dimanche". Puis, Choupi, la marotte de la classe, salue chaque enfant qui est invité à la saluer à son tour.

- "Bonjour Théo, comment vas-tu aujourd'hui ?
- Bonjour Choupi, je vais bien, merci.
- Bonjour Anissa, comment vas-tu aujourd'hui ?
- Bonjour Choupi, je vais bien, merci, etc." ■

> « [La maternelle est] une école de la société qui met l'enfant dans les règles de la société. »
> Françoise Dolto, 1980

→ Accueil / Aménagement des espaces / Apprendre et vivre ensemble / Rituels / Se séparer

Pour aller plus loin

■ Élisabeth Bautier (dir.), *Apprendre à l'école. Apprendre l'école. Des risques de construction d'inégalités dès la maternelle*, Chronique sociale, 2006.

Sorties scolaires

Les activités à l'extérieur de l'école, qu'on appelle sorties scolaires, permettent d'exploiter les ressources d'un environnement spécifique et sont sources de multiples apprentissages. Se déroulant hors des murs de l'école, elles sont organisées dans le cadre de projets et régies par des dispositions réglementaires strictes.

Contexte

Apprendre ailleurs et différemment

Les sorties scolaires offrent un cadre structuré du point de vue éducatif pour découvrir l'environnement et le monde. L'approche sensorielle d'un milieu naturel, humain et culturel, l'étonnement et la prise de recul qu'elles permettent sont des occasions de comprendre le monde et de communiquer. Elles aident les jeunes enfants à faire les liens entre les apprentissages de l'école et leurs applications dans le milieu de vie. Les aspects transversaux des apprentissages constituent des objectifs prioritaires, notamment le développement de l'autonomie, de l'esprit d'initiative, de la responsabilité. L'évolution de la classe hors du bâtiment de l'école permet d'aborder les règles collectives de sécurité et de déplacement, le respect de l'environnement et du patrimoine. À travers des activités d'observation et de recueils, de description, d'analyse et de synthèse, de représentations graphiques…, les enfants construisent concrètement une relation réflexive à leur monde.

Le cadre légal

Les circulaires n° 99-136 du 21 septembre 1999 et n° 2005-001 du 5 janvier 2005 précisent les objectifs pédagogiques et définissent les conditions d'organisation des sorties.

Les sorties régulières correspondent aux enseignements des domaines inscrits à l'emploi du temps qui nécessitent un déplacement hors de l'école (déplacement au gymnase, visite de la boulangerie, etc.). Organisées pendant les horaires habituels de la classe et ne comprenant pas la pause du déjeuner, elles sont obligatoires pour les élèves. Elles sont autorisées par le directeur d'école.

Les sorties occasionnelles sans nuitée correspondent à des temps d'enseignement sous des formes différentes et dans des lieux autres que l'école. Elles sont autorisées par le directeur d'école. Si elles intègrent la pause du déjeuner, elles sont facultatives et soumises à l'autorisation des parents.

Les sorties avec nuitée(s), voyages, classes de découverte, classes d'environnement, classes culturelles permettent de dispenser les enseignements du programme en intégrant une expérience originale de vie de groupe. Ces sorties sont soumises à l'autorisation des parents et à l'avis de l'Inspecteur de l'Éducation nationale (IEN) de circonscription. Elles sont autorisées par le Directeur académique des services de l'Éducation nationale (DASEN) et soumises à des règles strictes d'encadrement. Leur financement est possible grâce à la coopérative, des partenariats, le principe de gratuité de l'école devant être préservé.

16 élèves

Jusqu'à ce seuil, le groupe doit être accompagné par le maître de la classe plus un intervenant, qualifié ou bénévole, agréé ou un autre enseignant. Au-delà, un intervenant, qualifié ou bénévole, agréé ou un autre enseignant supplémentaire doit être présent pour 8 élèves.

L'encadrement des sorties		
	Effectif	
	École maternelle, classe maternelle ou classe élémentaire avec section enfantine	École élémentaire
Sortie régulière	2 adultes au moins[1] dont le maître de la classe, quel que soit l'effectif de la classe. Au-delà de 16 élèves, un adulte supplémentaire pour 8.	2 adultes au moins[1] dont le maître de la classe, quel que soit l'effectif de la classe. Au-delà de 30 élèves, un adulte supplémentaire pour 15.
Sortie occasionnelle sans nuitée	2 adultes au moins[1] dont le maître de la classe, quel que soit l'effectif de la classe. Au-delà de 16 élèves, un adulte supplémentaire pour 8.	2 adultes au moins[1] dont le maître de la classe, quel que soit l'effectif de la classe. Au-delà de 30 élèves, un adulte supplémentaire pour 15.
Sortie avec nuitée(s)	2 adultes (Bafa conseillé) au moins[1] dont le maître de la classe, quel que soit l'effectif de la classe. Au-delà de 16 élèves, un adulte supplémentaire pour 8.	2 adultes au moins[1] dont le maître de la classe, quel que soit l'effectif de la classe. Au-delà de 20 élèves, un adulte supplémentaire pour 10.

1. Intervenant, qualifié ou bénévole, agréé ou un autre enseignant. L'agrément d'un intervenant bénévole est lié à la participation à un stage spécifique ou à des journées d'information organisées par la commission départementale pour l'éducation physique et sportive dans le premier degré.

Taux d'encadrement pour les sorties

Dans le cadre des sorties, scolaires, si des regroupements de classes ou des échanges de services sont organisés, le maître de la classe peut être remplacé par un autre enseignant. Pour l'encadrement avec un transport en car, l'ensemble des élèves, qu'ils soient d'une ou de plusieurs classes, est considéré comme constituant une seule classe. Toutes les activités physiques et sportives en sortie occasionnelle exigent un taux d'encadrement spécifique.

Éclairage

Je découvre mon quartier, ma ville

Les élèves de la classe de Grande Section sont partis à la découverte de leur quartier. Les objectifs du projet : aiguiser leur regard sur leur ville, leur donner le goût de l'observation, travailler sur l'organisation de l'espace urbain, développer l'imaginaire autour de la ville, enrichir leur vocabulaire. Les enfants dessinent leur maison.

La visite dans le quartier de l'école est faite avec des cadres individuels en carton pour observer, et des appareils photo. Chaque enfant montre son lieu d'habitation avec le vocabulaire (immeuble, maison, étage, rez-de-chaussée…). De retour dans la classe, les maisons des enfants sont localisées sur le plan du quartier, avec le nom des rues. Les bâtiments publics, commerces, espaces verts sont également localisés. La classe construit une maquette du quartier à partir du plan. Les ateliers de fabrication sont proposés pour construire les maisons avec des boîtes, des arbres à partir de fil de fer enroulé, des personnages avec des bouchons et du kraft enroulé. ■

> **« Les enfants sont des êtres forts, riches et compétents. Tous ont la capacité, le potentiel, la curiosité et le désir de construire leur apprentissage et de gérer les apports de leur environnement. »**
> Loris Malaguzzi, psychologue, École Reggio Emilia, Italie.

→ Éducation citoyenne / Explorer / Projet

Pour aller plus loin

- http://eduscol.education.fr/cid46685/sorties-scolaires-vos-questions-nos-reponses.html

Théories de l'apprentissage

Les théories de l'apprentissage proposent des modèles explicatifs pour comprendre comment un élève apprend. Elles identifient les facteurs externes ou internes qui favorisent l'apprentissage.

Contexte

L'enjeu du nouveau programme pour l'école maternelle est d'accompagner le développement des enfants pour qu'ils s'épanouissent et progressent dans tous les domaines. Partant de leurs besoins, l'enseignant propose des situations adaptées à leurs modes spécifiques d'apprentissage. Le nouveau programme en identifie quatre : l'enfant apprend en jouant, en s'exerçant, en résolvant des problèmes, en se remémorant et en mémorisant. Enseigner à école maternelle requiert donc des connaissances scientifiques sur le développement du jeune enfant, sur l'évolution des conceptions éducatives et sur les théories de l'apprentissage. Des grands théoriciens de la psychologie du développement ont marqué les pratiques de l'école maternelle insistant sur le fait que l'enfant se construit en interaction avec son environnement. Trois grandes théories de l'apprentissage soutiennent la pédagogie de la maternelle.

Le constructivisme

Le constructivisme dont Jean Piaget est le représentant, postule que l'acquisition des connaissances est étroitement liée à l'activité du sujet dans son milieu. Le concept "d'équilibration", issu de deux processus : l'assimilation et l'accommodation, rendent compte des interactions entre l'individu et le milieu. L'apprentissage résulte des constructions mentales de l'apprenant, ce qui implique qu'il est toujours activement engagé dans l'élaboration de ses savoirs. Rompant avec l'approche traditionnelle de l'enseignement, cette perspective a modifié la conception de l'apprentissage et les rapports entre les différents pôles de l'activité pédagogique : l'apprenant, le savoir, l'enseignant. La notion de conflit cognitif est centrale dans le processus d'apprentissage : partant de ses conceptions initiales, l'enfant est amené à se décentrer de son point de vue pour adopter, une fois les nouvelles informations recueillies, la conception adéquate. Les essais et les erreurs sont constitutifs de l'acte d'apprendre. À l'école maternelle, l'enfant est toujours mis en situation d'expérimenter, de manipuler, de recommencer. L'enseignant l'accompagne dans la construction des savoirs.

Le socioconstructivisme

Cette théorie considère que la vraie direction du développement ne va pas de l'individuel au social, mais du social à l'individuel. Elle accorde une dimension sociale essentielle aux processus cognitifs qui régissent l'apprentissage. La Zone proximale de développement (ZPD) définie par L. Vygotski montre que l'apprentissage contribue au développement, puisqu'il le précède. La ZPD est la zone dans laquelle l'enfant se situe pour réussir une tâche avec l'aide de quelqu'un, mais qu'il n'aurait pas pu résoudre seul. Ce concept majeur pour appréhender les processus d'apprentissage des enfants traduit la distance qui existe à tout moment entre ses connaissances effectives et celles qu'il peut acquérir sous la supervision d'un adulte. Dans ce modèle, l'enseignant est un guide, un médiateur qui conduit l'élève vers la construction des savoirs.

Le concept d'étayage développé par J. S. Bruner vient renforcer ce modèle. L'étayage est l'ensemble des interactions d'assistance de l'adulte permettant à l'enfant d'apprendre à organiser ses conduites afin de pouvoir résoudre seul un problème qu'il ne savait pas résoudre au départ. L'étayage a une fonction de soutien conduisant l'élève à la réalisation d'une tâche.

Le cognitivisme

Il s'intéresse aux stratégies mentales, aux modes de résolution de problème mis en œuvre par l'apprenant. Ce modèle se nourrit de l'apport des neurosciences, mais s'appuie aussi sur la cybernétique et l'informatique qui envisagent l'apprentissage comme un traitement de l'information. L'essentiel de l'apprentissage est procédural. L'enfant cherche à établir une structure, à reconnaître les constantes dans ce qu'il perçoit pour comprendre les relations entre les choses. De fait, il est plus important d'enseigner comment on s'y prend pour résoudre un problème que le produit de sa résolution. Le transfert des capacités mentales est plus décisif que le transfert des contenus.

La fonction de résistance cognitive a été mise en évidence par Olivier Houdé. Il montre que le cerveau fonctionne selon deux types de stratégies : sur le mode heuristique (logique rapide et intuitive) ou sur le mode algorithmique (logique analytique nécessitant un effort cognitif). Pour résister aux heuristiques et activer les algorithmes, il faut qu'un troisième système intervienne : l'inhibition, qui se situe dans le cortex préfrontal et aide à la décision. Pour l'auteur, l'intelligence consiste à inhiber le système des automatismes pour activer celui de la logique.

Éclairage

Apprendre en résolvant un problème en Grande Section

Le dispositif didactique prend en compte la tâche à réaliser, avec des critères de réussite, les ressources et les contraintes pour que l'enfant effectue lui-même les opérations mentales lui permettant de résoudre le problème. L'enseignant conduit l'activité en étayant les réponses des enfants, en accompagnant leurs démarches, en soutenant leurs essais.

Problème posé dans le domaine "Explorer le monde des objets" : Ma lampe de poche ne marche pas : Pourquoi ? Les enfants formulent des hypothèses : il n'y a pas de pile, peut-être que la pile est cassée, peut-être qu'il n'y a pas d'ampoule, peut-être que la pile est à l'envers. Que faut-il pour que ça marche ? On ouvre la lampe de poche, on la démonte pour comprendre le mécanisme, on fait des expériences pour vérifier ses hypothèses. La notion de circuit fermé est identifiée, elle peut être représentée par des dessins dans un carnet d'expériences, en appui de photos. ■

> **« L'enfant apprend à l'école non pas ce qu'il sait faire tout seul mais ce qu'il ne sait pas encore faire, ce qui lui est accessible en collaboration avec le maître et sous sa direction. »**
> Lev Vygotski, *Pensée et langage*, 1934

→ Développement / Houdé / Piaget / Vygotski

Pour aller plus loin

- Jean Piaget, *L'équilibration des structures cognitives : problème central du développement*, PUF, 1975.
- Jerome Bruner, *Le développement de l'enfant, Savoir faire, savoir dire*, PUF, 1966.
- Lev Vygotski, *Pensée et langage*, La Dispute, 1997.

Traces

On appelle traces tout ce que l'enfant écrit, dessine, produit, réalise, rassemble et qui représente l'aboutissement de sa démarche. Individuelles ou collectives, les traces ont pour fonction de conserver en mémoire et de témoigner des apprentissages scolaires.

Contexte

Une mise en valeur du cheminement

Le programme de maternelle de 2015 précise que chaque enseignant s'attache à mettre en valeur le cheminement de l'enfant et les progrès qu'il fait par rapport à lui-même. Cela lui permet d'identifier ses réussites, en conservant des traces pour percevoir son évolution. L'enseignant est attentif à ce que l'enfant peut faire seul, mais aussi avec son soutien : ce que l'enfant réalise alors anticipe souvent sur ce qu'il fera dans un avenir proche seul, ou avec le soutien des autres enfants. Des grands cahiers, des dossiers, des outils-mémoire, des vidéos, des enregistrements rassemblent les traces et sont l'occasion de revenir sur les productions pour les analyser, percevoir ce qui peut être amélioré.

Pour l'enfant, produire des traces s'amorce souvent par les premiers gribouillis. Des dessins plus élaborés, des essais d'écriture puis l'écriture en copie graphique de quelques mots sont le résultat d'efforts soutenus, une source de plaisir et de fierté. Pour les parents, ces traces sont "la partie émergée de l'iceberg", ce qu'ils voient du travail mené à l'école.

La fiche photocopiée ne témoigne pas d'un apprentissage

Les traces conservées des productions des élèves participent à une pédagogie de la réussite qui valorise la démarche et les progrès. Elles rendent compte des évolutions, d'un état temporaire de réussite, d'une étape de recherche. Elles sont liées à tous les domaines d'apprentissage des programmes. Diverses fonctions peuvent être déclinées : mémoire de la vie de la classe, reflet d'expérimentations, information et communication, référents culturels et outils référents d'apprentissage créés par la classe.

Formes et fonctions

Le plus souvent, les productions individuelles des élèves sont archivées dans des dossiers ou classeurs par rubriques qui renvoient aux domaines du programme, avec des déséquilibres. Les découvertes à dominante scientifique et technologique en particulier n'ont pas toujours la place qu'elles méritent. Les élèves possèdent généralement un recueil de chants, de comptines et de poèmes constitué de textes photocopiés. Les traces pertinentes à produire sont déterminées par les orientations du nouveau programme. Trois verbes sont privilégiés ; agir-réussir-comprendre. Ils rappellent la primauté des situations réelles par rapport aux exercices formels, la place de la représentation comme outil de développement intellectuel et mise en mémoire des moments vécus.

22

C'est le nombre de types d'outils recensés dans les classes maternelles par la mission d'Inspection Générale. Les dénominations sont variées : cahier de comptines, cahier de vie, classeur d'activités...

(Source : Rapport IGEN n° 2011-108 "L'école maternelle", 2011)

Le portfolio

Proche du carnet de bord qui conserve la mémoire d'un parcours, le portfolio est un outil utilisé dans le domaine des arts, du design, de l'architecture. Il organise une collection de productions, de documents, illustre des habiletés et permet de mener une réflexion sur un parcours. Quand il est mis en place dans la classe, il permet à l'enfant de prendre conscience par des traces concrètes de ses capacités et du chemin qui lui reste à faire. Le portfolio rassemble des documents "bruts", comme une feuille ramassée, et des documents d'exploitation, comme les différentes empreintes faites avec diverses techniques de reproduction. Il peut être structuré avec une table des matières, des séparateurs. Les "pièces" sont choisies par l'élève mais l'enseignant peut faire des suggestions.

La représentation

La représentation par le dessin, l'écriture, d'un événement est inséparable de la verbalisation et de l'action. Ces traces permettent de mettre en forme et d'exprimer un état de connaissance du monde, de prendre conscience du temps qui passe. Elles fournissent l'occasion d'échanges entre l'enfant et sa famille, à condition qu'il soit associé à leur constitution. Les murs de la classe, les couloirs servent de supports de présentation et de valorisation des productions. La culture de la classe peut s'y lire pour les élèves mais aussi pour les parents.

Le cahier de vie

Le cahier de vie et de découvertes sert à conserver des traces sous forme: de dessins (d'observation ou d'imagination) selon une technique choisie ou proposée par l'enseignant; de plans et représentations schématiques (parcours, fonctionnement d'un objet, arbre généalogique simple...); de textes dictés à l'adulte; de photographies, d'images, d'illustrations et d'extraits de presse; de reproductions d'œuvres d'art, de collages divers; d'essais d'écriture. Il peut être accompagné d'un mini-dossier regroupant des travaux réalisés en dessin, en arts visuels, en graphisme.

Éclairage

Faire prendre conscience du temps qui passe

Une école maternelle de Senlis propose aux élèves de vivre diverses expériences pour produire des traces artistiques et construire le temps. Il s'agit de faire prendre conscience du temps qui passe au fil des saisons en les incitant à observer leur environnement proche. Les enfants observent dans la cour ce qui se passe quand il pleut (feuilles au sol, traces des escargots...), quand la neige tombe. Des collectes et des photos sont prises, des comptines et des chansons sur le thème de la saison sont apprises. L'enseignante propose de raconter tout cela aux parents à travers des photos, des dessins, diverses empreintes de feuille sur papier... Un arbre réalisé par la classe recevra des traces d'observation, de collecte. À chaque changement de saison, elle suit le même cheminement: observation, relevé de traces, apprentissage de comptines... ■

« Un cahier personnel pour s'habituer à être soi, donner un centre à des apprentissages, intégrer le monde dans son intimité, rendre la vie lisible, palpable. Garder une trace... »

Philippe Lejeune, *Les cahiers, mémoires de vie* (préface), CNDP académie d'Amiens, 2003

→ Cahier de vie / Évaluation / Parents

Pour aller plus loin

- http://maternelles21.ac-dijon.fr/spip.php?article114

Transitions

Les transitions vécues par les enfants désignent les passages d'une institution à une autre, d'une structure à une autre, d'une activité à une autre. L'école maternelle a pour mission d'accompagner les ruptures et d'assurer les continuités aussi bien dans les comportements que dans les apprentissages chez les enfants.

Contexte

Une école qui accompagne les transitions vécues par les enfants

La loi du 8 juillet 2013 pour la refondation de l'École a institué l'école maternelle en un cycle unique, regroupant les trois sections : Petite, Moyenne et Grande. Sans remettre en cause les nécessaires liaisons, l'école maternelle a retrouvé ses spécificités pédagogiques et son rôle pivot pour accompagner les transitions. Si les ruptures sont inhérentes à tout devenir, comme le souligne Philippe Meirieu, elles doivent s'inscrire dans une continuité. Le cadre du nouveau programme de 2015 insiste sur la nécessité d'instaurer des relations entre l'école et les familles, de faire le lien entre les temps scolaires et périscolaires, de favoriser les échanges avec les institutions de la Petite Enfance et de poursuivre la liaison avec l'école élémentaire.

Les familles et l'école. Le programme de 2015 insiste sur la nécessité d'un “dialogue régulier et constructif [qui] s'établit entre enseignants et parents ; il exige de la confiance et une information réciproque”. Les équipes enseignantes définissent les modalités de relations avec les parents en portant une attention particulière à la diversité des familles afin de les associer dans la réussite de la scolarisation de leur enfant. Elles les informent régulièrement sur la vie de l'école et sur les progrès d'apprentissage de leurs enfants.

L'articulation des temps scolaires et périscolaires, des temps pédagogiques et éducatifs. La responsabilité repose sur les équipes pédagogiques et éducatives pour organiser les transitions entre ces différents temps. La ritualisation du temps à l'école et des transitions aide l'enfant à construire des repères dans le déroulement de la journée, car ces différents moments sont souvent confondus par les enfants. Ils doivent donc pouvoir clairement les identifier, par l'intermédiaire d'affichages, de photos, de signalétique à leur portée. De même, on veillera à expliciter le changement de rôle des personnels qui interviennent auprès des enfants, en particulier les ATSEM, lorsqu'ils prennent en charge des ateliers périscolaires. L'usage partagé des locaux et du matériel peut se traduire par des règlements (ou chartes) élaborés conjointement entre les personnels municipaux et les personnels enseignants.

La liaison avec les institutions de la petite enfance. Les visites des écoles sont prévues par les crèches pour faciliter la première rentrée à l'école. Des dispositifs d'adaptation progressive peuvent être instaurés, dès le mois de juin précédant la rentrée.

75 %

C'est le pourcentage d'écoles maternelles organisant des actions de liaison avec l'école élémentaire. En revanche, seules 20 % des écoles aménagent des temps de rencontres avec le secteur de la Petite Enfance.

(Source : rapport n° 2011-108 de l'Inspection Générale sur l'école maternelle, 2011)

> **La politique des cycles**
>
> La loi d'orientation sur l'éducation du 10 juillet 1989 a placé l'enfant au centre du système éducatif. La scolarité est alors organisée en 3 cycles : cycle 1, ou cycle des apprentissages premiers (Petite Section, Moyenne Section et Grande Section), cycle 2 ou cycle des apprentissages fondamentaux (Grande Section, CP, CE1) et cycle 3 ou cycle de consolidation et d'approfondissement (CE2, CM1, CM2). La notion de cycle correspond à une réalité psychologique et pédagogique qui se distingue des notions d'âge et de structure d'accueil. Il s'agissait donc d'accompagner l'articulation entre les cycles afin d'harmoniser les supports, les contenus et les démarches.
>
> Cette organisation a conduit à interroger, pour la première fois, de manière explicite et formalisée, à travers l'existence des conseils de cycles, la liaison Grande Section/CP. En effet, la Grande Section de maternelle, se situant à la charnière des cycles 1 et 2, devenait de fait plus impliquée dans la préparation aux contenus et aux méthodes de l'école élémentaire.

La liaison avec l'école élémentaire. Afin d'assurer la continuité des apprentissages et le suivi individuel des enfants, l'école maternelle travaille en concertation avec le cycle 2. Elle s'appuie sur le Réseaux d'aides spécialisées aux élèves en difficulté (RASED) pour la poursuite des aides à apporter aux élèves en difficulté.

Éclairage

Le cahier de vie

Le cahier de vie est un outil qui voyage afin, notamment, de faciliter la transition entre l'école et la maison.

Dans le cahier de vie de Léa qui a 3 ans, on trouve, pour le mois de septembre, son premier dessin du bonhomme, la photo de ses camarades, la photo de la marotte de la classe et sa première peinture réalisée avec les doigts. Elle est fière de le ramener à la maison le vendredi soir, pour montrer à ses parents le cadre dans lequel elle évolue et parler avec eux de tout ce qu'elle fait à l'école. En retour, la maman de Léa va l'aider à coller dans son cahier le ticket de métro qu'elle a utilisé pour aller voir sa mamie le dimanche, et une jolie feuille d'automne qu'elle a ramassée dans la forêt. Léa rapporte son cahier de vie à l'école, le lundi matin. Sa maîtresse, Lucie, le commente avec elle au moment de l'accueil : le cahier de vie apparaît ainsi comme un support de verbalisation et d'échanges dont le centre est l'enfant. Il est aussi une mémoire qui joue un rôle important de repère dans la structuration de l'enfant parce qu'il concrétise les différentes étapes de son développement. ■

> **« […] L'école maternelle reconnaît l'élève comme "un enfant de la famille", mais le traite comme "un enfant de la société". Et, surtout, elle gère ce passage, construit cette transition et fait en sorte que chaque élève la vive au mieux. Pour cela, il lui faut accueillir chaque enfant tel qu'il est, sans le contraindre à abdiquer son identité, mais en l'aidant à accepter les règles qu'un collectif doté d'un projet propre doit imposer à chacun de ses membres. »**
>
> Philippe Meirieu, Congrès AGEEM, Tarbes, 2008.

→ Accueil / Cahier de vie / Parents / Se séparer

Pour aller plus loin

- Philippe Meirieu, "École maternelle, école première", Conférence au congrès de l'AGEEM, Tarbes, 2008.
- www.education.gouv.fr/cid76004/nouveaux-rythmes-scolaires-les-bonnes-pratiques-en-maternelle.html

Valeurs

Une valeur est un principe d'action partagé, une référence commune à un groupe. Les valeurs de l'école sont au centre du fonctionnement du système éducatif. L'école porte les valeurs de la République issues de la Révolution de 1789, de la Constitution de 1958 : liberté, égalité, fraternité, laïcité et refus de toutes les discriminations.

Contexte

Les valeurs de la République

Le système éducatif fonctionne sur des principes inspirés de la Révolution de 1789, ainsi que de la Constitution du 4 octobre 1958. L'École transmet ces valeurs à travers les savoirs et la culture scolaire. Elles sous-tendent l'ensemble des apprentissages qui renvoie, à l'école maternelle, à la dimension Vivre et apprendre ensemble. C'est par cette approche transversale qu'elle participe à la construction du socle commun de connaissances, de compétences et de culture. Dès l'école maternelle, la scolarisation prépare les enfants à vivre en société et à devenir des citoyens responsables. Tous les adultes qui interviennent auprès d'eux partagent ces valeurs et ont pour mission de les décliner en règles et comportements adaptés à la "communauté apprenante" qu'est l'école.

Les valeurs liées au service public d'éducation

Les enseignants sont des fonctionnaires d'État. À ce titre, ils doivent connaître et prendre en compte les finalités du service public et notamment la notion d'intérêt général, qui n'est pas la somme des intérêts particuliers. Cette notion s'appuie sur l'affirmation des valeurs d'égalité d'accès, de continuité du service, l'application du principe d'impartialité, l'obligation de réserve, le respect des convictions de chacun, le respect de la pudeur et des bonnes mœurs, la gratuité de l'enseignement.

L'application de principes forts

Le principe de laïcité est l'élément fondateur du système éducatif depuis la fin du XIXe siècle. Il interdit tout prosélytisme, ainsi que le port de signes d'appartenance religieuse (loi du 15 mars 2004). Au regard du principe de gratuité posé par la loi du 16 juin 1881, l'école ne doit pas demander aux parents d'apporter une contribution financière pour la scolarité ; l'appel à cotisation pour la coopérative par exemple repose sur le volontariat des familles. Le principe de neutralité conduit à respecter les principes de l'égalité entre les filles et les garçons, le refus des discriminations, la dignité de toute personne, enfant, parents, personnel de l'école.

La lutte contre les inégalités

Le programme de 2015 affirme que tous les élèves peuvent réussir, qu'ils sont capables d'apprendre. L'école maternelle introduit très tôt la lutte contre les déterminismes, en travaillant à réduire les inégalités notamment en ce qui concerne la maîtrise du langage oral. Des observations menées en classe par Alain Bentolila en particulier, montrent qu'à l'entrée en Moyenne Section, le nombre de mots que maîtrisent les élèves varie dans une proportion de 1 à 7.

1 à 7

C'est la variation du nombre de mots que maîtrisent les élèves à l'entrée en Moyenne Section.

Le rappel des valeurs qui fondent du lien social

En 2015, des événements violents ont ébranlé la société et interpellé l'école comme lieu d'éducation. Face aux questionnements des enfants, les enseignants ont été en première ligne pour aider à dépasser l'émotion, pour rappeler les valeurs républicaines. C'est par des mots simples mais justes, le passage par des récits de fiction qui amènent à percevoir des questions profondes, une approche de la connaissance d'autres cultures que s'installent à l'école maternelle les conditions d'un premier parcours citoyen. Il n'est jamais trop tôt pour engager la lutte contre la radicalisation, le racisme et l'antisémitisme. Le socle de valeurs communes – la liberté, l'égalité, la fraternité, la laïcité, l'esprit de justice, le respect et l'absence de toutes formes de discriminations – est mis en pratique au quotidien à travers les règles de vie commune.

Aborder les valeurs avec les élèves : la notion d'identité

Il s'agit de faire découvrir aux enfants qu'ils sont à la fois uniques mais semblables. Ils comprennent les règles simples communes partagées à l'école, l'enseignant introduit leurs expériences personnelles concrètes pour aborder la singularité et l'appartenance à une communauté de vie. La question "Qu'est-ce qui nous permet d'être reconnaissables" est traitée avec l'autoportrait que les enfants réalisent (dessin, peinture, photo, modelage...), la comparaison de certains traits distinctifs "identifient". Ils sont rapportés à la carte d'identité de parents ou d'adultes référents. L'enseignant aborde ce qui caractérise la vie des familles, les fêtes familiales, cultuelles..., la langue et le pays, à travers des albums, des récits, des contes, la poésie, la musique. La prise de conscience de la diversité physique et sociale qui contribue à l'identité de groupe est mise en évidence par le portrait de la classe (photo et dessins).

Éclairage

L'égalité fille/garçon

L'École compte parmi ses missions fondamentales celle de garantir l'égalité des chances des filles et des garçons. Un enseignant de maternelle cite en exemple les coins-jeux : "En général, les enfants vont jouer dans tous les espaces de la classe, mais il est vrai que même si les filles de ma classe vont jouer dans l'espace "voiture", elles y resteront nettement moins longtemps que les garçons. C'est la même chose avec les garçons dans l'espace "poupée" [...]. J'ai donc essayé de casser un maximum ces stéréotypes : l'espace "voiture" est devenu un espace "transports", l'espace "poupée" ou "maison" est devenu l'espace "hôpital" et j'ai également installé l'espace "déguisement" avec des masques." ■

> **« On peut admettre que l'école doit et peut participer à la transmission des valeurs morales et politiques nécessaires à la vie d'une société moderne et démocratique. »**
> Jean-Pierre Obin, "Les valeurs de l'école" in *Administration & éducation*, n° 100, 2003

→ **Éducation citoyenne / Posture éducative / Référentiel**

Pour aller plus loin

- Jean-Louis Auduc, *Faire partager les valeurs de la République*, Hachette, 2014.
- http://eduscol.education.fr/cid46702/valeursrepublicaines.html
- www.education.gouv.fr/cid162/les-grandsprincipes.html
- www.laicite-ecole.fr

Vivre ensemble

Vivre ensemble signifie accepter les autres tels qu'ils sont, s'entraider, se comprendre. Il se fonde sur des valeurs communes, telles que le respect de l'autre et de la différence, de la pluralité des cultures, de l'égalité, de la justice, de la laïcité. L'école, dans son projet d'éducation "à la nation", traduit les différentes manières dont on apprend à vivre ensemble.

Contexte

Le "Vivre ensemble" recouvre des réalités différentes selon les contextes dans lesquels il s'inscrit. Il se fonde sur des valeurs pour offrir aux enfants un cadre structurant pour leur développement.

De la "Socialisation" au "Vivre ensemble"

La circulaire n° 86-046 du 30 janvier 1986 fixant les orientations pour l'école maternelle définissait 3 objectifs : scolariser, socialiser, faire apprendre et exercer. La socialisation, considérée comme un objectif majeur pour une scolarisation réussie du jeune enfant, vise l'apprentissage des relations avec les autres, la coopération, l'installation des règles de base pour vivre en collectivité. Découvrir la culture de l'école mais aussi celle des autres participe de la formation de sa personnalité : la socialisation est une acculturation. Les premiers programmes de 1995 pour l'école maternelle font du domaine "Vivre ensemble" la priorité, en visant l'apprentissage des règles de la vie en collectivité, tout en permettant à l'enfant de construire sa personnalité à travers les relations avec autrui. Le langage aide à réguler les relations sociales : apprendre à vivre ensemble, c'est apprendre à communiquer.

Du "Vivre ensemble" au "Devenir élève"

Si les textes de 1995 et de 2002 s'inscrivent dans une logique commune considérant que l'enfant grandit avec les autres, le programme de 2008 se centre sur une socialisation spécifiquement scolaire. Dans le nouveau domaine intitulé "Devenir élève", l'objectif "vivre ensemble" devient un principe de respect des règles de civilité et d'un comportement conforme à la morale : ce n'est plus le cadre qui structure la conduite, soutient la socialisation, règle les échanges, mais les fondements moraux des règles de comportement. L'analyse de ce texte met en relief le verbe "devenir" dans l'expression "devenir élève", témoignage d'un processus pour s'approprier les codes et les spécificités scolaires. Il s'agissait de se départir de l'illusion selon laquelle tous les enfants pouvaient se saisir des codes normés transmis par l'école : il devenait impératif de distinguer la tâche de l'activité pour que l'enfant puisse identifier ce qu'il apprend, au-delà de ce qu'il fait.

Du "Devenir élève" à l'enjeu "Apprendre ensemble et Vivre ensemble"

En 2015, "Apprendre ensemble et vivre ensemble" devient un enjeu de formation pour l'enfant. La notion de "domaine" pour circonscrire les conditions du vivre ensemble est abandonnée au profit de l'idée de cadre, que constitue la classe en tant que communauté d'apprentissage. C'est parce que l'on apprend ensemble, que les principes du "vivre ensemble" peuvent se réaliser. Les bases de la citoyenneté se forment dans ce cadre où les valeurs de laïcité et d'ouverture à la pluralité des cultures en constituent les fondements. À travers deux objectifs, "Comprendre la fonction

Le rôle de l'enseignant	
Comprendre la fonction de l'école	Se construire comme une personne singulière au sein d'un groupe
- Rendre lisibles les situations scolaires - Inciter à coopérer, à partager - Encourager les essais personnels, valorise les progrès - S'attacher à faire reformuler pour s'assurer de la compréhension de tous - Définir des critères de réussite pour toute réalisation	- Créer des repères pour que chacun trouve sa place - Organiser et règle des débats - Aider les enfants à exprimer leurs émotions, leurs sentiments - Aider à développer l'estime d'eux-mêmes

de l'école" et "Se construire comme une personne singulière au sein d'un groupe", l'enfant va progressivement devenir un élève. Il va à la fois s'approprier les règles de la vie en collectivité en termes de droits et d'obligations, comprendre les exigences des situations scolaires à travers la parole explicite de l'enseignant, et prendre sa place au sein d'un groupe. C'est à partir de récits et de mises en scène que l'enfant va également découvrir ses premières expériences morales en développant sa capacité d'empathie. Savoir se mettre à la place de l'autre, repérer ce qui est juste et ce qui ne l'est pas, accepter les différences, interroger les stéréotypes, notamment à partir de la question de l'égalité filles/garçons, identifier et nommer ses émotions, sont des chemins nécessaires à la construction et à l'estime de soi. Le rôle de l'enseignant est central pour créer les conditions de mise en œuvre de ces situations, propres à fonder la cohésion du groupe autour de valeurs partagées.

Éclairage

Se construire en comprenant les autres

Les objectifs de cette séance en Grande Section sont : développer sa capacité d'empathie ; apprendre à ressentir et à exprimer ses émotions, lorsqu'on "joue à faire semblant". À partir d'une scène ou d'une image représentant un conflit, l'enseignant engage 3 enfants à jouer l'un des rôles en étant tour à tour dans le rôle de l'agresseur, de la victime ou du sauveur. La scène proposée représente un enfant qui pousse un autre pour lui prendre son vélo. Un enfant joue l'agresseur qui pousse, un autre joue la victime qui tombe, a mal et pleure, un autre joue le sauveur (ou le redresseur de tort). Chaque enfant endossera un des trois rôles. L'enseignant mène le débat avec la classe pour laisser s'exprimer ce que chacun a ressenti, du point de vue des acteurs comme de celui des spectateurs. Il s'agit de trouver des solutions, d'évoluer dans ses représentations identificatoires (le héros n'est pas l'agresseur, comme dans certains films), s'habituer à recourir à un autre, ou à l'adulte pour dévier l'affrontement. (D'après "Le jeu des 3 figures, cultiver l'empathie de la maternelle au collège", Yapaka.be, de Serge Tisseron.) ■

> **« Devenir élève, ce n'est pas simplement comprendre ce qu'est l'école mais aussi apprendre comment fonctionne l'organisation symbolique de l'école. »**
> René Amigues, Marie-Thérèse Zerbato-Poudou, *Comment l'enfant devient élève*, Retz, 2000

→ Apprendre et vivre ensemble / Éducation citoyenne / Maternelle / Valeurs

Pour aller plus loin

- Francis Imbert, *Vivre ensemble, un enjeu pour l'école*, ESF, 1998.
- Rapport du Conseil de l'Europe. *Vivre ensemble. Conjuguer diversité et liberté dans l'Europe du XXIe siècle*, avril 2011.

Jerome Bruner

Jerome Seymour Bruner (1915) est un psychologue américain spécialiste de l'apprentissage et de la cognition chez l'enfant. Il est un des premiers "découvreurs" de l'ouvrage *Pensée et Langage* de Vygotski. Ses travaux ont contribué à ancrer dans la réalité de la classe la théorie de Piaget sur les stades du développement cognitif.

Sa vie

Jerome Bruner est né à New York en octobre 1915. Il perd son père à l'âge de douze ans. Il suit ses études à l'université Duke, à Durham, en Caroline du Nord, puis à Harvard, dont il sort docteur en psychologie en 1941. Pendant la Seconde Guerre mondiale, il sert comme "spécialiste de la guerre psychologique" en France. Il retourne à Harvard en 1945 et devient professeur de psychologie en 1952. En 1956, il publie avec Austin un ouvrage important, *A study of thinking*, salué par Jean Piaget comme révolutionnaire dans la psychologie de la pensée. De 1960 à 1972, il dirige le département des études cognitives de l'université. Il fonde le centre d'études cognitives. Il quitte Harvard pour enseigner la psychologie expérimentale à l'université d'Oxford (1972-1980). Il se consacre à l'étude de l'acquisition du langage. Il devient professeur à la New School for Social Research de New-York, tout en étant attaché à l'Institut des sciences humaines de l'université de cette même ville.
Son ouvrage le plus célèbre, *The Process of Education* (1960), a servi de socle à la réforme de l'enseignement engagée aux États-Unis.

Ses apports pédagogiques

Ses travaux ont contribué à faire entrer dans les salles de classe la théorie de Jean Piaget sur les stades du développement cognitif. Il montre que les enfants peuvent apprendre n'importe quoi, quel que soit leur stade de développement, dès lors que l'objet d'étude est abordé de façon adaptée. Il met en évidence que les enfants ont une curiosité naturelle qui les encourage à engager diverses activités d'apprentissage. Cependant, quand l'activité leur paraît trop difficile, ils sont gagnés par l'ennui. L'enseignant doit donc présenter ce qui est à apprendre à un niveau qui correspond au stade de développement cognitif de ses élèves.
J. S. Bruner s'intéresse aux débuts de l'apprentissage du langage, notamment dans les routines de communication avec la mère. C'est d'abord le développement d'un savoir-faire, il faut encourager l'enfant à prendre l'initiative. Il définit deux axes : un premier montre comment l'environnement organise les contacts avec l'enfant ; un deuxième montre le rôle de l'adulte comme médiateur entre l'enfant et les formes codifiées de communication, les modes de représentations qui constituent "la boîte à outils" culturelle nécessaire aux apprentissages. Dans la situation d'enseignement-apprentissage, il parle de l'activité continue d'ajustement réciproque entre l'enfant et l'enseignant, nommée action

> **« On doit remercier l'auteur de nous avoir livré un ouvrage aussi stimulant, rappelant avec force cette proposition pédagogique contre laquelle tant de résistances, en nous et autour de nous, doivent être levées : l'apprentissage est un processus et non un produit. »**
> Philippe Meirieu, *Revue française de pédagogie*, n° 85, 1988

conjointe, à l'intérieur de "scénarios", de routines de communication.
Il montre que l'éducation n'est pas seulement un travail qui porte sur un traitement d'informations apportées par l'enseignant. Elle est la tentative complexe d'adapter une culture aux besoins des enfants pour les confronter à la culture. Selon lui, il existe deux modalités pour faire apprendre, l'exposition, l'élève est auditeur et le modèle est transmissif; l'approche hypothétique qui introduit une coopération entre l'enfant et l'enseignant. Pour qu'il y ait un réel apprentissage, l'enfant doit être impliqué, actif et engager un travail d'interprétation.
Il met en évidence la fonction déterminante de la "médiation" et des "étayages" de l'enseignant, qui sont décisifs en maternelle.
Il introduit deux concepts clés qui rendent compte des processus de régulation dans les interactions de tutelle, celui d'étayage et de format.
Les interactions de tutelle se déroulent entre un adulte et un enfant: l'adulte essaye d'amener l'enfant à résoudre un problème qu'il ne sait pas résoudre seul. Les processus d'étayage permettent la mise en place de formats (formes régulatrices des échanges). L'adulte guide l'enfant pour qu'il se conforme à ces formes standardisées, à ces *patterns* d'échanges réguliers et ritualisés.
L'étayage désigne l'ensemble des interactions d'assistance de l'adulte permettant à l'enfant d'apprendre à organiser ses conduites pour résoudre seul un problème.
Bruner repère 6 fonctions:
1. L'enrôlement
2. La réduction des degrés de liberté
3. Le maintien de l'orientation
4. La signalisation des caractéristiques déterminantes
5. Le contrôle de la frustration
6. La démonstration ou présentation de modèles ■

« Le programme d'une école ne se réduit pas aux disciplines qu'elle enseigne. La discipline principale d'une école, vue sous l'angle culturel, c'est l'école elle-même. C'est ainsi que les élèves la vivent, et c'est cela qui détermine le sens qu'elle a pour eux. »

Principaux écrits

- *L'éducation, entrée dans la culture. Les problèmes de l'école à la lumière de la psychologie culturelle*, Retz, 2008.
- *Car la culture donne forme à l'esprit. De la révolution cognitive à la psychologie culturelle*, Retz, 2015.
- *Le développement de l'enfant: savoir faire, savoir dire*, PUF, 2011.
- *Comment les enfants apprennent à parler*, Retz, 2012.

Pour aller plus loin

- www.persee.fr/doc/colan_0336-1500_1985_num_66_1_3656
- www.ac-grenoble.fr/savoie/mat/group_de/theorie/etayage.htm#1http://www.acgrenoble.fr/savoie/mat/group_de/theorie/etayage.htm#1

Françoise Dolto

Françoise Dolto (1908-1988) pédiatre, figure emblématique de la psychanalyse française, a diffusé auprès du grand public sa méthode psychanalytique de thérapie d'enfants centrée sur l'écoute de l'inconscient.

Sa vie

Françoise Marette, fille d'un polytechnicien, est issue d'une famille bourgeoise catholique et monarchiste. Quatrième enfant d'une fratrie de sept, elle a une institutrice personnelle formée à la méthode Froebel. F. Dolto entame des études de médecine contre la volonté de sa mère. Elle commence une psychanalyse avec René Laforgue puis assiste Sophie Morgenstern, psychiatre, pionnière en France de la psychanalyse des jeunes enfants.

En 1938, elle suit les cours de Jacques Lacan, dont elle reprend de nombreux concepts. Elle soutient en 1939 sa thèse intitulée *Pédiatrie et psychanalyse*. Elle y expose certaines bases de sa méthode de psychanalyse des enfants, qu'elle développera tout au long de sa vie : parler directement aux enfants de la réalité de leur vécu à l'aide d'un langage qui leur est accessible. En septembre 1940, elle inaugure, à l'hôpital Trousseau (Paris), une consultation ouverte aux analystes désireux de se former à la pratique de la psychanalyse d'enfants.

Elle épouse en 1942 Boris Ivanovitch Dolto, kinésithérapeute, avec lequel elle a trois enfants : Yvan-Chrysostome, devenu un chanteur populaire connu sous le nom de Carlos, Grégoire, devenu ingénieur, et Catherine, pédiatre renommée, spécialiste d'haptonomie. Elle devient, dans les années 1960, une figure majeure du mouvement psychanalytique. En 1964, elle participe avec Jacques Lacan à la création de l'École Freudienne de Paris. Elle assure, dans ce cadre, un séminaire sur la psychanalyse des enfants.

Dès 1950, elle participe à des émissions de radio, mais c'est entre 1976 et 1978 que l'émission "Lorsque l'enfant paraît" (France Inter) la fait connaître du grand public auprès duquel elle diffuse ses idées. Elle crée en 1979 La Maison verte, nommée au départ "Petite Enfance et parentalité", pour accueillir les enfants de 0 à 3 ans avec leurs parents. Ce lieu convivial et accueillant doit renforcer le lien social, reconnu comme essentiel à la santé psychique des enfants comme à celle des parents. Ce projet, auquel F. Dolto sera très attachée jusqu'à la fin de sa vie, perdure aujourd'hui. Chaque Maison verte est autonome, organisée en association loi 1901 et souvent financée par des fonds publics. Elle meurt à Paris, en 1988.

Ses apports théoriques

Françoise Dolto s'intéresse à l'enfant en souffrance, à ses rapports avec la mère. Les idées majeures qu'elle a développées ont parfois été reprises de manière caricaturale par le grand public. Si, grâce à la Convention internationale des droits de l'enfant (la CIDE), l'enfant devient sujet de droit, à travers F. Dolto, le regard porté sur lui par la société se transforme : l'enfant est un sujet-désirant.

Entre les années 1970 et 1980, les idées de Françoise Dolto ont influencé l'école mater-

> **« Elle consacra sa vie aux enfants. Sans donner de recettes, elle militait pour que l'on s'adressât à eux comme à des êtres de langage, fondant son autorité sur la force d'une parole plutôt que sur des règles disciplinaires. »**
> Élisabeth Roudinesco, *La cause des enfants*, LeMonde.fr, 21 octobre 2008

nelle qui retiendra de son œuvre la nécessité de considérer l'enfant comme un interlocuteur à part entière. De même, en tant qu'école de la prévention, les enseignants, médecins scolaires, psychologues se sont appuyés sur ses préceptes pour déceler les manifestations de souffrance chez l'enfant, à travers le langage du corps, le dessin, le jeu. Elle plaide pour le respect de l'enfant en tant que personne, mais ne défend jamais l'idée d'enfant-roi. Elle considère que tout est langage et insiste pour parler vrai à l'enfant, car il a toujours, dit-elle, l'intuition de son histoire. Ses apports théoriques singuliers s'inspirent de la notion de "stade du miroir", développée par Jacques Lacan et de celle "d'image du corps", exposée par Paul Schilder. Elle crée le terme "d'image inconsciente du corps" pour désigner "l'incarnation symbolique du sujet désirant". F. Dolto envisage le début de la vie psychique bien avant la venue au monde. Elle prend en compte la dimension "désirante" du sujet, inscrit dans le langage avant sa naissance. Sa célèbre formule *"tu as décidé de naître"* témoigne de sa conviction que l'enfant est sujet du désir et sujet de son histoire.

F. Dolto développe aussi la notion de "castration symboligène", en tant que processus pour rendre compte des épreuves psychiques par lesquelles passe l'enfant, en référence aux stades du développement libidinal empruntés à Freud. Cette idée témoigne de la portée structurante de l'interdit posé sur l'objet de la pulsion et non pas sur la pulsion elle-même. D'un point de vue éducatif, cette notion rend compte de la capacité de l'enfant à symboliser (à sublimer) la perte, chaque progrès impliquant à la fois un gain mais aussi une perte, dont le but consiste en son élaboration.

Le complexe du homard est une métaphore employée par Dolto pour représenter l'adolescence et ses crises, comme des étapes nécessaires à la structuration du sujet. L'enfant, comme le homard au cours de sa mue, se défait de sa carapace, soudain étroite, pour en acquérir une autre. Entre les deux, il est vulnérable, agressif ou replié sur lui-même. Mais "ce qui va apparaître est le produit de ce qui a été semé chez l'enfant", avertit Dolto. Les parents devraient donc voir les crises explosives de l'adolescent comme une preuve qu'ils ont rempli leur contrat, les repères éducatifs s'avérant suffisamment souples pour céder au bon moment. ■

“L'enfant est un être en devenir : c'est une personne à part entière, pas un adulte.”

Principaux écrits

- *Psychanalyse et pédiatrie*, Seuil, 1971.
- *La cause des enfants*, Robert Laffont, 1985.

Pour aller plus loin

- Élisabeth Roudinesco, *Histoire de la psychanalyse en France*, Seuil, 1986.
- Jean-François de Sauverzac, *Françoise Dolto itinéraire d'une psychanalyste*, éd. Aubier, 1993.

Friedrich Froebel

Friedrich Froebel (1782-1852), pédagogue allemand, est l'inventeur du jardin d'enfants ou Kindergarten et le précurseur des jeux éducatifs.

Sa vie

Né le 21 avril 1782 à Oberweissbach (Allemagne), Friedrich Froebel est issu d'une fratrie de 6 enfants. Son père est pasteur, sa mère décède quelques mois après sa naissance. L'enfance et la jeunesse de Froebel sont marquées par l'absence de mère, l'amour de la nature et la foi chrétienne qui influenceront toute sa vie. Sa scolarité prend fin en 1796 avec sa confirmation, expérience qui renforce son sentiment religieux. Froebel épouse à 36 ans Henriette Wilhelmine Hoffmeister, fille d'un membre du Conseil de guerre de Berlin. En 1805, il est engagé en tant qu'instituteur par *L'école modèle* de Francfort, qui applique les principes pédagogiques de Pestalozzi. Après avoir songé à une carrière universitaire pour son intérêt envers les phénomènes astronomiques, il décide de se vouer à l'éducation de la jeunesse. Il fonde en 1816 l'Institut général allemand d'éducation, à Keilhau, où il instaure sa conception familiale de l'éducation. À la suite d'un voyage d'études en Suisse, il se familiarise avec les méthodes pédagogiques de Pestalozzi, qui l'avaient tant marqué lors de son premier poste en tant qu'instituteur à Francfort. En 1836, il fonde le premier *Kindergarten* en Allemagne, à Blankenburg, en important de Suisse du matériel de jeu. Il en ouvrira d'autres en Allemagne et en Suisse. Friedrich Froebel acquiert une stature internationale : son jardin d'enfants, centre pédagogique pour enfants de 3 à 6 ans, se démarque résolument des autres établissements préscolaires de son temps qui soit, sont de simples garderies, soit dispensaient aux enfants un enseignement scolaire.

Ses méthodes pédagogiques s'imposent dans le monde entier, grâce à l'action de Bertha von Marenholtz-Bülov (1810-1893) qui, après la mort de Froebel, diffuse ses théories sous forme de conférences et d'expositions dans les principaux pays d'Europe, avant de les regrouper en 1959 dans l'ouvrage *Manuel pratique des jardins d'enfants*.

Sa démarche pédagogique

Le rêve de Froebel est de transformer la famille pour en faire le point central de l'éducation de l'être humain. Son programme donnera naissance à l'institution *du jardin d'enfants*, où des éducatrices professionnelles, les jardinières d'enfants, s'occupent des jeunes enfants en les faisant **jouer**. Dans le premier *Kindergarten* fondé en Allemagne à Blankenburg (1936), la base des jeux (importés de Suisse) est constituée d'objets de formes géométriques, le premier étant la balle. Froebel décompose ce système de "jouets" qu'il appelle des dons, en matériels de diverses formes : solides, surfaces, lignes et points. Les **jeux** éducatifs sont conçus pour aider l'épanouissement des facultés élémentaires de l'enfant. Il organise la **manipulation** de son matériel en fonction de deux progressions : analytique et synthétique. L'enfant doit combiner et réunir en un tout diverses parties du matériel ou effectuer la transformation de

> **« Attentif à la nécessité de développer le "mouvement intérieur" de l'enfant, son "action créatrice", il [Froebel] mesure aussi l'importance de la structuration par l'instruction. »**
> Philippe Meirieu, www.meirieu.com/PATRIMOINE/lespedagogues.htm

la matière, qu'il appelle les "suites". On ne démolit pas ses jeux, on part de ce qu'ils sont pour en créer d'autres, avec organisation. Ainsi, l'enfant réorganise sa pensée par l'intermédiaire d'un matériel et d'une méthode appropriés. Froebel établit un groupement très systématique de ses jeux :

- Ier groupe : Jeux gymnastiques accompagnés de chants ;
- IIe groupe : La culture des jardinets ;
- IIIe groupe : La gymnastique de la main ;
- IVe groupe : Causeries, poésies, chants.
- Matériel d'occupation, "les dons", matériel sans forme (argile et sable).

Lorsque Bertha von Marenholtz-Bülov fait paraître le *Manuel pratique des jardins d'enfants* en 1859, elle montrer que cette méthode développée par Froebel répond aux exigences naturelles de la première enfance, et satisfait :

- au besoin de mouvement physique par des jeux gymnastiques qui produisent le développement des membres ;
- au besoin de s'occuper d'une manière plastique, de toucher, par des exercices qui produisent la dextérité de la main et le développement des sens ;
- au besoin de créer par ces petites œuvres qui développent ses facultés artistiques ;
- au besoin de connaître, en l'engageant à observer, à examiner, à comparer ;
- aux tendances de l'enfant à cultiver et à soigner, par le jardinage et par l'accomplissement de ses petits devoirs, qui produisent le développement du cœur et de la conscience ;
- au besoin du chant qui produit le développement des sentiments et du goût esthétique.

Les jardins d'enfants sont importés en France en 1902. Ils inspirent les programmes officiels de l'école maternelle grâce à Pauline Kergomard, inspectrice générale.

« Le but de l'éducation est d'encourager et de guider l'homme, être conscient, pensant et percevant, de manière qu'il devienne par son propre choix personnel, une représentation pure et parfaite de cette loi intérieure divine : l'éducation doit lui montrer les voies et les moyens d'atteindre ce but. »
Friedrich Froebel, *De l'éducation de l'homme*, 1826

Pierre Nathan, fils de l'éditeur Fernand Nathan, à la suite de séjours en Allemagne découvre les nouvelles méthodes d'éducation destinées à la petite enfance. Il s'emploie, dès 1883, à diffuser des jeux éducatifs inspirés du matériel de Froebel, qui constituent, sous une forme plus actuelle, les piliers du matériel pédagogique d'aujourd'hui.

Principaux écrits

- *De l'éducation de l'homme* (*Die Menschenerziehung*), Wienbrack, 1826.
- *Les chants de la mère ou les causeries de la mère*, Hachette, 1883.

Pour aller plus loin

- Michel Soëtard, *Friedrich Froebel : pédagogie et vie*, Armand Colin, 1990.

Olivier Houdé

Olivier Houdé (1963) est professeur de psychologie à l'Université Paris-Descartes. Il dirige le Laboratoire de Psychologie du Développement et de l'Éducation de l'enfant (LaPsyDÉ) du CNRS. Spécialiste de psychologie expérimentale, il est un des premiers à avoir utilisé l'imagerie cérébrale dans ses travaux.

Sa vie

Olivier Houdé est né à Bruxelles en juin 1963. Il a suivi une formation d'instituteur à l'École Normale Saint-Thomas à Bruxelles. Il obtient sa licence de Psychologie à La Sorbonne en 1986, puis la maîtrise et le DEA de Psychologie des Acquisitions, du Développement et de l'Éducation de l'Enfant. En 1991, il devient docteur de Psychologie. Il engage une formation complémentaire à l'imagerie cérébrale en neurosciences en 1998 à l'Université Claude Bernard (Lyon). Il dirige depuis 2000 l'équipe de recherche "Développement & fonctionnement cognitifs" dans le Groupe d'Imagerie neurofonctionnelle du CNRS et du CEA.

Il a reçu de nombreuses distinctions qui saluent la qualité de ses travaux: lauréat de l'Académie des sciences morales et politiques (Prix Dagnan-Bouveret en 2002, prix Binoux en 2014), lauréat de l'Académie française (Grand Prix Moron en 2015, Institut de France pour son ouvrage *Apprendre à résister*. En 2013, il contribue avec Serge Tisseron, Pierre Léna et Jean-François Bach pour rendre un rapport à la demande de l'Académie des sciences sur *L'enfant et les écrans* (Éditions Le pommier, 2013). Il analyse la question de l'impact des écrans sur le cerveau des enfants.

Sa démarche pédagogique

Olivier Houdé est parti des travaux de Jean Piaget, en reprenant notamment l'idée d'un développement non linéaire de l'intelligence. Il a mis en évidence la dynamique activation – inhibition, qui permet de prendre en compte les erreurs de raisonnement pour progresser. Il démontre que le développement de l'enfant est plutôt non linéaire. Se développer, c'est construire et activer des stratégies cognitives nouvelles, mais aussi apprendre à inhiber des stratégies déjà existantes qui entrent en compétition dans le cerveau. Il incite à voir les enfants comme des petits savants qui, chacun dans leur style, ont des fulgurances intellectuelles précoces mais peuvent aussi se tromper à tout moment. Il mène des expérimentations en laboratoire avec des enfants de manière à approfondir les connaissances sur le développement de la machine complexe qu'est le cerveau.

Il remarque que *"l'enseignement repose toujours sur l'idée qu'il faut accumuler et activer des fonctions cognitives, et jamais sur l'idée de travailler sur les capacités d'inhibition"* (Olivier Houdé, *La Recherche* n° 388, 30 juin 2005).

Il montre pourquoi certaines situations d'apprentissage sont plus efficaces que d'autres, en mettant en évidence trois sys-

> **« Toute science apprend de ses erreurs et c'est finalement en analysant celles de ce petit homme dans sa quête de savoir et d'expérimentation sur son environnement que la recherche actuelle dépasse les siennes. »**
> Fabien Fenouillet, à propos de l'ouvrage *La psychologie de l'enfant*, d'Olivier Houdé, in *Revue française de pédagogie*, 2006

tèmes cognitifs. L'un est rapide, automatique et intuitif (le Système 1) ; l'autre est plus lent, logique et réfléchi (le Système 2) ; le troisième, sous-tendu par le cortex préfrontal, permet l'arbitrage entre les deux premiers. Ce Système 3 assure l'inhibition des automatismes de pensée (issus du Système 1) quand l'application de la logique (Système 2) est nécessaire. En partant de ce constat, il propose de revoir le statut de l'erreur cognitive ; le développement cognitif étant jalonné d'erreurs, de biais perceptifs et de décalages inattendus. Pour que l'enfant apprenne, il doit se tromper et apprendre de ses erreurs, en identifiant leur nature. Le défaut d'inhibition peut expliquer des difficultés d'apprentissage (erreurs, biais de raisonnement, etc.) et d'adaptation tant cognitive que sociale. Son concept-clé, l'inhibition, est présenté comme une fonction exécutive déterminante dans le choix sélectif d'une stratégie adaptée.

Il met en évidence que la pédagogie à l'école, dès la maternelle, devrait plus systématiquement porter sur cette capacité à changer rapidement de stratégie de raisonnement et à mobiliser des réseaux neuronaux différents pour résoudre la même tâche, par exemple le réseau pariéto-frontal dont il a observé l'émergence. Cette pédagogie du cortex préfrontal a été testée positivement au Canada, dès l'école maternelle, par Adele Diamond (université de Colombie-Britannique), sous forme d'exercices de contrôle comportemental et cognitif.

Il applique les nouveaux acquis des sciences du cerveau, de la cognition et des comportements à la problématique de l'usage des écrans (*cf.* Avis de l'Académie des Sciences "L'enfant et les écrans"). Il a mené des expériences avec des enfants de GS, dont les zones du cerveau activées selon la tâche étaient photographiées par IRM. Ses éclairages sont majeurs pour les enseignants qui accompagnent les enfants dans leur découverte de la culture technique et numérique. ■

“ Des bébés aux adultes, on découvre aujourd'hui qu'apprendre à résister aux conflits intracérébraux est important pour notre développement cognitif, c'est-à-dire pour l'acquisition des connaissances et la capacité de raisonnement. ”

Principaux écrits

- *10 leçons de psychologie et pédagogie*, PUF, 2006.
- *Les 100 mots de la psychologie*, coll. "Que sais-je ?", PUF, 2011.
- Gaëlle Leroux, Olivier Houdé, *Psychologie du développement cognitif*, PUF, 2013.
- Jean-François Bach, Pierre Léna, Serge Tisseron, Olivier Houdé, *L'enfant et les écrans. Un Avis de l'Académie des sciences*, Éditions Le Pommier et Institut de France, 2013.
- *Apprendre à résister*, Le Pommier, 2015.

Pour aller plus loin

- www2.ac-lyon.fr/etab/ien/loire/ressources/maternelle/spip.php?article117
- http://olivier.houde.free.fr

Pauline Kergomard

Pauline Kergomard (1838-1925), Inspectrice générale des écoles maternelles nommée par Jules Ferry, est une figure centrale de l'évolution de la salle d'asile vers l'école maternelle. Elle considère que le jeu est au centre de l'activité de l'enfant pour développer l'apprentissage.

Sa vie

Née en 1838 à Bordeaux, issue d'une famille protestante, Marie Pauline Jeanne Reclus est envoyée après la mort de sa mère, pour deux ans, chez son oncle, le pasteur Reclus. Elle encadre les enfants dans l'école tenue par sa tante, une école "sans programme et sans emploi du temps" où elle apprend les bases de la pédagogie. Elle obtient, à 18 ans, le brevet de capacité qui lui permet d'exercer en tant qu'institutrice privée. Arrivée à Paris à l'âge de 23 ans, elle fréquente les milieux de la haute bourgeoisie et de la mouvance anarcho-républicaine. Elle rencontre Jules Duplessis-Kergomard, qu'elle épouse à 25 ans. Elle ouvre une pension, deux cours pour jeunes filles, écrit un roman. Les éditions Hachette lui confient alors la direction de la revue des salles d'asile *L'ami de l'enfance*. Sur les conseils de Ferdinand Buisson, elle passe l'examen d'aptitude pour devenir déléguée générale à l'inspection des salles d'asile. Elle est nommée, en 1881, inspectrice générale des écoles maternelles par Jules Ferry. Elle exercera jusqu'en 1917. Elle obtient que dans les textes officiels de 1881 (Jules Ferry), le terme de "salles d'asile" soit remplacé par celui "d'école maternelle", déjà proposé par Marie Pape-Carpantier en 1845. Lors de ses missions, elle visite près de 635 écoles dans 24 académies.

Elle s'appuie sur ses observations pour rédiger un recueil : *L'éducation maternelle dans l'école* (1886). Elle veut dépasser l'inspection-contrôle pour se diriger vers des inspections de formation, en particulier envers les directrices. Elle est, cette même année (1886), la première femme élue au Conseil supérieur de l'Instruction publique. Elle crée en 1901 avec Alfred Binet "La société libre pour l'étude de la psychologie de l'enfant". Elle voyage en Suisse, en Angleterre et s'intéresse aux méthodes pédagogiques diffusées par Froebel et Pestalozzi. Elle considère cependant que la méthode française est la meilleure. En 1912, elle entame à Paris, boulevard des Batignolles, une série de conférences, dans "Le Cours normal d'éducation maternelle", appelé par la suite "Le Cours Kergomard", qu'elle assurera jusqu'en 1916. Elle ouvre le même cours à Nancy, qui s'adresse plus aux inspectrices.

Les instructions officielles de 1921 traduisent l'aboutissement du projet de Pauline Kergomard.

Elle meurt en 1925 à Saint-Maurice, dans le Val-de-Marne.

Sa démarche pédagogique

Pour Pauline Kergomard, l'école maternelle est avant tout un lieu d'épanouissement pour l'enfant, dans lequel il peut exercer son intelligence, ses capacités physiques ou morales. Elle considère même qu'il faudrait la renommer : "maison d'éducation" ou "la maternelle". Le modèle éducatif qu'elle préconise est le modèle familial, où l'éduca-

> **« Pour P. Kergomard, l'école maternelle est un substitut familial qui n'a de légitimité que dans l'accueil des enfants dont les mères ne peuvent assurer la garde et l'éducation. »**
> Georges Gauzente, *Pour comprendre l'école maternelle d'aujourd'hui*, 1999

trice adopte la conduite d'une *"mère intelligente et dévouée"*. Car si selon elle, l'école maternelle est *"un mal nécessaire"*, l'enfant doit y trouver la chaleur d'un nid, l'atmosphère positive et la tendresse indispensable à son développement. Elle considère que la propreté et l'hygiène contribuent à la dignité de la personne, tout autant que son bien-être intellectuel : les soins du corps et de l'esprit sont indissociables. De même, elle considère qu'aimer un enfant, c'est le protéger, parce qu'il est faible. Elle est particulièrement attentive aux "maladroits", auxquels il faut parler et auprès de qui il faut prendre son temps.

Se situant dans la pensée rousseauiste, elle milite pour le respect de la liberté de l'enfance. Elle s'insurge contre le dressage et les claquoirs qui rythment les journées dans les salles d'asile, dont la vocation était de soustraire les enfants d'ouvriers aux dangers de la rue et aux mauvaises fréquentations. Elle dénonce aussi les gradins sur lesquels les élèves s'entassent immobiles. Elle insiste pour que les écoles soient dotées de mobilier adapté à la taille des enfants. Ceux-ci doivent avoir des activités naturelles, jouer et s'épanouir le plus librement possible. Les exercices physiques comme les activités artistiques ont une place importante pour favoriser le développement naturel de l'enfant. Elle considère également que *"l'éducation des sens est la base du développement de l'être"*.

Toutes ses propositions s'ancrent sur la conviction qu'il n'existe aucun déterminisme individuel, mais plutôt un déterminisme social : tout dépend de l'éducation, qui ne devra être ni répétitive, ni du dressage, mais respecter la nature du jeune enfant. Pour cela, elle défend la nécessité pour les éducatrices de connaître la psychologie de l'enfant, afin de ne pas faire d'erreur. Elle insiste pour que les éducatrices les observent pour les comprendre. En tant que pédagogue, elle articule sans cesse théorie et pratique dans son action.

Plus qu'une attitude pédagogique, elle souhaite installer chez les institutrices l'idée *"d'un élan pour l'enfant"* comme fondement de l'éducation. Figure centrale de l'évolution de la salle d'asile vers l'école maternelle, ses conceptions sont d'autant plus actuelles aujourd'hui que l'attention continue portée à l'enfant est préconisée dans le dernier programme. ■

"Le jeu, c'est le travail de l'enfant ; c'est son métier, c'est sa vie."

Principaux écrits

- *L'éducation maternelle dans l'école*, 1re série, Hachette, 1886.
- *Les écoles maternelles, décrets, règlements, circulaires en vigueur, mis en ordre par Madame Kergomard, accompagnée d'un emploi du temps*, Nathan, 1905.

Pour aller plus loin

- Éric Plaisance, *Pauline Kergomard et l'école maternelle*, PUF, 1996.

Maria Montessori

Maria Montessori (1870-1952) fut la première femme médecin en Italie. Elle a développé une méthode pédagogique reprise dans le monde entier, fondée sur l'autonomie et la motivation.

Sa vie

Née en 1870 à Chiaravalle en Italie, Maria Montessori, issue d'une famille bourgeoise, devient, à l'âge de 26 ans, une des premières femmes diplômée de médecine. Elle étudie le comportement de jeunes "retardés mentaux" à la clinique psychiatrique de l'Université de Rome. Elle regrette qu'aucun jeu ne soit à leur disposition. Elle s'intéresse aux travaux de Jean Itard, sur *Victor, l'enfant sauvage* et à ceux d'Édouard Seguin, pédagogue français, sur les "enfants idiots" à Bicêtre. Maria Montessori se tourne vers la pédagogie en 1900, affirmant que le problème des enfants déficients est plus d'ordre pédagogique que médical.

On lui confie la direction de l'École d'Orthophrénie, où elle forme des enseignants à qui elle fait prendre conscience de l'importance de l'observation : "observer et non juger". Après avoir entrepris des études de psychologie et de philosophie, elle crée, dans un quartier populaire de Rome, la première Maison des enfants (*Casa dei bambini*) et se consacre aux enfants d'âge préscolaire, auprès desquels elle développe sa méthode pédagogique fondée sur l'autonomie et la motivation.

La première école Montessori ouvre à La Haye (Pays-Bas) en 1915. M. Montessori rencontre les grands pédagogues Adolphe Ferrière, John Dewey, Roger Cousinet lors de congrès organisés par La ligue internationale pour l'éducation. Elle fonde en 1929 l'*Association Montessori Internationale* pour promouvoir les principes pédagogiques qu'elle défend. Mais en 1936, le gouvernement italien fasciste condamne les principes de ses écoles, entraînant leur fermeture. Après avoir quitté l'Italie, elle termine sa vie aux Pays-Bas en 1952. Son influence sur l'éducation et en particulier sur l'éducation préscolaire est internationale. On compte aujourd'hui environ 20 000 écoles Montessori dans le monde.

Sa démarche pédagogique

Sa première découverte fut celle du phénomène de l'attention chez l'enfant comme première marche de sa construction psychique et au-delà, de sa socialisation. Elle développe la notion "d'esprit absorbant" pour rendre compte du fait que l'enfant tout entier s'absorbe des choses qui l'entourent, développant en lui un intérêt intense et un enthousiasme qui pénètre dans sa vie. Maria Montessori affirme que le drame de l'instruction est de "distraire" les jeunes enfants en leur imposant des exercices inutiles. Il faudrait, au contraire, s'appuyer sur leur capacité immense de concentration pour les faire progresser en effectuant des exercices de plus en plus complexes.

Le matériel sensoriel élaboré par Maria Montessori procure à l'enfant une aide au

> **« Il y a aussi, chez Maria Montessori, cette affirmation permanente, ce leitmotiv qu'on retrouve chez elle comme chez tous les pédagogues de l'Éducation nouvelle, de la bonté naturelle de l'enfant et de l'adolescent. Cette bonté donne lieu à une pléthore de métaphores horticoles : la graine, le développement, l'éclosion, l'épanouissement. [...] L'horticulture est son modèle. »**
> Philippe Meirieu, www.meirieu.com

développement à la fois de l'intelligence et de la main. Il lui permet de passer du concret vers le concept et du concept vers l'abstrait. Elle constate que l'enfant, laissé libre de ses choix, passe par une succession de périodes au cours desquelles il développe une sensibilité particulière à un objet d'intérêt, qui, lorsqu'il l'aura épuisée, laissera la place à une autre période. Guidé par ses périodes sensibles et son esprit absorbant, l'enfant est capable d'apprendre, seul, ce que l'environnement lui propose. Maria Montessori distingue six périodes sensibles :

- **Du langage, entre 2 mois et 6 ans.** Durant cette période, l'enfant révèle une aptitude considérable à s'imprégner et à répéter tous les sons entendus autour de lui. C'est sans effort qu'il dit ses premiers mots, puis organise son langage.
- **De la coordination des mouvements, de 18 mois à 4 ans.** L'activité est le moteur de la croissance psychique. L'enfant, libre de perfectionner ses capacités motrices, montre une exactitude de ses propres actes pour la réalisation de son être.
- **De l'ordre, de la naissance à 6 ans.** L'enfant cherche à développer son ordre intérieur en organisant toutes ses perceptions reçues de l'environnement. Il a besoin d'un espace ordonné pour se construire des repères fiables qui lui permettront de s'orienter seul.
- **Du raffinement des sens, de 18 mois à 5 ans.** C'est durant cette période que l'enfant développe ses perceptions sensorielles dont dépendront ses capacités futures à percevoir les subtilités de l'environnement.
- **Du comportement social, de 2 ans et demi à 6 ans.** Cette période est propice pour imiter le comportement des autres et se construire son image en tant qu'individu, membre à part entière d'un groupe.
- **Des petits objets, au cours de la 2e année.** Les enfants sont attirés par les tout petits objets ou des détails minuscules qui échappent à la perception des adultes.

“Le premier chemin que l'enfant doit trouver est celui de la concentration et la conséquence de la concentration est le développement du sens social.”

Les principes de sa pédagogie sont basés sur la liberté pour l'enfant de choisir son activité, sur l'autodiscipline, sur le respect du rythme de chacun, et sur la confiance en soi. Sa maxime *"Aide-moi à faire tout seul"* témoigne de la confiance qu'elle met dans les capacités de l'enfant. L'éducateur est un médiateur entre le matériel et l'enfant, il croit en ses potentialités pour l'accompagner vers sa propre construction. ■

Principaux écrits

- *L'enfant*, Desclée de Brouwer, 1936.
- *L'esprit absorbant de l'enfant*, Desclée de Brouwer, 1959.

Pour aller plus loin

- Jean Houssaye, *Quinze pédagogues, leur influence aujourd'hui*, Armand Colin, 1994.
- Anne Sizaire, ***Maria Montessori, l'éducation libératrice***, Desclée de Brouwer, 1994.

Marie Pape-Carpantier

Marie Pape-Carpantier (1815-1878), d'abord inspectrice générale des salles d'asile, est la fondatrice de l'école maternelle. Elle a développé une pédagogie centrée sur l'enfant.

Sa vie

Née à la Flèche, dans la Sarthe, orpheline de père, Marie Carpantier vécut sa jeunesse dans la pauvreté. Elle devient, à 20 ans, directrice d'une salle d'asile, où elle est d'abord engagée comme surveillante. Ces salles d'asile, fondées en 1828 sous l'impulsion de Jean Denys Cochin, sont inspirées du modèle anglais des *infant's schools*; elles sont des institutions charitables destinées aux enfants de 2 à 6 ans issus des milieux pauvres. En 1842, on confie à Marie Carpantier la direction de la salle d'asile du Mans, où elle suivait une formation auprès de Monsieur et Madame Pape, chez qui elle rencontre son futur mari.

Elle propose, dès 1845, que le terme d'école maternelle se substitue à celui de salle d'asile. Ce dernier rappelle trop la misère et l'aumône. Il sera remplacé par celui d'école maternelle. L'arrêté est signé le 28 avril 1848 par Sadi Carnot, mais cette appellation tombe dans l'oubli avant d'être imposée par Pauline Kergomard, sous Jules Ferry, en 1881.

En 1867, Victor Duruy, ministre de l'Instruction publique, lui demande de participer à l'Exposition Universelle qui a lieu à Paris pour présenter la méthode des salles d'asile. Elle y donne cinq conférences où elle obtient un véritable triomphe. Elle est la première femme à prendre la parole en Sorbonne. Sa notoriété la conduit à sa nomination, par le ministre Salvandy, à la tête d'une École Normale à Paris, destinée au recrutement et à la formation des personnels des salles d'asile. Elle formera environ 1 500 élèves de Paris et de Province. Elle reste à ce poste jusqu'en 1874, date à laquelle elle est révoquée pour libre-pensée par le ministre de Cumont. Bouleversée par cette épreuve, Marie Pape-Carpantier s'affaiblit, malgré sa réhabilitation quelques mois plus tard. Épuisée et malade, elle trouve la force de préparer la section pédagogique de la seconde Exposition universelle de 1878 à partir de son dernier livre *Notice sur l'éducation des sens et quelques instruments pédagogiques*, rassemblant ses recherches sur l'éducation sensorielle. Mais elle meurt cette même année 1878, à Villiers-le-Bel, sans avoir pu participer à l'Exposition et avant d'avoir reçu la médaille d'or attribuée par le jury.

Militante pour la cause des femmes, Marie Pape-Carpantier, aura assuré sa fonction d'Inspectrice générale des salles d'asile jusqu'à sa mort.

Sa démarche pédagogique

Sa conception de l'éducation enfantine s'articule autour de deux principes: s'appuyer sur la curiosité naturelle de l'enfant et stimuler son attention afin de lui ouvrir

> **« Grâce à elle, des générations ont appris à lire en entassant des cubes, en triant des bûchettes ou en mimant la chanson des “Petits ouvriers”, mais surtout enseignants et enseignantes ont reçu ce conseil: “Songez que vous avez à former des êtres moraux, que la moralité la plus solide est celle qui est éclairée par l'intelligence, et que la culture de l'intelligence se compose de tout ce qui agrandit les idées. »**
>
> Colette Cosnier, *Marie Pape-Carpantier - Fondatrice de l'école maternelle*, Fayard, 2003

l'esprit pour qu'il appréhende le monde. Refusant une morale fondée sur la crainte tout comme les châtiments corporels, sa pédagogie est d'abord centrée sur l'enfant. La leçon de choses, comme les jeux gymnastiques avec chants sont des enseignements majeurs de la pédagogie qu'elle développe. Dans la préface d'un de ses recueils, elle rappelle quelques principes dont les éducateurs ne sont (alors) pas encore convaincus: *"L'enfant qui joue se porte mieux et s'instruit plus que l'enfant qui s'ennuie"*. Elle publie, dans *L'Enseignement par les yeux*, de grandes planches où sont représentés des animaux illustrant *La Zoologie des salles d'asile et des écoles élémentaires*. Cet ouvrage, composé de cinquante récits mettant en scène des animaux, est bien plus qu'un manuel de sciences naturelles, car prônant les bienfaits de la civilisation et l'esprit de solidarité.

Marie Pape-Carpantier est à l'origine de l'emploi de matériel pédagogique adapté aux jeunes enfants. Elle défend la méthode naturelle, qui prend comme point de départ la nature et met l'enfant en communication avec le monde qui l'entoure.

Dans l'histoire de l'éducation, son œuvre et son influence sont souvent minimisées au profit d'une autre grande pionnière de l'école maternelle, Pauline Kergomard. Auteur de 27 ouvrages pédagogiques et de nombreux articles, Marie Pape-Carpantier est pourtant la première grande figure féminine de l'Instruction publique française et fut, en son temps, une pédagogue aussi célèbre que Pestalozzi ou Froebel. C'est à travers les écrits de Colette Cosnier, qui a consacré ses recherches aux femmes du XIXe siècle, qu'on a découvert la place majeure qui lui revient dans la création et la conception pédagogique de l'école maternelle. ■

“Que l'air, la lumière, la gaieté circulent à grands flots dans vos classes. Que poussent les rosiers, les liserons, les haricots, qu'importe! Pourvu que l'école soit entourée d'un jardin, qui sera le lieu de mille leçons de choses, il ne faut pas amuser les enfants, il faut les intéresser.”

Principaux écrits

- *L'enseignement pratique dans les écoles maternelles*, Hachette, 1849.
- *Enseignement par les yeux. Nouvelles images à l'usage des salles d'asile et des écoles élémentaires, accompagnées d'histoires et de leçons explicatives*, Hachette, 1868-1873.
- *Manuel de l'institutrice*, Hachette, 1869-1870.
- *Notice sur l'éducation des sens et quelques instruments pédagogiques*, Delagrave, 1878.

Pour aller plus loin

- Jean-Noël Luc, *L'invention du jeune enfant au XIXe siècle. De la salle d'asile à l'école maternelle*, Belin, 1997.
- Colette Cosnier, *Marie Pape-Carpantier. Fondatrice de l'école maternelle*, Fayard, 2003.
- Olivier Guignard, *La volière aux enfants*, téléfilm diffusé sur France 2 en 2006.

Jean Piaget

Jean William Fritz Piaget (1896-1980) est une figure majeure de la psychologie de l'enfant du xxe siècle. L'influence de ses travaux sur la pédagogie a été importante. Son œuvre, gigantesque, s'étend sur plus de soixante-dix ans. Il a construit ce qu'il appelle "une épistémologie génétique", qui consiste à étudier la genèse des fonctions cognitives dans le développement de l'enfant.

Sa vie

Jean William Fritz Piaget naît en Suisse. Toute sa scolarité, jusqu'au doctorat en sciences naturelles, s'est faite à Neuchâtel. Il s'installe en 1921 à Genève. Il épouse en 1923 Valentine Châtenay. Ses trois enfants, Jacqueline, Lucienne et Laurent, sont les personnages centraux de trois des plus importants ouvrages de la psychologie scientifique du xxe siècle (*La Naissance de l'intelligence* en 1936, *La Construction du réel* en 1937, *La Formation du symbole chez l'enfant* en 1945). En 1921, il est nommé chef de travaux à l'Institut Jean-Jacques Rousseau ainsi que privatdocent à la Faculté des sciences de Genève. En 1925, il reprend la chaire de son professeur Arnold Reymond à l'Université de Neuchâtel, tout en poursuivant à Genève son enseignement et ses recherches de psychologie de l'enfant. En 1929, il devient directeur du Bureau International de l'Éducation, et directeur adjoint de l'Institut Rousseau. En 1940, il prend la direction du laboratoire de psychologie où il dirige de nombreuses expériences sur la genèse des structures perceptives. De 1952 à 1963, il enseigne à l'Université de Paris, où il succède à Merleau-Ponty. En 1955, il crée le Centre international d'épistémologie génétique. La diffusion géographique de son œuvre est remarquable.

Ses apports pédagogiques

Piaget s'appuie sur les travaux de Binet pour mettre au point son "épistémologie génétique" qui étudie la genèse des processus mentaux pour accéder aux connaissances. Il établit des liens étroits entre le biologique et la problématique psychologique du développement de l'intelligence. Selon Piaget, la pensée humaine se construit lorsque l'enfant entre en contact avec le monde. Grâce à des contacts répétés, il développe des unités élémentaires de l'activité intellectuelle, appelées schèmes. Un schème est une entité abstraite qui organise une action (ex. la succion). Les schèmes se transforment en devenant plus généraux (succion d'autres objets), plus nombreux et plus "mobiles". Ils se combinent dans une organisation de type moyen-but (ex. le râteau pour prendre un objet). Ces schèmes s'ancrent dans l'esprit, lorsque l'expérience les conforte, ou se modifient lorsqu'ils sont contredits par les faits. À chaque fois que l'enfant perçoit un objet, il essaie de l'assimiler. Si cette assimilation ne réussit pas, un processus d'accommodation se met en place. L'assimilation est un mécanisme qui consiste à intégrer un nouvel objet à un ensemble d'objets pour lesquels il existe déjà un schème. L'accommodation est un mécanisme qui consiste à modifier un schème existant afin de pouvoir intégrer un nouvel objet.

Dans la théorie des stades, Piaget divise le développement psychologique de l'enfant

> **« Piaget souligne à propos de la globalisation que l'esprit ne débute ni par l'analyse ni par la synthèse mais par un troisième terme qui les précède tous les deux. L'esprit procède bien comme le veut Decroly, du syncrétisme. »**
> *Encyclopédie française*, Larousse, 1969

en plusieurs périodes, chacune elle-même divisée en stades. Les différents moments du développement sont des âges indicatifs basés sur une moyenne:

- **La période de l'intelligence sensori-motrice (de la naissance à 2 ans)** divisée en 6 stades. Au début, l'intelligence est essentiellement pratique. Elle se construit en fonction des sens et de la motricité de l'enfant. Elle lui permet d'organiser le réel selon un ensemble de données spatio-temporelles et causales. Au cours de cette période, les principales acquisitions cognitives sont la causalité, la permanence de l'objet et la représentation symbolique.
- **La période de l'intelligence préopératoire (de 2 à 6 ans)** divisée en 2 stades: le stade de la pensée symbolique et le stade de la pensée intuitive. Cette période est marquée par diverses acquisitions; l'enfant développe fortement ses capacités langagières. Il est capable de dialoguer. C'est aussi durant cette période que se forme la notion de quantité.
- **La période des opérations concrètes ou de l'intelligence opératoire (de 6 à 10 ans)** cette intelligence reste dépendante de la présence dans le champ de la perception des éléments sur lesquels porte la réflexion. Les acquisitions essentielles sont les conservations physiques et spatiales.
- **La période des opérations formelles (de 10 à 16 ans)** caractérisée par 5 éléments: le passage du concret à l'abstrait, le passage du réel au possible, la prévision des conséquences à long terme, la logique déductive et la résolution systématique des problèmes.

L'enseignement en maternelle doit retenir de Piaget la nécessité de faire vivre des expériences concrètes de manipulation pour aborder des concepts abstraits à de jeunes enfants qui n'ont pas abordé le stade des opérations formelles. Il fit aussi ressortir que de nombreux apprentissages, dits informels, se réalisent sans enseignement formel, ils sont le produit de l'interaction de l'enfant avec son environnement

L'approche de Piaget a permis de poser les bases théoriques pour les développements ultérieurs de Bruner, Vygotski et Houdé. ■

« Sans que l'on puisse actuellement fixer avec certitude la limite entre ce qui provient de la maturation structurale de l'esprit et ce qui émane de l'expérience de l'enfant ou des influences de son milieu physique et social, on peut admettre que les deux facteurs interviennent sans cesse et que le développement est dû à leur interaction continue. »

Principaux écrits

- *La Construction du réel chez l'enfant*, (1937), Delachaux et Niestlé, 1998.
- La *Représentation du monde chez l'enfant*, (1955), Paris, PUF, 2003.
- *Psychologie et pédagogie*, Denoël, 1969.
- *Psychologie de l'enfant*, (1966), PUF, 2004.

Pour aller plus loin

- Jean-Jacques Ducret, *Jean Piaget*, Delachaux et Niestlé, 1990.
- www.fondationjeanpiaget.ch/fjp/site/textes/index.php

Germaine Tortel

Germaine Tortel (1896-1975), inspectrice des écoles maternelles à Paris, a développé une pédagogie de l'initiation fondée sur l'expression libre de l'enfant.

Sa vie

Petite-fille d'un soyeux et d'une institutrice, fille d'un ingénieur des travaux publics, Germaine Tortel naît à Lyon en 1896.

Élève maîtresse à l'École Normale d'Institutrices de Lyon en 1913, elle exerce jusqu'en 1933 avant d'être admise au concours de recrutement des inspecteurs de l'enseignement primaire et maternel. Inspectrice maternelle à Paris, elle soutient une pédagogie de l'activité et de la création. Elle rédige de nombreux articles sur les conditions de productivité mentale des enfants et sur leurs moyens d'expression, publiés dans la revue *l'École Maternelle française*, dont elle fut directrice. Une exposition des œuvres enfantines réalisées dans les classes expérimentales qu'elle a accompagnées est présentée en 1957 au Musée Pédagogique National (Paris) sous le titre *L'enfant émerveillé.*

Germaine Tortel collabore avec des médecins, des psychiatres, des psychologues tels qu'Eugène Minkowski, Serge Lebovici, René Zazzo, Maria Torok. Cette dernière fut la première psychologue à entrer dans l'école en devenant, en 1954, psychologue conseil auprès des écoles maternelles de la Direction de l'Enseignement de la Seine.

Germaine Tortel invite des universitaires et leurs étudiants à observer dans les classes de maternelle. Nommée à la retraite au premier poste de recherche sur l'école maternelle à l'Institut National de Recherche Pédagogique (INRP), elle recrée, dans ce lieu, son Centre de documentation et continue d'organiser pour ses anciennes institutrices volontaires, des réunions mensuelles de perfectionnement pédagogique pour poursuivre la réflexion jamais achevée.

Pédagogue reconnue après la Seconde Guerre mondiale, son œuvre et ses principes continuent d'être diffusés par les institutrices et inspectrices qu'elle a formées.

Elle meurt en 1975, à Lyon. L'Association Germaine Tortel créée en 1977 avec le soutien de Jean Vial, pour continuer à faire vivre et promouvoir la pédagogie d'initiation, publie régulièrement bulletins et ouvrages.

"Atteindre l'âme enfantine" fut sa préoccupation constante, pour laquelle elle a œuvré toute sa vie.

Sa démarche pédagogique

Sa "pédagogie d'initiation" est fondée sur l'expression libre de l'enfant, sur l'écoute et l'accueil de sa parole. Elle s'adresse à l'enfant dans sa globalité, au niveau affectif, social et intellectuel. Ses principes sont basés sur les grandes valeurs universelles de respect de soi, des autres, du monde qui nous entoure. L'initiation, au sens de Germaine Tortel, correspond à l'idée d'entrée dans le monde, en conservant toutefois l'aspect mystique contenu dans cette notion. Ses écrits rendent compte en effet, d'une certaine conception du monde, du cosmos, des mystères de l'origine. Elle encourage

> **« Germaine Tortel a insisté merveilleusement sur cette formation de l'intériorité et a montré combien le dessin pouvait y contribuer. Son projet n'a rien d'obsolète, bien au contraire ! »**
> Philippe Meirieu, www.meirieu.com

les institutrices à accueillir les questions que se posent les enfants sur la naissance, la mort. "*Qu'on ne s'y trompe pas!*, dit-elle, *les premières questions que se pose un enfant raisonnant, et pour lui importantes, à l'aurore de son besoin de savoir, de sa faculté de penser, sont d'ordre métaphysique!*" En ce sens, on pourrait dire qu'elle fut la précurseur des premiers "ateliers philo", aujourd'hui pratiqués à l'école maternelle.

La pédagogie d'initiation propose la formation d'un être libre, autonome, conscient et responsable, engageant la participation de l'enfant à sa propre culture. Le groupe classe est uni par un projet commun, forcément motivant car issu de ses propres intérêts. C'est à l'intérieur du groupe que l'enfant se "révèle", s'enrichit. C'est par le groupe qu'il est incité à la réflexion et au dépassement de soi.

La pédagogie d'initiation, pédagogie de projet est avant tout "prise de conscience". À travers la fresque collective, "le collectif", l'enfant peut réaliser "ce qui est mien dans l'ensemble". Le dessin est une expression du monde intérieur de l'enfant, son intention de projeter en dehors de lui une image intérieure. Mais l'enfant n'est pas laissé à lui-même face au matériel pour créer; l'école lui apporte les supports de la culture. G. Tortel considère que le projet de dessin est déjà le dessin. Cette vision de l'art enfantin correspond à sa conception de la réalisation d'une œuvre, dont les qualités artistiques lui importent moins que sa dynamique interne. Elle considère que le meilleur professeur n'est pas celui qui s'exprime le plus brillamment, mais celui qui pense, hésite, "dont la pensée sécrète une inquiétude humaine, une âme qui s'éprouve et s'essaie".

Ses apports à l'école maternelle font partie intégrante des pratiques des classes d'aujourd'hui. La diversité des matériaux proposés aux enfants enrichit la création, autant que l'ouverture de l'école sur la vie, par la découverte du milieu proche et lointain. La pédagogie de projet, l'importance accordée à l'expression verbale, plastique, gestuelle de l'enfant, au développement de l'imaginaire mais aussi les apports culturels constituent les bases de la pédagogie de l'école maternelle. ■

“ Les institutrices doivent apprendre à vivre leur classe en termes de développement, et non en termes d'addition linéaire de faits de croissance, de facultés ou de savoirs enfantins; avec, toujours présente à l'esprit, l'idée de l'unité et de la continuité bio psychique de l'être enfantin; lui-même organisme complet, à tout moment de sa croissance, selon le plan de la nature. ”

Principaux écrits

- *L'enfant émerveillé. Écrits sur l'art*, CRDP Lille, 1979.

Pour aller plus loin

- Jean-Charles Pettier, Paulette Clad, *Pédagogie Germaine Tortel. Un avenir possible pour l'école maternelle*, Éditions Fabert, 2012.
- Site Germaine Tortel: www.pedagogie-tortel.org

Lev Vygotski

Lev Semionovitch Vygotski (1896-1934) est un psychologue biélorusse, considéré comme l'alter ego de Piaget. Il est connu pour ses recherches en psychologie du développement, et notamment le concept de Zone proximale de développement (ZPD). Ses travaux sur le constructivisme social ont permis de préciser la compréhension du développement de l'enfant.

Sa vie

Lev Semionovitch Vygotski est né dans une famille juive aisée en 1896 à Orcha. Il fait des études en philosophie, en histoire puis en droit à l'Université de Moscou. Il devient député de l'Armée rouge tout en continuant ses travaux en pédagogie. Il lit Spinoza et Hegel, Marx et Engels, Freud, Ivan Pavlov. En 1919, il attrape la tuberculose et fait un séjour en sanatorium. Il sait que sa vie sera brève. Il crée un laboratoire de psychologie pour étudier des enfants, en particulier des enfants handicapés, sourds et aveugles. Il cherche à reformuler la théorie psychologique sur des bases marxistes et à inventer des démarches pédagogiques pour lutter contre l'analphabétisme. Il soutient sa thèse *Psychologie de l'art*, et écrit un essai sur *La Signification historique de la crise en psychologie*.

À partir de 1929, sa réputation s'étend en URSS. En 1933, il débute l'écriture de *Pensée et langage*, livre qui ne sera publié qu'après sa mort. Ses travaux subissent la censure car considérés comme "antimarxistes et antiprolétariens". C'est sur son lit de mort qu'il dicte le dernier chapitre de *Pensée et Langage*. Il meurt à l'âge de 37 ans, en 1934. Sa bibliographie comporte 180 titres, dont 80 non publiés. L'intérêt pour son œuvre se manifeste hors de la Russie à partir des années 1960, principalement aux USA et au Japon, mais aussi dans plusieurs pays d'Europe.

Ses apports pédagogiques

Vygotski part de l'idée que les transmissions vers les enfants ne sont pas simplement d'ordre héréditaire, mais qu'elles sont aussi culturelles. Il met en évidence que l'intelligence se développe grâce à des outils psychologiques que l'enfant trouve dans son environnement. Le langage est un médiateur nécessaire dans le développement et le fonctionnement de la pensée. Il montre que les enfants peuvent réaliser et maîtriser des problèmes difficiles quand ils sont aidés par un adulte. Sans le livre de Piaget *Le langage et la pensée chez l'enfant*, Vygotski n'aurait peut-être pas apporté sa contribution essentielle sur le langage intérieur et la pensée. Il reproche en effet à Piaget de séparer apprentissage et développement et veut montrer que l'apprentissage devance par principe et stimule le développement intellectuel de l'enfant. Pour lui, le mouve-

> **« On a dit combien, pour Vygotski, le développement mental doit être pensé comme étant de nature sociale en un double sens ; il est le produit de l'appropriation d'outils et d'instruments psychologiques […], cette appropriation ne peut se réaliser que dans les pratiques de communication et de coopération sociale asymétrique qui règlent les rapports de l'enfant avec autrui. »**
>
> Jean Yves Rochex, "L'oeuvre de Vygotski : fondements pour une psychologie historico-culturelle", *Revue française de pédagogie*, n° 120, 1997

ment réel du développement de la pensée enfantine s'effectue non pas "de l'individuel au social mais du social à l'individuel". Il se différencie également de Piaget en accordant une place majeure au langage "égocentrique" (l'enfant parle sans se soucier de qui l'écoute et si on lui répond).

Un de ses concepts les plus importants est celui de Zone proximale de développement (ZPD), zone où l'enfant, à l'aide de ressources que l'adulte lui propose, est capable de se mobiliser pour exécuter une tâche. Grâce à l'imitation, dans une activité collective et avec de l'aide, l'enfant peut réaliser beaucoup plus que ce qu'il réussit tout seul. La différence entre le niveau de résolution de problèmes avec de l'aide et celui qu'il atteint seul définit la zone proximale de développement. Au départ, cette ZPD concernait les enfants handicapés mentaux, avec lesquels Vygotski a travaillé. Appliquée à la pédagogie, notamment en maternelle, cette notion permet de sortir de l'éternel dilemme de l'éducation : faut-il attendre que l'enfant ait atteint un niveau de développement particulier pour commencer les apprentissages ou bien l'exposer à certaines situations pour qu'il atteigne un niveau de développement ? Pour l'enseignant de maternelle en particulier, il s'agit bien de proposer à l'élève des activités dont le niveau de difficulté se situe en avant de la zone de rupture (trop difficile = non-mobilisation), mais au-delà de la zone d'autonomie (trop facile = pas d'apprentissage). Chaque fonction psychique supérieure apparaît deux fois au cours du développement : d'abord comme activité collective, sociale, puis une deuxième fois comme activité individuelle, cheminement intérieur de la pensée de l'enfant. La dimension "s'exercer pour apprendre" du programme 2015 trouve toute sa justification.

“Absolument tout dans le comportement de l'enfant est fondu, enraciné dans le social [...] Ainsi, les relations de l'enfant avec la réalité sont dès le début des relations sociales. Dans ce sens, on pourrait dire du nourrisson qu'il est un être social au plus haut degré.”

Vygotski a lié le développement cognitif au développement social, ce que les enfants apprennent et leur façon de penser découlent directement de la culture environnante. Les difficultés surviennent si l'enfant agit trop seul. Dans la ZDP, le savoir social, savoir acquis à travers l'interaction sociale, devient un savoir individuel et le savoir individuel croît et se complexifie. ■

Principaux écrits

Beaucoup de ses écrits ne sont pas encore traduits.

- *Théorie des émotions* (titre original *Étude des émotions*), L'Harmattan, 1998.
- *Pensée et langage*, (1933), Éditions sociales, 1985.

Pour aller plus loin

- Yves Clot, *Avec Vygotski*, La Dispute, 1999.

Donald Woods Winnicott

Donald Woods Winnicott (1896-1971) est un pédiatre, psychiatre et psychanalyste britannique. Il a élaboré de nombreux concepts qui ont influencé la manière dont on envisage les soins à porter à l'enfant, et a accordé au jeu une place essentielle à son développement.

Sa vie

Né en Angleterre, à Plymouth, en 1896 dans une famille bourgeoise, dernier-né d'une fratrie de trois, Donald Woods Winnicott grandit dans un univers marqué par la présence des femmes. Sa mère, sa grand-mère, une nourrice et ses deux sœurs aînées jouent un rôle majeur dans son éducation. Son père, peu présent, est occupé par ses affaires et sa carrière politique. Il est d'abord marié durant 27 ans avec Alice, épouse fantasque, avant de rencontrer en 1951 sa seconde épouse, Clare. Il n'aura pas d'enfant. Après des études de médecine, il devient, en 1923, chef de service de l'hôpital d'enfants de Paddington Green, à Londres, où il exerce pendant quarante ans tout en assurant des consultations dans un cabinet privé. Il diffuse des émissions radiophoniques à la B.B.C. qui ont un impact considérable sur les parents. Winnicott entreprend en 1923, une analyse personnelle, qui dure 10 ans avec James Strachey, le traducteur anglais de Freud. En 1940, il participe avec John Bowlby au grand plan d'évacuation des enfants de Londres, durant les bombardements. Il met en garde les pouvoirs publics contre les dangers qu'encourent les enfants à être trop longtemps séparés de leur mère et de leur famille. C'est à cette époque qu'il élabore sa théorie de la tendance antisociale. La délinquance est liée, selon lui, à une carence affective, une perte brutale des soins que l'on a tout d'abord reçus et qui ont été retirés par la suite. Le délinquant, lorsqu'il vole, ne désire pas seulement l'objet volé, il réclame à son père et à sa mère (ou à la société) "des dommages et intérêts" parce qu'il s'est senti privé de leur présence, de leur rôle et de leur amour. Winnicott meurt en 1971 à Londres.

Sa démarche pédagogique

Son œuvre est centrée sur la nécessité, pour le développement, d'un environnement "suffisamment bon". Winnicott a marqué l'histoire de la psychologie infantile pour ses contributions, entre autres, à deux thèmes : la notion de *holding* et l'objet transitionnel. Pour Winnicott, l'individu n'existe qu'en relation avec le monde extérieur, avec la mère-environnement. Il constate l'importance de la manière dont la mère porte son enfant (*holding*), dont elle le soigne (*handling*) et lui présente les objets nouveaux (*object presenting*). Le *holding* est l'ensemble des attitudes adoptées inconsciemment par la "mère suffisamment bonne "(*good enough mother*) qui offre à son bébé une contenance, un soutien. C'est un moyen de le préserver contre l'angoisse, la rupture, la perte, en procurant à l'enfant le sentiment continu d'exister.

> « Les progrès spectaculaires de la pédiatrie néonatale (réanimation et soins intensifs) réalisés durant les dernières décennies nous ont permis d'aider les bébés à mieux naître physiquement. En revanche, il nous reste encore beaucoup d'efforts et de travail à faire pour aider les bébés à mieux naître psychiquement, et l'œuvre de D. W. Winnicott est certainement de celles qui nous montrent la voie. »
>
> Bernard Golse, Alain Braconnier (dir.), *Winnicott et la création humaine*, Erès, 2012.

Winnicott insiste sur le fait qu'aucun traumatisme n'est irrémédiable.

À partir de sa théorie sur "l'aire transitionnelle" ou "espace transitionnel", *ni intérieur ni extérieur* situé entre le bébé et sa mère, il met en évidence la notion d'objet transitionnel. C'est la première possession "non-moi" du nourrisson qui lui permet d'accepter l'absence de la mère et lui donne la possibilité d'avoir le sentiment d'exister malgré ses absences. *"Ce n'est pas l'objet qui est transitionnel,* écrit-il. *L'objet représente la transition du petit enfant qui passe de l'état d'union avec sa mère, à l'état où il est en relation avec elle en tant que quelque chose d'extérieur et de séparé"* (*Jeu et Réalité*, Gallimard, 1975). L'objet transitionnel autorise ce jeu qu'il peut soumettre à sa "toute-puissance", de la présence ou de l'absence de sa mère. Cela peut être un morceau de chiffon, un bout de laine, ou encore la mère elle-même. L'objet transitionnel a pour destin d'être progressivement désinvesti.

Le jeu est une notion centrale dans l'œuvre de Winnicott. Jouer est un phénomène transitionnel : c'est un acte vital, essentiel à l'enfant, lui procurant le sentiment d'exister réellement. Le jeu, en ce qu'il permet d'assujettir les contraintes de la réalité aux pulsions de l'enfant, favorise la réalisation de ce que Winnicott a nommé "l'intégration de la personnalité". Winnicott distingue le jeu (*game*), qui peut être organisé socialement, et l'activité beaucoup plus essentielle de jouer (*playing*).

L'influence de ses théories sur la compréhension de la petite enfance est considérable. La nécessité de jouer chez l'enfant est aujourd'hui reconnue comme un besoin vital. La notion d'objet transitionnel (le "doudou" en est une simplification) pour aider à élaborer l'absence de la mère, le *holding*, qui assure à l'enfant le sentiment continu d'exister constituent des apports majeurs pour accompagner le développement du jeune enfant. ■

“En utilisant le symbolisme, le petit enfant établit déjà une distinction nette entre le fantasme et le fait réel, entre les objets internes et les objets externes, entre la créativité primaire et la perception. Mais le terme d'objet transitionnel rend possible, selon mon hypothèse, le processus qui conduit l'enfant à accepter la différence et la similarité.”

Principaux écrits

- *De la pédiatrie à la psychanalyse*, Payot, 1969.
- *Jeu et réalité*, Gallimard, 1975.
- *La crainte de l'effondrement et autres situations cliniques*, Gallimard, 2000.
- *La mère suffisamment bonne*, Payot, coll. "Petite Bibliothèque Payot", 2006.

Pour aller plus loin

- Bernard Golse, Alain Braconnier (dir.), *Winnicott et la création humaine*, Erès, 2012.
- Jean-François Rabain, *Le maternel et la construction psychique chez Winnicott*, Conférence d'introduction à la psychanalyse de l'adulte, Société psychanalytique de Paris, 2002.
- Denys Ribas, "Donald Woods Winnicott", *Revue française de psychanalyse*, 5/2001, Vol. 65.

Annexes

Le développement de l'enfant

Chronologie

Index

Bibliographie

Sitographie

Sigles

Le développement de l'enfant

Âge	Langagier	Cognitif	Social et affectif	Sensoriel et moteur
0-3 mois	Produit des cris différents selon les stimulations, gazouillis, jeux vocaux, rires, vocalises. Discrimine les contrastes entre groupes de sons. Préfère la voix de sa mère à celle d'une autre femme, sa langue maternelle à une autre langue. Sensible à la prosodie. Reconnaît une syllabe dans des énoncés différents.	Discrimine des stimuli visuels ou auditifs. Anticipe du regard la trajectoire d'un objet. Manifeste une préférence pour la nouveauté.	Tourne les yeux en direction de la partie du corps touchée. Sourire social, mimique de surprise.	Réaction à la voix, localisation visuelle. Maintien de la tête.
4-6 mois	Préférence pour le langage maternel adressé au bébé. Catégorise les voyelles. Premiers échanges communicationnels.	Reproduit des événements fortuits intéressants. Catégorise des éléments différents selon une propriété commune.	Tourne la tête vers une source sonore, prolonge l'interaction en souriant.	Prise et transfert d'objets. S'assoit seul.
7-9 mois	Produit plusieurs syllabes, chantonne. Comprend des mots en contexte. Détecte les frontières des groupes de mots (syntagmes).	Ajuste ses comportements aux caractéristiques d'un objet (forme, volume, poids, etc.).	Réciprocité dans les échanges. Manifeste un attachement sélectif.	Se tient debout avec un support. Montre un objet du doigt.
10-12 mois	Production des premiers mots, essaye de nommer les objets désignés par l'adulte. Comprend des mots hors contexte. Détecte les frontières de mots.	Anticipe les événements. Construit une tour, peut suivre la ligne du regard.	Réagit différemment aux proches et aux inconnus. S'ajuste à des demandes.	Premiers pas. Coordonne plusieurs actions.
1-2 ans	Discours télégraphique. Comprend les mots familiers. Développement du premier lexique, de 20 mots à 200 mots.	Expérimentation active. Identifie des parties du corps.	Comprend les expressions faciales d'autrui, répète les actions qui font rire.	Marche seul. Descend des escaliers à reculons. À une préférence pour une main.
2-3 ans	Modifie les demandes selon l'interlocuteur. Produit 200 à 300 mots. Comprend les demandes directes et les demandes indirectes.	Identifie les objets par l'usage, prend en compte le point de vue d'autrui (oriente un objet pour que l'adulte le voit).	Attachements multiples. Se reconnaît dans un miroir. Jeux symboliques.	Monte et descend les escaliers, saute à pieds joints. Tourne les pages d'un livre, coupe avec des ciseaux.
3-4 ans	Extension du vocabulaire et phrases courtes. Peut suivre une conversation, comprend des promesses, s'amuse des jeux de langage.	Acquisition de concepts d'espace, de temps, de quantité. Utilise les principes du comptage.	Identifie plusieurs parties du corps. Attend son tour. Aime aider les autres. Critique autrui.	Court avec aisance, tape du pied dans un ballon. Fait du tricycle.

Âge	Moteur	Social et affectif	Cognitif	Langage
4-5 ans	Monte à une échelle, marche en arrière. Tient un papier d'une main tout en écrivant de l'autre.	Comprend l'état mental d'autrui. Joue à des jeux de compétition. Stabilité du genre (se reconnaît comme garçon ou fille).	Est attentif à sa performance, capable de classification et de sériation.	Comprend le comparatif, l'identité et la différence.
5-6 ans	Fait du vélo sans roulettes, lace ses chaussures.	Sait se contrôler. Choisit ses amis. Négocie avec l'adulte.	Début de la conservation (comprend que la grandeur d'une collection d'éléments reste la même quelle que soit la manière dont elle est présentée). Dessine un bonhomme, écrit son prénom.	Produit des énoncés de 5-6 mots, répond au téléphone. Début de lecture logographique. Identifie des rimes, comprend environ 2 500 mots.
7-11 ans	Début de la puberté, poussée de croissance. Développement des activités physiques et sportives.	Identité de genre (conformité à des références culturelles) et ségrégation sexuelle. Différencie réel et virtuel.	Opérations concrètes. Logique du nombre. Morale préconventionnelle : les conséquences des actions (exemple : punition), en déterminent la valeur morale.	Utilise la forme passive, produit des inférences, apprend à lire. Comprend les sarcasmes et les métaphores.

Florin A., *Introduction à la psychologie du développement. Enfance et adolescence*, © Dunod, 2003, Paris.

Histoire de l'école maternelle

Dates	Événements	Législation
Des écoles à tricoter aux salles d'asile : un mode de garde pour les enfants pauvres		
1771	Sous l'impulsion du pasteur Oberlin, accueil dans certaines régions des enfants de 4 à 7 ans, dans des écoles à tricoter.	
1825	Apparition des salles d'asile. Se développent tout au long du XIXe siècle. Conçues pour les enfants de familles pauvres afin de les préserver des dangers de la rue, mode de garde pour les mères ouvrières. Perspectives d'accueil hygiénistes, éducatives. Instruction dispensée au claquoir.	
1828	Sous l'impulsion de Jean Denys Cochin, inspirées du modèle anglais des infant's schools, les salles d'asile sont des institutions charitables destinées aux enfants de 2 à 6 ans issus des milieux pauvres. Ouverture de la première salle d'asile à Paris.	
Des salles d'asiles à la création des écoles maternelles : un mode de garde et d'éducation		
1830	Un programme et des réglementations mis en place pour ces services gratuits accueillant toute la journée, les enfants de 2 à 6 ans.	
1842	Marie Pape-Carpantier nommée directrice d'une salle d'asile au Mans	
1845	Marie Pape-Carpantier propose de renommer les salles d'asile en "écoles maternelles". Dirige le Cours pratique pour former le personnel des salles d'asile, en 1848.	
1848	Arrêté signé par Sadi Carnot, les salles d'asile sont appelées "écoles maternelles", mais leur nom retombe dans l'oubli jusqu'en 1881.	Arrêté du 28 avril 1848
Second Empire	Marie Pape-Carpantier, première inspectrice des salles d'asile jusqu'en 1874.	
1879	Pauline Kergomard nommée Inspectrice Générale des écoles maternelles par Jules Ferry.	

Dates	Événements	Législation
Des missions éducatives pour l'école maternelle		
1881	Les écoles maternelles remplacent les salles d'asile, dénomination par Jules Ferry, Ministre de l'instruction publique. Écoles publiques, non obligatoires, mais gratuites et laïques. Intégrées à l'école primaire. Prise en charge par l'État de l'organisation et du financement de l'éducation des enfants de 2 à 6 ans. Intérêt reconnu pour l'enfant d'une prise en charge éducative, respectueuse de ses besoins et de sa nature.	Loi du 16 juin 1881. Décret du 2 août 1881.
1882	Organisation pédagogique et programmes d'enseignement de l'école maternelle fixés par arrêté.	Arrêté du 28 juillet 1882
1884	La formation des maîtresses des écoles maternelles confiée aux Écoles normales d'institutrices, modifiant le statut du Cours pratique dirigé par Marie Pape-Carpantier	Décret du 14 janvier 1884
1887	Réforme de l'organisation pédagogique et des programmes d'enseignement. Une femme de service doit être attachée à toute école maternelle et classe enfantine. Une annexe de l'arrêté fixe les règles de construction, du mobilier et du matériel d'enseignement des écoles maternelles publiques. Formation des institutrices pour l'école maternelle remplaçant les personnels des salles d'asile à l'École normale d'institutrices. Une école maternelle doit être annexée à chaque École normale	Décret, complété par l'arrêté organique du 18 janvier 1887
Premiers textes officiels pour l'école maternelle		
1908	Premiers "Programmes et instructions" définissant et précisant l'objet et la méthode de l'école maternelle	Instruction du 16 mars 1908
1921	Instructions pour l'école maternelle reprenant le projet de Pauline Kergomard : l'ambition éducative de l'école maternelle devant primer sur l'instruction. Les maîtresses de maternelle sont nommées prioritairement si elles ont obtenu au brevet supérieur la mention "pédagogie de l'école maternelle, puériculture, hygiène et sciences appliquées à la puériculture et à l'hygiène". Statut aligné sur celui des institutrices de l'élémentaire.	Décret du 15 juillet 1921
1948	Naissance de l'OMEP : Organisation Mondiale pour l'Éducation Préscolaire fondée à l'initiative de la France.	
1950	Circulaire définit les conditions de passage de la maternelle à l'élémentaire.	

Chronologie

Dates	Événements	Législation
1971	Création des Agents Techniques Spécialisés des Écoles maternelles (ATSEM). Se substitue au statut des femmes de service	Arrêté du 27 avril 1971
1972	Suppression des Inspectrices des Écoles maternelles. Création des IDEN, inspecteurs et inspectrices départementaux de l'éducation nationale. Mesure visant à favoriser la relation entre la maternelle et l'élémentaire dans des circonscriptions mixtes.	
Développement de l'accueil massif des enfants		
1977	Définition des finalités, les objectifs et les méthodes de l'école maternelle. Accueil des enfants des deux sexes âgés de 2 à 6 ans. Le triple rôle de la maternelle : éducatif, appropriation des premiers savoirs et gardiennage est réaffirmé. Les enseignants hommes sont autorisés à exercer à l'école maternelle.	Circulaire d'août 1977 Décret du 19 août 1977
1981	Création des Zones d'Éducation Prioritaire (ZEP).	Décret du 18 mars 1981
1986	Texte d'orientations pour l'école maternelle : L'enfant doit pouvoir développer toutes les potentialités pour former sa personnalité et se doter des meilleures chances pour réussir à l'école et dans sa vie. Trois objectifs : scolariser, socialiser, faire apprendre et exercer dans les quatre domaines d'activité (physiques, de communication et d'expression orales et écrites, artistiques et esthétiques, scientifiques et techniques).	Circulaire du 30 janvier 1986
1989	Loi d'orientation sur l'éducation (loi Jospin) place l'enfant au centre du système éducatif. Organisation de l'école en 3 cycles : cycle 1, cycle des apprentissages premiers (Petite Section, Moyenne Section, Grande Section), cycle 2 ou cycle des apprentissages fondamentaux (Grande Section, CP, CE1), cycle 3 ou cycle des approfondissements (CE2, CM1, CM2). La Grande Section appartient à la fois au cycle 1 et au cycle 2. Création des IUFM, (Institut universitaire de formation des maîtres) qui remplacent les Écoles normales.	Loi du 10 juillet 1989
1990	Création du corps des professeurs des écoles	
Des programmes pour l'école maternelle : une ambition affichée, un rôle déterminant dans la réussite scolaire		
1995	Premiers programmes pour l'école maternelle.	Arrêté du 22 février 1995

Dates	Événements	Législation
2002	Nouveau programme.	Arrêté du 25 janvier 2002
2005	Loi d'orientation et de programme pour l'avenir (Loi Fillon). Création du Socle commun de connaissances et de compétences : l'école maternelle est concernée, la Grande Section appartenant aux cycles 1 et 2. Loi du 11 février 2005 pour l'égalité des droits et des chances, la participation et la citoyenneté des personnes handicapées.	
2008	Nouveau programme. Suppression du samedi matin travaillé. 24 heures d'enseignement.	Arrêté du 9 juin 2008
2013	Loi d'orientation et de programmation pour la refondation de l'École de la République (Loi Peillon). Réforme des rythmes scolaires. 9 demi-journées scolaires sur 5 jours. Nouvelle organisation de l'école en 4 cycles. L'école maternelle est un cycle unique. Suppression des IUFM, création des ESPE (École supérieure du professorat et de l'éducation). Recrutement des enseignants du 1er degré Master MEEF (Métiers de l'enseignement, de l'éducation et de la formation). - 2 580 900 d'enfants scolarisés à l'école maternelle, 99 % des enfants de 3 à 5 ans. - 15 435 écoles maternelles publiques et 123 écoles maternelles privées dénombrées en Fr.ance (France métropolitaine + DOM y compris Mayotte) - 82 % des enseignants de l'école primaire (élémentaire + maternelle) sont des femmes.	Loi du 8 juillet 2013
2015	Nouveau programme : 5 domaines d'apprentissage. Apprendre ensemble et vivre ensemble est l'enjeu des trois années de cette école pour que l'enfant apprenne progressivement à devenir élève.	Arrêté du 18 février 2015.

Index

Les mots définis dans ce Dictionnaire ainsi que les principales notions figurent dans l'index, à l'exclusion de celles dont l'occurrence est trop fréquente (ex. apprentissages, école, maternelle, petite/moyenne/grande section).

Définitions à consulter dans le *Dictionnaire de l'école primaire* :
Académie/Autorité/Circonscription/Classe/Conceptions premières/Conseils/Cycle/Didactique/Discipline/Droits des enseignants/Égalité/ESPE/Éthique professionnelle/Formation continue/Illettrisme/Innumérisme/Instruction/Interactions/Magistral/Méthodes/Motivation/Obligations des enseignants/Parcours/Polyvalence/Prioritaire (éducation) Réseau d'aides/Socle/Système éducatif/Transversalité/Vie scolaire

Bibliographie

- Franck Amadieu, André Tricot, *Apprendre avec le numérique*, mythes et réalités, Retz, 2014.
- Janet Wilde Astington, *Comment les enfants découvrent la pensée. La théorie de l'esprit chez l'enfant*, Retz, 1999.
- Jean-Louis Auduc, *Faire partager les valeurs de la République*, Hachette, 2014.
- Jean-François Bach, Olivier Houdé, Pierre Lena, Serge Tisseron, *L'enfant et les écrans*, Le Pommier, 2013.
- François Barbe Gall, *Comment parler d'art aux enfants ?*, Le Baron Perché, 2009
- Stella Baruk, *Comptes pour petits et grands. Pour un apprentissage du nombre et de la numération fondé sur la langue et le sens*, Magnard, 2003.
- Éric Battut, Daniel Bensimhon, *Comment différencier la pédagogie*, Retz, 2006.
- Élisabeth Bautier, *Apprendre à l'école, apprendre l'école. Des risques de construction d'inégalités dès l'école maternelle*, Chronique sociale, 2006.
- Alain Bentolila, *De l'écoute au langage*, Nathan, 1997.
- Catherine Berdonneau, *Mathématiques actives pour les tout-petits*, Hachette, 2007.
- Jean Bernardin, "La bienveillance en éducation", Assises de l'éducation, SaintÉtienne-du-Rouvray, 20 novembre 2013/INSA de Rouen.
- Christine Berzin, *Accueillir les élèves en situation de handicap*, Canopé-CRDP académie d'Amiens, 2010.
- Agnès Blaye, Patrick Lemaire (dir.), *Psychologie du développement cognitif de l'enfant*, De Boeck, 2007.
- Marie-Françoise Bourdot, *Jeux chantés, jeux dansés : 80 comptines pour s'exprimer avec son corps*, Nathan, 2011.
- Stéphane Bonnery, *Comprendre l'échec scolaire : élèves en difficulté et dispositifs pédagogiques*, La Dispute, 2007.
- Bernadette Bornancin, *Planter, observer, apprendre avec les 5/6 ans*, Nathan, 2001.
- John Bowlby, *Attachement et perte : Séparation, colère et angoisse*, vol. 2., PUF, 1978.
- Marylène Brare, Denis Demarcy, *Écrire en sciences. Carnet d'observations, cahier d'expériences*, CRDP académie d'Amiens, 2009.
- Gérard Brasseur, *Compétence mémoire de 2 à 6 ans*, Accès éditions, 2000.
- Mireille Brigaudiot. *Apprentissages progressifs de l'écrit à l'école maternelle*, Hachette, 2014.
- Sophie Briquet-Duhazé, Fabienne Quibel-Périnelle, *Les rituels en maternelle*, Nathan, 2009.
- Sophie Briquet Duhazé, Fabienne Quibel Perinelle, *Travailler en ateliers à l'école maternelle*, Nathan, 2010.
- Gilles Brougère, *Jouer/Apprendre*, Économisa, 2005.
- Gilles Brougère, "Le bien-être des enfants à l'école maternelle. Comparaison des pratiques pédagogiques en France et en Allemagne", in *Informations sociales*, n° 160, 2010.
- Gilles Brougère, Hélène Bézille, "De l'usage de la notion d'informel dans le champ de l'éducation". *Revue française de pédagogie*, n° 158, 2007.
- Marc Bru, Louis Not, *Où va la pédagogie du projet ?*, Éditions Universitaires du Sud, 1987.
- Jerome Bruner, *Le développement de l'enfant, Savoir faire, savoir dire*, PUF, 1966.
- Jerome Bruner, *Comment les enfants apprennent à parler*, Retz, 1987.
- Jérome Bruner, *Car la culture donne forme à l'esprit*, Georg, 1997.
- Rolande Causse, *Qui a lu petit lira grand*, Plon, 2000.
- Micheline Cellier, *Guide pour enseigner le vocabulaire à l'école primaire*, Retz, 2008.
- Anne-Marie Chartier, Christiane Clesse, Jean Hébrard, Lire, écrire. *Produire des textes* (tome II), Hatier, 1998.
- Frédéric Charles, Joël Bisault, *Éducation scientifique en maternelle, quelle construction par l'enfant et de l'enfant et quelles traces de cette construction ?*, 86e colloque de l'AGEEM, 2013.
- Christian Chauvigné, Yves Lenoir (dir.), "Les référentiels en formation. Enjeux, fondements, contenus et usages", *Recherche & Formation*, n° 64, 2010.
- Catherine Chomicki, *Une mascotte pour quoi faire ?*, Magnard, 2000.
- Françoise Clerc, Nicolas Priou, Sophie Genès, *Bien débuter dans l'enseignement. Pratique et repères professionnels*, Hachette Éducation, 2010.
- Sylvain Connac, *Apprendre avec les pédagogies coopératives. Démarches et outils pour l'école*, ESF Éditeur, 2013.
- Stanislas Dehaene, *Les neurones de la lecture*, Odile Jacob, 2007.
- Stanislas Dehaene, *Apprendre à lire : des sciences cognitives à la salle de classe*, Odile Jacob, 2011.

- Julie Delalande, *La cour de récréation. Pour une anthropologie de l'enfance*, Presses universitaires de Rennes, 2001.
- Florence De Meredieu, *Le dessin de l'enfant*, Blusson Éditeur, 1990.
- Pierre Dufayet, Yvette Jenger-Dufayet, *Comptines et petits poèmes avec les 4/5 ans*, coll. "Ateliers en maternelle", Nathan, 2005.
- Catherine Dumas, *Construire des rituels à la maternelle*, Retz, 2009.
- Catherine Duserre, *Les objets, mode d'emploi, j'ai besoin, tu fabriques, ça marche*, Nathan, 2007.
- Catherine Duserre, Isabelle Fernandez, Anne Popet, *Courez, sautez, dansez !*, Nathan, 2010.
- Catherine Duserre, Laurence Schmitter, *Il était une fois les sciences*, Nathan, 2015.
- Michel Fayol, *L'acquisition du nombre*, PUF, 2013.
- Marie-Françoise Ferrand, *Chercheurs en herbe !*, CRDP Académie de Lyon, 2005.
- Agnès Florin, *Pratiques du langage à l'école maternelle et prédiction de la réussite scolaire*, PUF, 1991.
- Agnès Florin, *Le développement du langage*, Dunod, 2000.
- Agnès Florin, *Introduction à la psychologie du développement (Enfance et adolescence)*, Dunod, 2003.
- André Giordan, Gérard de Vecchi, *Les origines du savoir*, Delachaux et Niestlé, 1987.
- André Giordan, Maryline Coquidé-Cantor, *L'enseignement scientifique et technique à l'école maternelle*, Z'Éditions, 1997.
- Roland Goigoux, Sylvie Cèbe, Jean-Louis Paour, *Développer les compétences phonologiques*, Hatier, 2004.
- Eric Greff, Jean Kokyn, *Enseigner dans une classe à plusieurs niveaux*, Retz, 2007.
- Catherine Gueguen, *Pour une enfance heureuse, repenser l'éducation à la lumière des dernières découvertes du cerveau*, Robert Laffont, 2014.
- Christine Helot, *Du bilinguisme en famille au plurilinguisme à l'école*, L'Harmattan, 2007.
- Pierre Higelé, *Construire le raisonnement chez les enfants*, Retz, 1997.
- Olivier Houdé, *La psychologie de l'enfant*, coll. "Que sais-je ?", PUF, 2004.
- Jean Houssaye (dir.), *La pédagogie : une encyclopédie pour aujourd'hui*, ESF Éditeur, 2013.
- Francis Imbert, *Vivre ensemble, un enjeu pour l'école*, ESF, 1998.
- Anne Jorro, *L'enseignant et l'évaluation, des gestes évaluatifs en question*, De Boeck, 2000.
- Janusz Korczak, *Le Droit de l'enfant au respect*, Fabert, 2009.
- Sophie Laclotte, *Les arts visuels à l'école*, Nathan, 2004.
- Bernard Lahire, "La construction de "l'autonomie" à l'école primaire : entre savoirs et pouvoirs", *Revue française de Pédagogie*, n° 134, janv-mars 2001.
- Danielle Laurent, *Jardin, jardinière*, CRDP Midi Pyrénées, 2008.
- Murielle Lefebvre, *La pédagogie Montessori illustrée*, Alban éditions, 2012.
- Ève Leleu-Galland, *Les cahiers, mémoires de vie à l'école maternelle*, CRDP de l'Aisne, 2002.
- Ève Leleu-Galland, *L'école maternelle, quels piliers pour la refondation ?*, Canopé, 2015.
- Laurence Lentin, *Apprendre à parler à l'enfant de moins de 6 ans*, Éditions ESF, 1994.
- Laurence Lentin, *Apprendre à penser, parler, lire, écrire : acquisition du langage oral et écrit*, ESF Éditeur, 2009.
- Corine Letor, *Comment travailler en équipe au sein des établissements scolaires*, De Boeck, 2009.
- Alain Lieury, *Mémoire et réussite scolaire*, Dunod, 2012.
- Sylviane Lugand, *Carnet de dessins*, Magnard, 2005.
- Philippe Meirieu, "École maternelle, école première", Conférence au congrès de l'AGEEM, Tarbes, 2008.
- MEN-DGESCO, "L'hygiène et la santé dans les écoles primaires", coll. "Repères", CNDP, 2009.
- Maryse Métra, Anne-Claire Maisonnet, *L'odyssée du temps, tome 1 et 2*, Sceren/CRDP Lyon, 2012.
- Roger Mucchielli, *Le travail en équipe*, ESF Éditeur, 2008.
- Rebecca S. New, trad. Robert Elbaz, "Les écoles, espaces intentionnels pour l'enfance", *Revue internationale d'éducation de Sèvres*, n° 64, 2 013.
- Séverine Parayre, "L'hygiène à l'école aux XVIIIe et XIXe siècles : vers la création d'une éducation à la santé", in *Recherches et Éducation*, 2008.
- Christine Passerieux, *La maternelle. Première école, premiers apprentissages*, Chroniques Sociales, 2009.
- Philippe Perrenoud, *L'évaluation des élèves*, De Boeck, 1998.
- Philippe Perrenoud, *Construire des compétences dès l'école*, ESF, 2004.

Bibliographie/Sitographie

- Philippe Perrenoud, *L'organisation du travail, clé de toute pédagogie différenciée*, ESF, 2012.
- Jean Piaget, *La formation du symbole chez l'enfant*, Delachaux & Niestlé, 1945.
- Jean Piaget, *L'équilibration des structures cognitives : problème central du développement*, PUF, 1975.
- Marie-Christine Poisson, Louise Sarrazin, *À la maternelle… voir grand*, Chenelière, 1998.
- Antoine Prost, *Histoire générale de l'enseignement et de l'éducation en France*, Tome IV, Perrin, 1981.
- Sylvie Rayna, Gilles Brougère, Véronique Francis, Catherine Bouve, *Accueillir et éduquer la petite enfance*, INRP, 2005.
- Sylvie Rayna, Marie-Nicole Rubio, Henriette Scheu, *Parents-professionnels : la coéducation en questions*, éditions Erès, 2010.
- Jean-Pierre Sautot, *Jouer à l'école*, Canopé CRDP Grenoble, 2007.
- Jean-François de Sauverzac, *Françoise Dolto itinéraire d'une psychanalyste*, éd. Aubier, 1993.
- Michel Soëtard, *Friedrich Froebel : pédagogie et vie*, Armand Colin, 1990.
- François Testu, *Rythmes de vie et rythmes scolaires : aspects chronobiologiques et chronopsychologiques*, Elsevier Masson, 2008.
- Geneviève Texier-Neveux, Martine Le Petit, Joëlle Rallet, *Des classes multi-âges à l'école maternelle : pour quels apprentissages ?*, CRDP, 2007.
- Thierry Vasse, *ATSEM - enseignant : travailler ensemble*, CRDP Pays de la Loire, 2008.
- Lev Vygotski, *Pensée et langage*, La Dispute, 1997.
- Donald W. Winnicott, *Jeu et réalité, l'espace potentiel*, Gallimard., 1975.
- Donald W. Winnicott, *La capacité d'être seul*, Éditions Payot & Rivages, 2012.
- Marie-Thérèse Zerbato-Poudou, *Apprendre à écrire de la PS à la GS*, Retz, 2007.
- Marie-Thérèse Zerbato- Poudou, *Construire le geste graphique*, Retz, 2014.
- Cadre Européen Commun de Référence pour les Langues. Enseigner, apprendre, évaluer. Strasbourg : Conseil de l'Europe, Didier, 2000.

- http://education.francetv.fr/educationcivique/maternelle
- http://eduscol.education.fr
- http://lea.nathan.fr/
- http://materalbum.free.fr/mascotte.htm
- http://materiel-educatif.nathan.fr/dme/
- http://maternelles21.ac-dijon.fr/spip.php?article114
- http://rendezvousauxjardins.culturecommunication.gouv.fr/
- http://video.ac-paris.fr/mp4/2014-09/rentree-leonie_hd.mp4
- http://49.fcpe-asso.fr/nos-dossiers/handicap/121-l-integration-du-handicap-a-lecole-maternelle-par-eve-leleu-galland
- www.academie-sciences.fr/activite/rapport/avis0113.pdf
- www.ac-paris.fr/portail/jcms/p1_610272/disciplines-maternelle-portail
- www.ageem.fr
- www.citoyendedemain.net/unicef/refusechec-scolaire
- www.cnc.fr/web/fr/ecole-et-cinema1
- www.cndp.fr/crdp-paris/L-histoire-des-artsa-l-ecole.27163
- www.defenseurdesdroits.fr/fr/
- www.dei-france.org
- www.dunelanguealautre.org/
- www.education.gouv.fr
- www.educationprioritaire.education.fr/agir/aider-et-accompagner.html
- www.educavox.fr/formation/lesressources/9-ressources-numeriques-pourenseigner-autrement
- www.exploradome.fr
- www.fondation-lamap.org/fr/page/14260/gestes-d-hygiene-au-quotidien
- www.gouvernement.fr/action/lecolenumerique
- www.jardinons-alecole.org/
- www.laicite-ecole.fr
- www.pedagogie-tortel.org
- www.primlangues.education.fr
- www.revue-eps.com
- www2.occe.coop

Sigles

AIS Adaptation et intégration scolaire
ANLCI Agence nationale de lutte contre l'illettrisme
APC Activités pédagogique complémentaire
APP Atelier de pédagogie personnalisée
ARS Allocation de rentrée scolaire
ASEM Agent spécialisé d'école maternelle
ASH Adaptation scolaire et scolarisation des élèves handicapés
ATSEM Agent territorial spécialisé des écoles maternelles
AVS Auxiliaire de vie scolaire
BCD Bibliothèque centre documentaire
BEP Besoin éducatif particulier
BOEN Bulletin officiel de l'Éducation nationale
CAFIPEMF Certificat d'aptitude aux fonctions de professeur des écoles maître formateur
CDDP Centre départemental de documentation pédagogique
CECRL Cadre européen commun de référence pour les langues
CLEMI Centre de liaison de l'enseignement et des moyens d'information
CNAECEP Conseil national des associations éducatives complémentaires de l'enseignement public
CNDP Centre national de documentation pédagogique
CNE Comité national d'évaluation
CNIL Commission nationale informatique et libertés
CNIRE Conseil National de l'Innovation pour la Réussite Éducative
CNRS Centre national de la recherche scientifique
CP Cours préparatoire
CPC conseiller pédagogique de circonscription
CRDP Centre régional de documentation pédagogique
CSE Conseil supérieur de l'éducation
CSP Conseil supérieur des programmes
DDASS Direction départementale de l'action sanitaire et sociale
DDJS Direction départementale de la jeunesse et des sports
DEPP Direction de l'évaluation, de la prospective et de la performance
DGESCO Direction générale de l'enseignement scolaire
DRAC Direction régionale de l'action culturelle
ECLAIR Écoles, collèges et lycées pour l'ambition, l'innovation et la réussite
EDD Éducation au développement durable
EMC Enseignement moral et civique
ENT Espace ou Environnement numérique de travail
EPS Éducation physique et sportive
ER Enseignant référent
FCPE Fédération des conseils de parents d'élèves des écoles publiques
GRETA Groupement d'établissements pour la formation continue
GS Grande section
HALDE Haute autorité de lutte contre les discriminations et pour l'égalité
HCE Haut conseil de l'éducation
IA(-A) Inspecteur d'académie (adjoint)
IA-IPR Inspecteur d'académie- Inspecteur régional
IEN(-A) Inspecteur de l'Éducation nationale (adjoint)
IEN-ASH Inspecteur de l'Éducation nationale pour l'adaptation scolaire et la scolarisation des élèves handicapés
IEN-CCPD Inspecteur de l'Éducation nationale chargé d'une circonscription du premier degré
IA-DASEN Inspecteur d'académie - directeur académique des services de l'Éducation nationale
IFE Institut Français de l'Éducation
IGEN Inspection générale de l'éducation nationale
IME Institut médico-éducatif
JO Journal officiel
LVE Langue vivante étrangère
MA Maître auxiliaire
MDPH Maison départementale des personnes handicapés
MENESR Ministère de l'Éducation nationale, de l'Enseignement supérieur et de la Recherche
MS Moyenne section
OCCE Office central de la coopération à l'école
PAC Projet artistique et culturel
PAP Plan d'accompagnement personnalisé
PE Professeur des écoles
PEAC Parcours d'éducation artistique et culturelle
PEEP Fédération des Parents d'Elèves de l'Enseignement Public
PEL Projet éducatif local
PISA Programme for international student assessment (Programme international pour le suivi des acquis des élèves)
PPRE Programme personnalisé de réussite éducative
PPS Projet personnalisé de scolarité
PS Petite section
RAR Réseaux ambition réussite
RASED Réseau d'aides spécialisées aux enfants en difficulté
REP Réseau d'éducation prioritaire
RRS Réseaux de réussite scolaire
SCEREN Réseau du Centre national de documentation pédagogique
TBI/TNI Tableau blanc interactif/tableau numérique interactif
TIC/TICE Technologies de l'information et de la communication/pour l'enseignement
TPS Toute petite section
ULIS Unité localisée pour l'inclusion scolaire
UNAAPE Union nationale des associations autonomes de parents d'élèves
UPE2A Unité pédagogique pour élèves allophones arrivants
VS Vie scolaire
ZEP Zone d'éducation prioritaire
ZPD Zone proximale de développement

Édition : Pascaline Citron, Stéphanie Dizel-Doumenge
Maquette intérieure et mise en pages : Richard Takvorian, Presse & design
Couverture : Julie Lannes
Schéma : Renaud Scapin

Crédits photo
Bruner (p. 189) : DR ; **Dolto** (p. 191) : Leemage-Opale/© Michèle Brabo ;
Froebel (p. 193) : © Library of Congress ; **Houdé** (p. 195) : DR ;
Kergomard (p. 197) : DR ; **Montessori** (p. 199) : BIS/Ph.© Coll. Archives Larbor ;
Pape-Carpantier (p. 201) : Archives Nathan ; **Piaget** (p. 203) : BIS/Ph. Coll. Archives Larbor ;
Tortel (p. 205) : © Association Germaine Tortel ; **Vygotski** (p. 207) : Cosmos/Ria Novosti ;
Winnicott (p. 209) : Getty Images/Keystone

FSC
www.fsc.org
MIXTE
Papier issu de sources responsables
FSC® C022030

Impression & brochage sepec - France
Numéro d'impression : 06601160211
Dépôt légal : février 2016
Numéro d'éditeur : 10211683

IMPRIM'VERT®